珍藏本
纪念版

汉译世界学术名著丛书

犯罪社会学

〔意〕恩里科·菲利 著

郭建安 译

2017年·北京

Enrico Ferri
CRIMINAL SOCIOLOGY
New York and London, D. Appleton and Company, 1915
本书根据 D. 阿普尔顿出版公司 1915 年纽约和伦敦版译出

汉译世界学术名著丛书
（120年纪念版·珍藏本）
出 版 说 明

2017年2月11日，商务印书馆迎来120岁的生日。120年前，商务印书馆前贤怀揣文化救国的理想，抱持“昌明教育，开启民智”的使命，立足本土，放眼寰宇，以出版为津梁，沟通中西，为中国、为世界提供最富智慧的思想文化成果。无论世事白云苍狗，潮流左右激荡，甚至战火硝烟弥漫，始终践行学术报国之志，无改初心。

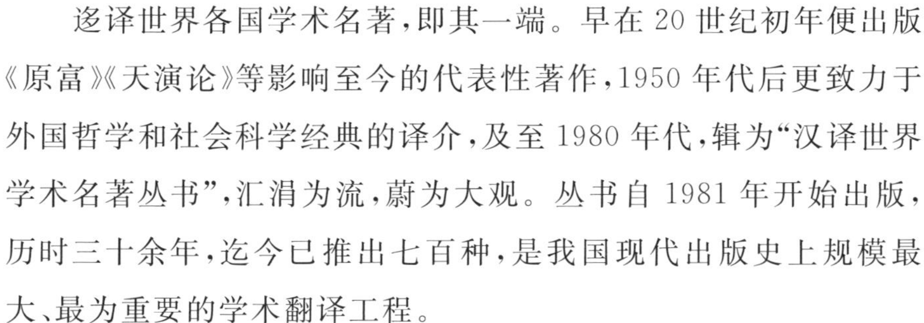

迻译世界各国学术名著，即其一端。早在20世纪初年便出版《原富》《天演论》等影响至今的代表性著作，1950年代后更致力于外国哲学和社会科学经典的译介，及至1980年代，辑为“汉译世界学术名著丛书”，汇涓为流，蔚为大观。丛书自1981年开始出版，历时三十余年，迄今已推出七百种，是我国现代出版史上规模最大、最为重要的学术翻译工程。

丛书所选之书，立场观点不囿于一派，学科领域不限于一门，皆为文明开启以来，各时代、各国家、各民族的思想与文化精粹，代表着人类已经到达过的精神境界。丛书系统译介世界学术经典，引领时代思想，为本土原创学术的发展提供丰富的文化滋养，为推动中国现代学术和现代化进程做出了突出的贡献。

为纪念商务印书馆成立 120 周年，我们整体推出“汉译世界学术名著丛书”120 年纪念版的珍藏本，寄望既利于文化积累，又便于研读查考，同时向长期支持丛书出版的译者、编者和读者致以敬意。

两甲子后的今天，商务印书馆又站在了一个新的历史时间节点上。我们不仅要铭记先辈的身影和足迹，更须让我们的步伐充满新的时代精神。这是商务人代代相传的事业，更是与国家和民族的命运始终紧密相连的事业。我们责无旁贷，必须做好我们这代人的传承与创造，让我们的努力和成果不仅凝聚成民族文化的记忆，还能成为后来人可以接续的事业。唯此，才能不负前贤，无愧来者。

商务印书馆编辑部

2017 年 10 月

目　　录

序　　言 v

本书是菲利教授所作之《犯罪社会学》(与实践中的犯罪问题密切相关)的英译本。受命调查习惯性酗酒犯矫正问题的政府委员会的报告,调查认定处理惯犯之最好方法问题的委员会的报告,英国犯罪报告修订本,受命调查监狱管理和处理惯犯、流浪者、乞丐、酒鬼和少年犯之最好办法的委员会的报告都证明了下述事实:可怕的犯罪问题又日益突出起来,需要经我们这一代人的手再进行调查。就像菲利教授所指出的,问题的重要性实际上被一些与犯罪有关的报告中常见的那种表面性的解释掩盖住了。如果监狱或看守所中的罪犯人数偶然减少了,就即刻被解释为意味着犯罪
在减少。可是,粗略地考察一下事实就会发现,监狱人口的减少仅 vi
仅是刑期缩短和以罚金或其他类似的刑罚代替监禁刑的结果。如果法官和陪审团审理的犯罪数量稍一显示出任何减少的迹象,就被作为犯罪人数下降的证据紧紧抓住,而这种减少仅仅是由于过去通常由陪审团审理的大量案件现在改由治安法官简易处理造成的。换句话说,我们看到的是司法程序的改变,而不一定是犯罪的减少。而且,当有人指出英格兰和威尔士因可诉罪而被审判的人数 1874—1878 年为 53044 人、1889—1893 年为 56472 人时,我们不知道这些数字会给主张犯罪实际上正在减少的报告涂上什么色

彩。确实，监狱人口的增长可能赶不上社会总人口的增长，但是正如一个著名法官最近指出的，这可以用公众每年都变得更加宽容和更不愿意控告的事实来解释。不过，宽容的增长，无论其自身多么好，也不能与犯罪的减少混为一谈。对社会现象的研究，我们首要的职责是考察真相而不是表象。

但是，无论犯罪是否与人口同步增长，它都是一个很大的问
vii 题。而且，就像菲利教授所指出的，犯罪问题绝不能仅仅靠不断加重刑罚来解决。在这个问题上，他与受命调查处理惯犯、流浪者和少年犯之最好方法的苏格兰部调查委员会成员的观点一致。就对流浪罪的镇压而言，委员会成员一致认为“制定最重的普通法无效，更现代的法律的更适度的规定已经取得最佳效果”。他们也讲到：“要威慑惯犯使其既不直接危害公众，也不将其生活费用转嫁到监狱或教养院头上，现在特别缺乏这类现行制度。”委员会声称他们已经掌握了许多人支持“长期监禁不会产生好结果”这一观点的证据，并得出了加重处刑不会减少惯犯的结论。在这一点上，他们与皇家劳役刑委员会的观点一致。因为劳役刑“不但不能改造罪犯，而且会产生使某些轻微犯人，尤其是初犯更加堕落的结果”，皇家劳役刑委员会默认了人们对劳役制度的异议，赫伯特·格拉
viii 德斯通先生领导的监禁委员会最近也提出了类似的观点。作为一种矫正或社会防卫的手段，当刑罚达到使人变得比以前更坏的程度时，它就没有丝毫意义了。

若要在一定程度上满意地解决犯罪问题，有效的方法是研究罪犯产生的原因，并根据这样一种研究的结果来制定救治措施。菲利教授这本书就主张这种观点。该书的第一章，根据犯罪人类

学资料，对易于导致习惯性犯罪心理和犯罪行为产生的个人情况进行了研究。第二章根据犯罪统计学资料，对易于导致某些人犯罪的有害社会环境进行了研究。菲利教授主张，犯罪的数量，不是靠制定得非常巧妙的刑法典，而是靠从整体上改善不良的个人状况和社会环境来大大减少的。犯罪是不良个人状况和不良社会环境的产物，控制它的唯一有效的方法是尽可能消除犯罪产生的原因。尽管刑法典对减少犯罪的作用相当的微小，但它是保护社会必不可少的实质性措施。第三章则从实际改良的观点出发，试图说明刑法和监狱管理怎样才能取得更好的社会防卫效果。

W.道格拉斯·莫里森*

* 英文原版署名为W.D.M.。根据有关资料分析，我们认为是著名犯罪学家W.道格拉斯·莫里森。——译者注

xv

导　言

实证派刑法

在过去12到14年的时间里，意大利出现了一系列关于犯罪和罪犯问题的新思潮。而且，只有敌对者由于缺乏远见，或者奉承者由于虚夸，才不能在这一系列的新思潮中发现比其个人劳动成果要大的东西。

科学中一个新学科的出现，是其产生和发展过程中的一个简单的自然现象，就像那些由时间和地点条件所决定的现象一样。一开始，我们必须注意这些条件，因为只有准确地对这些条件进行解释，才能启发和巩固社会学专业学生的科学信仰。

本世纪后半叶的实验哲学，与人类生物学、心理学和对人类社会的自然研究相结合，已经创造了一种特别适合对个人及社会生活中的犯罪现象进行实际调查的学术氛围。

xvi 这些一般的条件，必须附之于刑法过分完善与犯罪不断增长之间的明显对比，以及犯罪的法律理论与我们对大量罪犯的心理特征所做的研究之间的对比来进行研究。

从这一点说，没有任何事情比产生一个新学派(其目标是就犯罪症状以及对社会变态进行实验性研究，以使关于犯罪与刑罚的理论符合日常事实)更自然了。这一新学派就是实证刑法学派，其基本目标是从罪犯本身及其生活于其中的自然和社会环境方面研究犯罪的起源，以便针对各种各样的犯罪原因采取最有效的救治措施。

因此，我们并不是仅仅关心人类学和心理学理论的解释或一系列的犯罪统计资料，也并不是仅仅关心建立抽象的法律理论来反对其他更为抽象的理论。我们的任务是，证明有关社会对罪犯进行自卫的每一理论基础都必须是对罪犯的犯罪行为进行个人和社会两方面观察的结果。一句话，我们的任务是建立犯罪社会学。

在我看来，一般社会学只能对社会生活作出比较一般和普遍的推论。在这一背景之下，社会学的几个分支学科，都是在对各种不同的社会情况进行专门研究的基础上建立起来的。用这种方法，通过在研究个人和集体生活中的一般准则之后研究人类正常社会行为的专门规律，我们可以建立政治社会学、经济社会学和法 xvii
律社会学。因此，基于这样一个目标，运用这样一种方法，通过研究人类中异常的或反社会的行为，换句话说，通过研究犯罪和罪犯，我们可以建立犯罪社会学。

无论是作为民法典型代表的罗马人，还是中世纪的求实精神，都没有能够建立起刑法的哲学体系，而是贝卡里亚（其受到感情的影响远比科学准确性的影响要大）通过总结其所处时代的思想和感情，大大地推动了犯罪与刑罚学说的发展。其丰富的倡议所包含的各种胚胎中，最值得称赞的是他创立了古典派刑法学。

这一学派曾经怀有而且现在还在抱着这样一种实际目的，那就是通过以高尚的人道主义观点反对中世纪刑罚的专断与严厉来减轻所有的刑罚，并废除一定数量的刑罚。这一学派过去曾经主

张而且现在还在坚持这样一种自己的方法，那就是从基本的原理
xviii 出发，把犯罪作为法律规定的一个抽象实体进行研究。

自贝卡里亚时代以来，到处都出现了另外一些自己命名的理论，矫正学派即是其中的一种，罗德几年之前将其推进到特别显著的地位。不过，尽管这一学派在德国很盛行，在意大利和法国稍差一些，在西班牙更盛行一些，但它没有能够作为一个独立的学派长期存在下来，因为仅最近发生的一些无情的事实就很容易将其驳倒。进一步说，它只不过是用关于矫正罪犯的几条人道主义的主张来反对法理学和绝对正义与相对正义、恐吓、功利等理论的传统主张。

刑罚应当是对罪犯具有改造作用的原则，无疑还为最近所有关心犯罪问题的学派作为一个基本要素继续坚持着。但是，这仅仅是一个次要的原则，也可以说是惩罚的间接目标。此外，人类学、心理学和犯罪统计学的研究资料证实：在任何刑罚制度下，无论是采取最严厉的，还是最宽容的方法，总要有一定种类的罪犯，由于其生理和道德的退化，改恶从善几乎是不可能的，或者说是暂时的。我们也不能忘记，由于犯罪的自然根源不仅存在于个人有机体中，而且在很大程度上存在于自然和社会环境之中，如果我们
xix 不尽最大努力改良社会环境，仅凭对罪犯的矫正不足以防止其再犯。当然，即使对实证派来说，在可能的时候或针对一定类型的罪犯，矫正的效用与责任依然存在。但是，作为一种科学理论的一个基本原则，它已经过时了。

从那时到现在，古典派举世无双，一直占据统治地位。尽管其具体观点多种多样，但它在方法上，在一系列的原则和推理上是单

一的和独特的。而且，它在最近的刑法典（刑罚有了很大程度的实际减轻）中达到目标的同时，其理论在意大利、德国、法国也达到了目标，以一系列的名著（其中我只提及卡拉拉的《刑法方案》）赢得了荣誉。卡拉拉根据“犯罪是法律规定的事实，与其说是行为不如说是违法”的推理原则，在《刑法方案》的最近一版中告诉我们，他——依靠一种神奇的、逻辑的绝对力量——在立法与抽象的结果之间推导出一个完全对称的法律对照表。无论法官是否情愿，他们都必须按照此表确定其审理的每一个罪犯的情况。

但是，古典派（产生于贝卡里亚那部辉煌的小册子）现在已经完成了其历史使命。它已经产生了它能够产生的效果，今天仍然抱住它不放的当代学者只能重新构造这些旧材料。其实，他们当中的年轻者已经遭到非议，被说成是在进行拜占廷式的、经院式的讨论，在进行一个毫无结果的科学沉思过程。 xx

同时，在我们的大学和学院外面，犯罪继续增长。迄今为止对罪犯所处的刑罚，尽管其既不能保护，也不能补偿诚实者，但却能够成功地使作恶者更加腐败和堕落。在我们的论文和法典（往往也只不过是被分割成不同部分的论文）所包含的抽象的法律含义不那么容易理解的同时，我们在治安法庭和巡回法庭上越来越深深地感到有必要对犯罪和罪犯进行生物学和社会学的研究。如果对这些研究加以理论指导，它们对刑法的实施是很有启发意义的。

1 第一章　犯罪人类学资料

第一节　犯罪社会学的起源

实证派犯罪社会学的原始名称源于人类学研究，今天人们依然认为它与“犯罪人类学派”差不了多少。尽管这个名称已经不适应这一学派（它也重视和调查心理学、统计学和社会学资料）的发展，但推动这一新学科发展的最主要的动力仍然应当归功于人类学的研究。事实上，显然是龙勃罗梭赋予各种对罪犯进行的分散而零碎的研究一种科学的方式，通过研究积累（由于其独特的观点，这种研究不但有独到见解，而且有很大影响）给上述分散而零碎的研究增加了生气，并建立了新型的犯罪人类学。

当然，就像找出一般人类学的最早起源是可能的一样，找出犯罪人类学的最早起源也是可能的，因为正如帕斯卡尔指出的，人总是人类自己的最好研究对象。尤其是对相貌的研究，我们可以追溯到柏拉图对人的脸和个性与动物的脸和个性之间的比较。甚至
2 或许还可以追溯到亚里士多德那里，他在更早一些时候就研究过人的情感与其面部表情之间在生理和心理上的一致。继中世纪对手相术、颅相术、足相术等进行探索之后，17 世纪出现了耶稣会会员尼克修斯及科特斯、卡达纳斯、德·拉·钱伯、德拉·波特等人

的研究。他们一方面是高尔、斯帕海姆和拉瓦特等人的前辈，另一方面又成为坎伯、贝尔、恩格尔、伯吉斯、杜切诺、格拉修里特、彼德里特、曼特加扎、沙夫豪森、沙克、海曼特，尤其是达尔文对面部表情和手势所表达的情感进行现代科学研究的先驱。

关于对罪犯的专门观察，除了古代观相学家和颅相学家有限的几篇陈述之外，法国的劳弗格内（1841 年）和德国的阿托迈尔（1842 年）将高尔的理论准确地运用到研究罪犯上了。他们的著作，尽管有些夸大颅相学，但仍然是人类学研究方面的有效资料。在意大利，德·罗兰狄斯（1835 年）出版了他对死去的罪犯的研究资料；在美国，桑普森（1846 年）探索了犯罪与脑组织的关系；在德国，坎伯（1854 年）出版了他对谋杀犯进行观相研究的报告；艾夫·拉里曼特（1858—1862 年）从心理学角度撰写了一部研究罪犯的长篇著作。

但是，更严格地说，犯罪人类学仅仅开始于英国监狱的外科医 3
师及其他一些学者如佛布斯·温斯洛（1854 年）、梅林（1860 年）、汤姆森（1870 年）、威尔逊（1870 年）、尼科尔森（1872 年）、莫兹利（1873 年）等人的观察和德斯派恩（1868 年）的知名著作。实际上，德斯派恩的著作促进了汤姆森的研究，而且，尽管它缺乏综合的论述和系统的体系，但仍然被认为可与艾夫、拉里曼特的著作（是龙勃罗梭的著作出版之前心理学领域最重要的研究成果）相媲美。

不过，只是从《犯罪人论》第 1 版（1876 年）开始，犯罪人类学才自称为一门独立的科学，区别于普通人类学，它一产生（即开始和多本顿、布鲁门巴赫、塞梅林、坎伯、怀特和普里查德的著作一起传世了）就是相当新的。

龙勃罗梭的著作开始就犯了两个错误：一是无论如何都给予头骨学和人体测量学资料与心理学资料相比显然不适当的重要性；二是在其《犯罪人论》第1版和第2版中混淆了一个阶层中的所有犯罪人。在后几版中，龙勃罗梭运用我首先进行的对各种人类学状态的犯罪人研究的资料，消除了这些错误。但是，这并没有能够避免有些人对犯罪人类学的批评，批评者千篇一律而又古老
4 的理由是“不可能根据头颅的形状来区别罪犯和诚实的人”，或“不可能根据不同的头盖骨来确定人的责任”。[①]

但是，最初这些错误绝对掩盖不了下述两个引人注意的事实——《犯罪人论》出版后的几年中，在意大利和其他国家出版了关于犯罪人类学研究成果的整套丛书；建立了一个运用不同方法和具有在古典派刑法中所不能发现的科学促进作用的新学科。

那么，犯罪人类学是什么呢？使我们得以推导出犯罪社会学一般结论的基本资料的属性如何呢？

按照德·奎特里弗格先生的定义，如果一般人类学是人类的自然历史，就像动物学是兽类的自然历史一样，犯罪人类学不过是对人类当中的一种所进行的研究。换句话说，它是犯罪人的自然历史。

犯罪人类学研究犯罪人的生理和心理构成及其与自然和社会环境有关的生活，就像人类学对一般的人和各种人进行研究一样。因此，正如前面已经讲过的，古典派学者撇开非常明显可见的具体

① 《犯罪人论》第4版(1889年)第二册专门论述了癫痫病犯和白痴犯(与酒精中毒、癔病和精神濒于错乱有关)是偶发犯罪还是具有暴力倾向，而第一册却只论及了天生犯罪人的犯罪行为和精神错乱。

情况不管，假定罪犯是一个智力和情感状况正常的普通人，研究各 5
种犯罪的抽象特征。而人类学派学者则首先在解剖学和生理学实验室里，在监狱和精神病院里将罪犯与正常人的一般特征和精神病患者及人格退化者的个性特征从器官和身体上进行比较，根据比较直接得出的观察结论进行研究。

在详细叙述犯罪人类学的一般资料之前，有必要着重强调我在本书第1版中指出的，而我们的反对者又特别容易忽视的一点。

我们必须认真区分有关罪犯的人类学资料在法律意义上的价值和在犯罪社会学中的科学功能。

对于建立罪犯自然史的犯罪人类学专业的学生来说，除了可以从上述特征中得出社会学的结论之外，每一个特征本身还都具有解剖学、生理学或心理学上的价值。对这些生物心理学特征进行专门研究是犯罪人类学这一新学科的一项专门工作。

现在，作为人类学家结论的这些资料不过是犯罪社会学家的一个出发点，犯罪社会学家只能从这些资料中得出其法律的和社
会学的结论。犯罪人类学的科学功能对犯罪社会学来说，就像生 6
物学的叙述和实验对临床实践一样。

换言之，犯罪社会学家没有义务自己做犯罪人类学的调查，正像临床医生没有必要同时是一个生理学家或解剖学家一样。即使直接观察罪犯对犯罪社会学家来说肯定也是一种很有用的研究，但其义务仅仅是将其法律的和社会的结论建立在犯罪人类学关于犯罪的生物学方面的实际资料和有关自然及社会环境影响的统计资料的基础之上，而不满足于纯粹抽象的法律演绎推理。

此外，与犯罪人类学有直接关系——如关于某些独特的生物学特征或其进化意义的各种问题，很明显对犯罪社会学都没有即时的意义或价值。犯罪社会学使用的只是犯罪人类学的基本的和最不容置疑的资料。因此，再三追问“罪犯的头部特征或谋杀犯的颌部横向尺寸与他们对其所犯罪行应负的责任之间有何关系”之类的问题，是一种愚蠢的提问题方式。人类学资料的科学功能是根本不同的一回事，社会学可以向人类学提出的唯一合理问题是：
7 “罪犯是不是、抑或在哪些方面是一个正常的或变态的人？如果他是变态的人，或者在是的时候，其变态人格是从哪里来的呢？是先天就有的，还是后天染上的？是能够还是不能够矫正的？”

这就是问题的全部症结所在。不过，这就足以使犯罪学研究者得出有关社会用以防卫犯罪措施的实际结论。当然，研究者从犯罪统计资料中还可以得出其他结论。

就犯罪人类学迄今为止确定的主要资料而言，在不得不请希望了解详细情况的读者去查阅专家著作的同时，我们还可以重申，这一新学科是从器官和心理结构方面研究罪犯的，因为器官和心理结构是人类生存不可分离的两个方面。

开始自然要对罪犯的器官进行研究——包括解剖学的和生理学的两个方面，因为我们在研究器官的活动之前必须首先研究器官本身，在研究精神之前必须首先研究物质。不过，这引起了许多误解和至今尚未停止的片面批评，因为一些只考虑最明显的资料的人，斥责犯罪人类学把犯罪狭义地理解成仅仅是颅骨形状和大脑刺激的结果。事实上，纯粹形态学的研究只不过是对人脑及其作为整体的身体进行组织学和生理学研究的最初一步。

就颅骨学、特别是关于两种特殊罪犯——谋杀犯和盗窃犯的

颅骨学而言，罪犯的头形无疑比正常人的头形要低劣，而且这多为 8
遗传的结果，在病理学特征上不同于正常人。对罪犯大脑的研究，在表明其形状与组织学特征低劣的同时，在大多数案例中还能发现罪犯毕生也未察觉的疾病征兆。因此，在这类问题上展示了二十年的特殊才干的戴利先生说：“所有（在死刑处决后）尸体被解剖的罪犯，都具有大脑受到损害的迹象。”①

罪犯观相术的研究（其中不能低估那些以足够的知识终生对罪犯以及其他从外部与内部对罪犯进行生理研究的人的价值）表明，从最常见的文身到特别异常的骨骼和器官（在出生时就患有多种疾病）状态，始终存在着一些值得注意的类型。

最后，在结果记录仪帮助下，有人对身体反射作用，特别是一般的和特殊的感觉以及对疼痛的感觉和在外力影响下的反射作用的生理性质进行了研究。研究结果表明，异常的人都趋向于根深
蒂固的和或多或少有些绝对的身体感觉迟钝，但肯定与同一社会 9
阶层正常人中表现出来的那种感觉迟钝不同。

这些机质性状况应当加以肯定，它们可以说明犯罪倾向和精神错乱、自杀及他种退化倾向遗传的无可争辩的事实。

犯罪人类学的第二分支是对罪犯进行心理研究，它显然更重要，对犯罪社会学具有更直接的作用。对罪犯心理研究重要性的这一认识并没有使我们的批评者停止对描述罪犯机质性特征的攻击，他们无视对罪犯心理特征的描述甚至于在龙勃罗梭的著作中

① 见《1881 年巴黎医心理学讨论会记录》第 93、266、280、483 页。

也占了很大的一部分。①

犯罪心理学向我们提供像罪犯行话、笔迹、秘密代号和罪犯文学艺术这样一些可以称之为说明性的特征。此外，它还使我们了解用来与器官异常相结合而解释个人犯罪行为产生的那些特征。
10 这些特征被分为无道德感和缺乏预见两种主要的心理变态。

无道德感（无疑主要是先天带来而不是后天染上的）既可能是全部的，也可能是部分的。它在其他带有大量我在别的地方记录的各种特征的罪犯中表现出的程度，与在身体受到损害的罪犯中表现的程度一样。我在其他地方记录的各种特征在大多数罪犯中最后都被归结为下述道德感应状况：在犯罪之前对犯罪的意图和实施不反感，在犯罪之后不懊悔。

这些道德感应状况并不是特殊感觉，而是一个人的全部道德构成。除这些道德感应状况之外，就像气质是生理构成的一部分一样，自私乃至无私的情感在大多数罪犯中都不缺乏。因此，一些肤浅地观察罪犯生活的人产生了许多错觉。但是，后面这些情感如果过度，那就会要么像憎恨、贪婪、自负等刺激犯罪的产生，要么像宗教、爱、荣誉、忠诚等不再能够抵御犯罪，因为它们缺乏正常的道德感应基础。

基本感觉能力低下导致智力低下，但智力低下并不排除某种

---

① 这些片面并因此而无力的批评中最近一个令人迷惑的例子是卡拉珍尼的著作《社会主义与犯罪社会学》（卡塔尼亚，1889 年版）。第一卷论述的是犯罪人类学，在400 页的争论性批评（这并不妨碍作者采用我关于罪犯的人类学分类和把犯罪作为心理隔代遗传现象的最基本的结论）中，仅有 6 页（第 227—232 页）是属于心理学性质的批评。

类型的狡猾，尽管罪犯由于智力低下而不能预见远远超出了罪犯所属社会阶层中一般成员认识能力的犯罪结果。

因此，我们可以把罪犯心理概括为：由于那些带有孩童和野蛮 11
人特征的不平衡冲动的作用，罪犯在抵御犯罪倾向和诱惑方面有缺陷。

第二节　犯罪人类学资料只适用于惯犯和天生犯罪人

通过对犯罪人类学著作的研究，特别是通过从生理学和心理学角度对大量精神错乱和智力正常的罪犯的直接的、连续不断的观察，我长期以来一直确信，犯罪人类学资料并非完全适用于所有犯罪人。这些资料仅限于一定数量的、可以称其为先天性的、不可改造的和习惯性的罪犯之类的人。但是，除此之外还有一种偶犯，他们并不显现或略微显现出构成龙勃罗梭称之为“犯罪人”类型的那些解剖学、生理学和心理学特征。

在进一步从性质和特征上限定这两种主要罪犯之前，我必须用对犯罪人从人类学角度进行观察的结果和人类学家迄今为止的研究所获得的有关再犯和犯罪现象的统计资料来证明。

关于器官的异常，因为在此不能详述其全部内容，我只根据我 12
对杀人罪的研究，就其中一种变态提出一个梗概。它将会使对各种罪犯的系统研究推进一步并使其更加准确，就像龙勃罗梭已经指出的一样（下页表；见其著作的第 4 版，1889 年，第 273 页）。

那就是说，士兵中颅骨正常者是罪犯中的 3 倍；具有多处（3—

4处)异常的罪犯是士兵的3倍;在具有特多(5处以上)异常的人中没有1个士兵。

这就证明,罪犯中颅骨异常者比正常人多(相貌、生理和心理异常也是如此),但也有50%—60%的人几乎没有异常。不过,大约1/3的人有多处异常,颅骨完全正常的只占1/10。

我在其中做过观察的人	杀人犯		士兵711人
	被判劳役的346人	被判监禁的363人	
颅骨正常者	11.9%	8.2%	37.2%
有一至二处异常者	47.2%	56.6%	51.8%
有三至四处异常者	33.9%	32.6%	11%
有五至六处异常者	6.7%	2.3%	0%
有七处以上异常者	0.3%	0.3%	0%

13 在表明大多数罪犯主要特征的统计资料中,与再犯有关的资料特别可疑。尽管再犯像初犯一样,从某种角度可以说是社会环境造成的,但在他们身上也具有明显的生物学原因,因为在同一刑罚制度之下,总有一部分囚犯释放后再犯,而另外一些则不再犯。

由于各个国家的立法和档案管理不同,即使更为普遍地运用人体测量学的鉴定方法,也很难成功地防止职业罪犯使用新名字,再犯的统计资料很难搜集,这是很不幸的。因此,我们仍然可以引用一位负责这项事务的杰出法官伊弗内斯先生的话,不仅"伦敦监狱大会(1872年)不得不留下了许多问题、特别是再犯问题,由于缺乏书面证据而未能解决",而且直到今天(1879年),"我们仍然发现各个国家的统计结果不同，其准确性也不明显”。

不过，我发表了一篇文章论述再犯的国际统计，结论如下：即使在监狱统计资料（它所得出的再犯数量通常比司法统计得出的要多）中，由于其更倾向于个人统计，因而变动较少，我们仍然不能获得再犯的全部数量。尽管统计所得出的总数，一个国家与另一个国家，一个地区与另一个地区，一个监狱与另一个监狱都不相
同，要准确地表明统计所得的数量与实际存在的数量之间的比例 14
是不可能的，但我完全可以说，根据我收集的资料及其与我前述论文中的资料的比较，欧洲再犯的数量大致在50%—60%之间，而且只能高于而不可能低于这个极限。例如意大利的统计资料表明，在被处以劳役的罪犯中只有14%的人再犯，而我凭经验发现，在346人中有37%的人向我承认是再犯；在被处以监禁的363人中有60%的人再犯，而监狱统计资料记录的比例只有33%。这些差距可以归结于我参观的监狱的特殊情况，但不管怎样，关于再犯的官方统计数字都被证明是不适当的。

这些基本事实证明，就像龙勃罗梭和埃斯皮纳斯说的那样，“再犯是规律而不是例外”。在叙述完这些基本事实之后，我们可以着手确定各种犯罪中再犯的比例，以便发现最容易产生惯犯的犯罪类型。

在意大利，我发现再犯比例最高的是犯盗窃、轻微偷盗、伪造、强奸、非预谋杀人、共谋等罪的罪犯和那些在轻罪法庭上被定为流浪和撒谎癖的人。最低的是那些犯殴打、身体伤害、谋杀和溺婴等罪的罪犯。

在法国，法律统计资料被奇怪地改编为详细的调查，我根据被 15

巡回法庭和轻罪法庭判处的罪犯名单，取1877—1881年之间的平均数(接连几年的结果对其影响不明显)，列出了下述统计表。

法国1877—1881年的再犯情况

巡回法庭				轻罪法庭	
侵犯人身罪		侵犯财产罪		轻　罪	
殴打公务人员	86%	从教堂盗窃	74%	逃避监督	100%
重婚	59%	其他盗窃	72%	规避外国难民法	93%
伤害高级官员	56%	非高速公路暴力抢劫	66%	规避居所条例	89%
反对当局	56%	在高速公路上暴力抢劫	65%	酗酒	78%
诱拐未成年人	46%	在高速公路上非暴力抢劫	62%	流浪	71%
强奸和猥亵	44%	在无人居住的建筑物中放火	60%	说谎癖	66%
谋杀	42%	教唆诉讼	50%	诈骗	48%
弑亲	42%	住宅盗窃	44%	蔑视公务人员	47%
非预谋杀人	39%	使用伪币	44%	毁坏围墙	45%
强奸和殴打儿童	38%	伪造私人文件	42%	偷窃	45%
妨碍铁路运输	37%	在他人居所放火	41%	违反信托义务	44%
重伤	37%	伪造商业文件	38%	反对当局	40%
堕胎	30%	伪造签名	37%	书面或口头威胁	40%
伪证	27%	欺诈性破产	35%	非法携带武器	37%

续表

非法扣留和逮捕	19%	违反信托义务	32%	政治、选举和出版方面的犯罪	36%
投毒	17%	敲诈勒索	31%	有伤风化	32%
溺婴	6%	盗用公共财物	28%	故意殴打和伤害	31%
隐瞒婴儿出生或替换婴儿	5%	邮电人员盗窃邮件	0	非法行医	27%
		海关人员走私	0	违反狩猎法行为	24%
				鼓动不道德行为	24%
				不偿还债务	24%
				对出售的商品作虚假描述	17%
				诽谤与侮辱	14%
				与农业有关的犯罪	12%
平均	36%	平均	58%	平均	42%

从表中可以看出，侵犯人身罪的平均再犯率比最严重的谋杀 16
和性侵犯罪(这两种犯罪显然是最严重的反社会倾向导致的结果，如弑亲、谋杀、强奸、使父母遭受身体伤害等)的平均再犯率要高。因此，杀人和致命伤害，尽管这两种犯罪的罪犯再犯的情况很常见，但其在表中较低的排列位置仍然表现出其异常性小而偶然性大的特点，就像溺婴、隐瞒婴儿出生和弃婴罪所表现出来的一样。至于像殴打公务人员和反对当局(很少被起诉到巡回法庭)等特种犯罪的再犯率很高，但这些都是其他各种罪犯也可以犯的罪。进

一步说，这些犯罪在某种程度上取决于警察力量这一社会因素和个人的精神病理学状况。

像投毒这样一种严重杀人的罪犯不常再犯的情况值得注意，但这只不过是这些罪犯的特殊心理产生的结果，就像我在其他地方已经解释过的那样。

17 在侵犯财产罪中，我们发现再犯率最高的是盗窃罪(不包括家庭仆人的盗窃和违反信托义务，这些犯罪更带有偶然性的特点证实了犯罪心理学与统计资料的一致)。我们在伪造商业文件和欺诈性破产罪中也发现了同样的结果。这两种罪犯在一定程度上是在个人或社会危机的压力下而犯罪的。邮政人员盗窃邮件和海关人员走私的再犯率低进一步证实每一案件中存在的机会比行为人的个性倾向更能引起犯罪。

在轻罪中，除了逃避监督(只不过是一个法律条件)，在意大利和法国，流浪和撒谎癖(这既是社会环境，也是个人有机体薄弱的结果)再犯的情况很常见。这些犯罪中其他平均水准以上的再犯构成了一种从属性的犯罪，与盗窃、谋杀和酗酒、攻击公务人员、违反户籍条例等罪犯的习惯性犯罪行为并存。

在盗窃和反对当局罪中，轻罪法庭审理的案件比巡回法庭审理的案件再犯率要低，因为总的来看，大多数轻罪中偶犯的数量都较多。破产犯罪、诽谤、侮辱、农村犯罪等事实上也是如此，其数量
18 少本身就说明更具有偶然性。

因此，无论一般还是个别再犯的统计资料，都间接地证明，事实上作为整体的罪犯并不都是同样的人类学类型。由于生物心理类型和变态而犯罪的主要属于惯犯和天生犯罪人两种罪犯(他们

是犯罪人类学家迄今为止研究过的仅有的两种罪犯）。

那么，惯犯在罪犯总数中占多大比例呢？

由于缺少直接调查，我们只能从下面两种事实中间接地获得这一比例。首先，犯罪人类学著作为我们提供了一个大概的数字，罪犯中带有足以引起犯罪行为产生的生物学特征的人占总数的40%—50%。

其他犯罪统计资料可以证实这一结论。

再犯统计资料为我们提供的天生犯罪人和惯犯所犯重罪和轻罪的种类有限，但科学和刑事立法却为我们提供了更多的种类。

艾力罗计算，德意志帝国刑法典规定的重罪和轻罪共有203种；我发现，意大利1859年刑法典中规定的犯罪大约有180种，新刑法典中大约有200种；法国刑法典中大约有150种。因此，惯犯所犯罪行的种类大约只占全部立法规定的犯罪种类的1/10。 19

确实很容易设想天生犯罪人和惯犯一般不犯下列罪行：政治罪行、与出版有关的罪行、侵犯信仰自由罪、贿赂国家工作人员罪、滥用头衔和权力罪、以伪证和假报告诬告罪、通奸罪、乱伦罪、诱拐未成年人、溺婴、堕胎、欺骗幼童、泄露职业机密、破产犯罪、毁坏财产、违反户籍条例、非法拘禁、决斗、诽谤和侮辱等罪。一般说来，就像偶犯也犯杀人、抢劫、强奸等带有惯犯行为特征的罪一样，天生犯罪人有时也犯其常犯罪行以外的罪。

现在，有必要附上一些有关犯罪分类的统计资料。这些统计资料和其他资料一样，也是我从上面提到的那篇论文中摘出来的。

惯犯行为（杀人、盗窃、共谋、强奸、纵火、流浪、诈骗、伪造）	意大利			法国			比利时		
	巡回法庭	轻罪法庭	总计	巡回法庭	轻罪法庭	总计	巡回法庭	轻罪法庭	总计
被判处这些罪的人与罪犯总数之间的比例	84%	32%	38%	90%	34%	35%	86%	30%	30%

20 由此可以看出，在意大利惯犯大约占罪犯总数的40%，在法国和比利时少一些。尽管比利时的统计资料未包括流浪在内，但上述三国惯犯比例不同主要是由于某些犯罪如杀人、在高速公路上暴力抢劫和共谋等在意大利的发案率高造成的。

进一步说，在上述三国，累犯行为，除了盗窃和流浪，由于其严重性，在巡回法庭审理的案件中都占了较大的比例。

但是，轻罪法庭审理的案件的实际数量要多，因为就像动物中产卵率最大的往往都是体积较小的低等动物一样，在犯罪当中轻罪（像小额盗窃、诈骗、流浪等）也往往占多数。因此，意大利惯犯行为在犯罪总数所占38%中，有32%的犯罪属于轻罪法庭处理的轻罪，仅有6%的犯罪属于巡回法庭处理的重罪；比利时所占的30%中，有29%属于轻罪法庭处理的轻罪，仅有1%属于巡回法庭处理的重罪；法国所占的35%中，有33%属于轻罪法庭处理的轻罪，20%属于巡回法庭处理的重罪。这也可以解释为是由于有关两种法庭审理权限的立法不同而造成的。

至于总数中的细目，我们发现，在意大利、法国、比利时和普鲁士，数量最多的是盗窃，分别占总数的20%、24%、23%和37%（包括违反信托义务）。[①]

除了盗窃，在意大利数量较多的犯罪是流浪（占5%）、杀人 21
（占4%）、诈骗（占3%）、伪造（占9%）、强奸（占4%）、共谋（占
4%）和纵火（占2%）。

在法国和比利时，我们发现流浪和诈骗罪的发生率与意大利差不多，不过杀人、纵火和共谋的发生率比意大利要低，但强奸在法国却很常见（占5%）而在比利时则少见（占1%）。

上述各种罪行是大多数罪犯中最常见的惯犯行为，那么，我们现在将其与最常见的偶犯行为进行一下比较，会很有意义。在意大利，对详细研究具有意义的只有1863年和1869—1872年的司法统计资料。在法国，每一册值得赞赏的统计资料都可以利用。

我们将发现，尽管殴打和伤害、反对当局、毁坏财产、诽谤和侮辱在意大利和法国都是数量最多的犯罪，但偶发犯罪的发案率在这两个国家却大不相同。

每一类犯罪在犯罪总数中所占比例也不相同，这不仅是由于
意大利和法国关于偷猎、酗酒和对茶点铺经营人欺诈等犯罪的立
法不同，而且还因为这两个国家的个人和社会的状况不同。因此，
殴打和伤害在意大利占犯罪总数的23%，而在法国却不到14%；
反对当局罪在意大利占犯罪总数的4%，而在法国却接近9%；堕 23
胎、通奸、猥亵和教唆不道德行为等性犯罪在意大利占犯罪总数的
比例很小，微不足道，而在法国则多一些；非法携带武器、恐吓、伪

① 斯塔克：《普鲁士的犯罪和罪犯》，柏林，1884年版，第92页。

发案率最高的犯罪（不包括惯犯行为）	每年罪犯的平均数					
	意大利 1863—1872 年			法国 1877—1881 年		
	巡回法庭	轻罪法庭	总 计	巡回法庭	轻罪法庭	总 计
故意殴打和伤害	10%	25%	24%	3%	14%	14%
非法携带武器	—	8%	7%	—	0.3%	0.3%
反对当局、殴打和伤害公务人员	3%	5%	4%	0.2%	10%	10%
毁坏财产	—	2%	2%	—	1.6%①	1.5%
诽谤和侮辱	—	1.8%	1.6%	—	1.6%	1.5%
书面和口头恐吓	—	1.4%	1.2%	—	0.2%	0.2%
非法赌博	—	1%	0.8%	—	0.1%②	0.1%
政治犯罪	1.7%③	—	0.2%	—	0.2%④	0.2%
与出版有关的犯罪	0.4%	0.4%	0.4%	—	0.6%	0.6%
公职人员贪污、贿赂、渎职罪	—	0.3%	0.3%	—	—	—
在羁押中脱逃	0.1%	0.2%	0.2%	—	0.6%	0.6%
伪证	0.7%	0.2%	0.2%	0.09%	0.6%	0.6%
违反户籍条例	—	0.17%	0.15%	—	0.1%	0.9%
诬告	0.1%	0.1%	0.1%	—	0.08%	0.08%
遗弃、倒卖和“隐匿”婴儿罪	—	0.12%	0.1%	0.2%	0.1%	0.1%
与破产有关的犯罪	0.1%	0.1%	0.1%	1.3%	0.5%	0.6%
侵犯宗教和宗教牧师罪	—	0.1%	0.1%	—	0.07%	0.07%
决斗	—	0.04%	0.03%	—	—	—
堕胎	—	—	—	0.09%	—	0.01%
违反狩猎法的犯罪					13%	12.7%
酗酒	—	—	—	—	1.5%	1.5%
违反公共道德	—	—	—	—	1.8%	1.7%
教唆不道德行为	—	—	—	—	0.2%	0.2%
通奸	—	—	—	—	0.5%	0.5%

续表

过失杀人	—	—	—	—	0.2%	0.2%
过失伤害	—	—	—	—	0.6%	0.6%
过失放火	—	—	—	—	0.2%	0.2%
非法行医	—	—	—	—	0.2%	0.2%
对茶点铺经营人欺诈	—	—	—	—	1.4%	1.4%
农村犯罪	—	—	—	—	0.6%	0.6%
每年平均定罪数总计	6，273	43，584	49，857	3，300	163，997	167，297

①毁坏庄稼、栅栏；②未经批准开放赌场、发行秘密彩票；③由于1863年的528起定罪数，才有此特殊的数字，其余各年平均为9起；④选举犯罪。

证、在羁押中脱逃、违反户籍条例、诬告等罪在意大利比在法国多。由于两个国家的道德、经济和社会状况不同（在这些干巴巴的数字后面明显可以看出这一点），与破产有关的犯罪、政治和出版方面的犯罪则与此相反，法国要比意大利多。

除了上述例证，我们还提供了人类学和统计学的证据，以证实惯犯与偶犯之间的根本区别。这些区别尽管有许多评述者都指出过，但至今仍然是没有经过清晰推理的简单断言。

上述区别不仅应该成为犯罪社会学的理论基础，而且还应该成为我们更准确和更完整地分析其他区别的出发点。我在最初对罪犯的研究中就提出了这一点，后来又被所有在一定程度上赞成这一点的犯罪社会学家引用了。

首先，从惯犯中区分出具有明显精神错乱临床状态（用以解释其反社会行为）的人是很必要的。

24 其次，在那些精神虽然并非异常，但几乎不能从其身上发现适当思想和经验的惯犯中，有明显迹象表明存在着一个生理和心理变态的罪犯阶层，其先天倾向性导致了犯罪的产生，而这些先天倾向性显然是与生俱来的，而且还伴随有高度无道德感的征象。与此相并列，另一个罪犯阶层也很吸引人们的注意，他们也从少年时代就一直犯罪，而且在进入成年以后继续犯罪，但从某种意义上讲，他们是一定自然和社会环境的产物，不同于上述天生犯罪人。这种自然和社会环境由于罪犯在第一次犯罪前后的放任就逐渐导致他走上犯罪生涯。尤其是在大城市，这种环境的作用还常常由于罪犯父母的直接刺激而加大。

其三，在偶犯中，由于对其自身特点，主要是心理特点的夸大而产生了一个特殊种类。在所有偶犯中，比起个人行为倾向性来，环境的影响是导致犯罪产生的一个更重要的原因。不过，尽管环境的影响是大多数罪犯犯罪的决定性因素，但仍然有一部分由于情感（一种心理骚动）的强制作用而犯罪的例外。

因此，可以将全部罪犯划分为五类，这五类罪犯我早在1880
25 年就提出来了，那就是精神病犯、天生犯罪人、惯犯、偶犯和情感犯。

我们已经讲过，各种生物学、心理学和统计学著作都以自己的研究方式提出了各自所发现的人类学特征，而且比当时已经提出的人类学特征更精确，从而促进了犯罪人类学的发展。在此之前，犯罪人类学尚未最终建立起来。到目前为止，专家们仍然按照犯罪类型而不是生物社会类型对罪犯进行分类，向我们提供大批罪犯的千篇一律的特点。例如，在龙勃罗梭或马罗的著作（从某种意义上说甚至于在我关于杀人的著作)中,对罪犯的特征是按照总的或者说是立法规定的种类如谋杀、盗窃、伪造等(其中包括天生犯罪人、偶犯、惯犯和精神病犯)进行论述的。按照观察中某种罪犯的多少下结论,结果是一项前后不一致的估量。这就会使得犯罪人类学的研究结果缺乏证据。

然而,我们现在可以对迄今为止的研究进行一下总结,特别是可以按照我对罪犯的观察体会,指出五种罪犯的一般特征。我们希望通过系统而成功的研究逐渐增强这种分类的准确性。

首先,在非纯生物学的分类中,如果这种分类构成了犯罪社会 26
学的人类学基础,它无疑应当包括精神不健全的罪犯。

最近,乔利先生又重复了一般性的批评(《论犯罪》,第 62 页),他认为“精神病犯”这一术语本身就是自相矛盾的,因为精神病人不负道义责任,所以不能成为罪犯。这种批评并非是无可争辩的。我们坚持社会责任是唯一适用于所有罪犯的责任,也适用于精神不健全的罪犯。

其次,乔利与比安西先生主张精神病犯应当归入精神病学,而不应当归入犯罪人类学,这种说法也是不对的。因为尽管精神病学在精神病理学意义上与精神病犯有关,但这并不排除犯罪人类学和犯罪社会学也讨论精神病犯问题,以建立罪犯博物学,为了社会的利益提供救治措施。

在讨论精神不健全的罪犯时,开始有必要列出一个单独的种类,这一种类在研究了龙勃罗梭和意大利精神病学派之后尚未能完全与所谓天生犯罪人区别开来。这类罪犯就是那些具有某种遗传性精神错乱的罪犯。精神错乱的名称从普里查德的“精神错乱”

到维戈的“理性癫狂”，多种多样。门德尔、莱格兰德·杜·索尔、
27 英兹利、克拉夫特－埃宾、萨维奇、休格斯、霍兰德、塔姆博里尼、邦维卡图等人的著作，用道德或社会责任感明显缺乏或退化来解释精神错乱，确切地说这只能说明天生犯罪人的基本心理状态。

除了这些精神错乱的人（他们数量很小，因为就像克拉夫特－埃宾和龙勃罗梭指出的，他们在监狱里比在精神病院里更常见），还有很大一批人患有常见的临床性精神错乱，他们都有可能成为罪犯。

我们不能把所有精神不健全的罪犯都用一个种类来囊括。这实际上是龙勃罗梭在其著作第二卷第4版中对精神错乱的主要类型进行分析之后得出的结论。事实上，精神病犯的器质性特征，尤其是心理特征与天生犯罪人和偶犯的特征不仅有时相同，有时相反，而且这些真实的特征在不同类型的精神错乱之间也有很大不同，尽管其所犯的罪可能相同。

就精神病犯而言，进一步研究就会发现，这种罪犯也包括在精神处于完全错乱和适当状态之间的中间状态的人。这仍然属于莫
28 兹利称之为处于“中间地带”的那些人。这些精神部分错乱者或“半疯子”所犯罪行中最常见的种类是攻击政治家，他们一般都是像帕萨纳特、吉托和麦克里恩之类带有愤愤不平或性情暴躁的人和描写疯狂事件的作者，等等。

那些无动机而犯重大罪行和那些仅仅按照自满的古典心理学派被确信为精神高度健全的人，也属于这一类型。

再者，还有瑟珍特、伯特兰、弗齐尼、梅尼斯克劳和很可能未被察觉的伦敦“好人杰克”之类的染有性精神变态的恋尸癖，一些天

生就带有遗传性精神病特别是癫痫和类癫痫病的人，按照龙勃罗梭关于天生犯罪行为、精神错乱和癫痫基本一致的似乎有理的假设，也可以被归入天生犯罪人之列。我通过自己的体验发现，残暴的杀人犯不能仅用普通罪犯心理，而且还应当用精神癫痫或游魂来解释。

天生或本能的犯罪人最容易表现出犯罪人类学所确定的器质和心理特征。这些人既残忍蛮横又狡猾懒惰，他们分不清杀人、抢劫或其他犯罪与诚实勤劳之间的区别。弗雷吉尔说："他们是罪犯就像别人是好工人一样。"而且，就像罗麦诺西指出的，因为他们把监禁看作是从事其职业所必须承担的风险，就像泥瓦匠对待屋顶掉下来或矿工对待沼气一样，所以实际的惩罚比惩罚的恐吓对他们的影响要小得多，甚或对他们一点影响也没有。"他们在监狱里并不感到痛苦，就像一个画家在画室里构思其下一幅杰作一样。他们对待看守人员很友好，甚至懂得如何使自己受益。"[①]

29

天生犯罪人和偶犯构成了各种杀人和盗窃中的大多数。监狱长们称之为"惯犯"。先从警察局到法院，从法院到监狱，然后再从监狱到警察局，从警察局到法院。他们这样有条不紊地转来转去，仍然未动摇立法者对作为犯罪救治措施的惩罚效果的信念。[②]

人们一直认为，每个人的行为都是其自由意志或者是其缺乏教育而不是其先天生理、心理构成的结果。天生犯罪人的概念无疑是对这一传统信念的直接挑战。但是，首先，即使公共意识，当

---

① 莫罗：《纪念小、大罗凯特》，巴黎，1884年第2版，第440页。

② 韦兰：《不改悔的人》，载《1888年精神病学杂志》；西卡特：《不改悔的罪犯》。

其不偏爱不负责任之后果的理念时，在许多日常相似的案件中也认识到存在着既不是精神病患者又不是正常人的罪犯，记者称他们为“人类当中的虎”“畜生”等。其次，有关这些遗传性犯罪倾向
30 (甚至不同于精神错乱的临床状态)的科学证据现在已经很多，以至于没有必要再进一步强调它们了。

第三类罪犯是我经过在监狱研究而称之为因染上恶习而犯罪的人。这类罪犯未表现出或略微表现出天生犯罪人的人类学特征。他们第一次犯罪通常是在年轻时，甚至在儿童时代，大多为侵犯财产罪。他们的犯罪主要是由于污浊的环境引起的道德感淡薄而不是其先天性的主动倾向所致。在此之后，就像乔利先生所注意到的，第一次犯罪未受惩罚虽然是其染上犯罪习惯的原因之一，但决定性的原因还是由于与监狱打交道使其身体衰弱、道德败坏；单独监禁使其退化；酒精中毒使其变得痴呆，易受刺激。所以他们又不断地回到犯罪的老路上去，最后成为惯犯。社会因此而抛弃了他们，在其离开监狱前后，甚至于连妨碍他们寻找和保持一种诚实职业的烦人的警察规则都不愿将其推向犯罪老路上去时，社会也不帮助其同不幸、懒惰和诱惑作斗争，争取过一种诚实的生活。[①]

对那些最初是偶犯但在逐渐退化之后表现出天生犯罪人特征的罪犯，托马斯·莫尔说：“除了以绞死盗窃犯为快之外还能做什么呢?”我们通过消除原因可以消除结果，社会预防措施可以将其
31 减少到最低限度的正是这种罪犯。

① 弗里奇：《怎样变成罪犯》，巴黎，1886年。

他们除了在器官和心理方面异常——先天固有的和后天染上的——之外，还有两种生物社会学特征。在我看来，尽管各自的原因不同，但这两种生物社会学特征对天生犯罪人和惯犯来说都是共同的。我所说的这两种生物社会学特征是低龄化和再犯。偶犯和情感犯一般不表现为低龄化，也很少或绝不产生再犯。

这里有一些我从国际监狱统计资料中摘录的有关低龄化的数字。

不满 20 岁的囚犯	男　性	女　性
意大利(1871—1876 年)	8.8%	6.8%
法国(1872—1875 年)	10%	7.6%
普鲁士(1871—1877 年，不超过 19 岁的)	2.8%	2.6%
奥地利(1872—1875 年)	9.6%	10.6%
匈牙利(1872—1876 年)	4.2%	9%
英格兰(1872—1877 年，不超过 24 岁的)	27.4%	14.5%
苏格兰(1872—1877 年)	20%	7.8%
爱尔兰(1872—1877 年)	9%	3.2%
荷兰(1872—1877 年)	22.8%	3.7%
比利时(1874—1875 年)	20.8%	—
瑞典(1873—1877 年)	19.7%	17%
瑞士(1874 年)	6.6%	7%
丹麦(1874—1875 年)	9.9%	9.6%

还有更新的数字表明，在法国 1876—1880 年受审的 4374 人中，平均每年不满 16 岁的占 1%，16—21 岁的占 17%，而 1886 年的两项比例分别为 0.6% 和 14%。1876—1880 年在(轻罪)法庭 32

被起诉的罪犯(146217 人)中,不满 16 岁的占 40% ,16—21 岁的占 11%。在 25135 名女犯中,不满 16 岁的占 4%,16—21 岁的占 11%。而 1886 年,男犯不满 16 岁的占 3%,16—21 岁的占 14%;女犯分别占 2.5%和 14%。

在普鲁士,1860—1870 年被提起重罪和轻罪诉讼的人中,不满 18 岁的占 4%。

在德国,1886 年被定罪的人中,12—15 岁的占 3%,15—18 岁的占 6%,18—21 岁的占 16% 。

在意大利,1887 年被巡回法庭定罪的 5189 人中,14—18 岁的占 3%,18—21 岁的占 12%。在(轻罪)法庭审理的 65624 人中,不满 14 岁的占 1.2%,14—18 岁的占 5%,18—21 岁的占 13%。意大利低龄的罪犯不断增加。1880—1887 年,被巡回法庭定罪的罪犯中,不满 21 岁的占 15%,而被(轻罪)法庭审理的人犯中,同一年龄组的比例却从 17%上升到了 20% 。

这些数字资料加上其他一些特征可以表明,低龄化是天生犯罪人和惯犯所犯自然法罪行中最常见现象的质的特征。

33 法国 1882 年被判处的青少年犯所犯罪行的比例如下:

种　　类	男　性	女　性
谋杀和投毒	0.09%	0.5%
杀人、殴打和伤害	1.6%	1.5%
放火	1.8%	2%
猥亵奸污	3.5%	11.8%
特种盗窃、伪造和使用伪币	5.2%	2.4%

续表

简单盗窃和欺骗	60.8%	49.7%
说谎癖和流浪	23%	20.5%
其他犯罪	2.7%	0.8%
违抗父母	1%	10.5%

这些数字表明，女犯低龄化在侵犯人身罪中较多，男犯低龄化在侵犯财产罪中较多。瑞士的情况与此大致相似。瑞士 1870—1874 年被判处的青少年犯所犯罪行比例如下：

种　　类	比　　例
侵犯人身罪	12.1%
违反道义的犯罪	5.7%
放火	4.3%
盗窃	65.5%
诈骗	5.4%
伪造	1.9%
流浪	4.6%

法国和意大利的司法统计资料提供的比例如下： 34

巡　回　法　庭	意 1866 年被定罪的少年犯			法 1886 年被起诉的少年犯	
	不满 14 岁	14—18 岁	18—21 岁	不满 16 岁	16—21 岁
杀人	14%	25%	24%	3.7%	3.7%
谋杀（抢劫杀人）	14%	11%	10%	3.7%	6%
弑亲	—	0.5%	0.8%	7.5%	0.9%
溺婴	—	1%	0.4%	—	6%
拘禁他人	—	—	—	—	0.1%

续表

故意伤害(致死)	—	19%	24%	—	3.8%
堕胎	—	—	—	—	1.1%
强奸和猥亵成年人	—	10%	7%	—	1.2%
强奸和猥亵未成年人				3.7%	11%
反抗和殴打公务人员	—	0.5%	0.6%	—	0.3%
放火	—	—	0.2%	3.7%	3.1%
伪造和使用伪币	14%	—	1%	3.7%	2.5%
伪造公、私文书	—	0.5%	0.2%	—	2.1%
敲诈勒索和在高速公路上暴力抢劫	14%	9%	7%	—	3.6%
特种和简单盗窃罪	14%	19%	16%	41%	51%
过失伤害	28%	0.5%	0.2%	—	—
被定罪和被起诉的总人数	7	179	475	27	641

法国轻罪法庭的统计资料——手头没有完整的意大利的统计资料——如下：

轻罪法庭	法国1886年			
	男		女	
犯罪种类	不满16岁	16—21岁	不满16岁	16—21岁
反对当局	0.2%	2.2%	0.1%	1.1%
殴打公务人员	0.8%	5%	0.7%	4.1%
流浪	4.4%	11.2%	3.2%	5.5%
撒谎癖	4.8%	4%	12.5%	3.6%
故意伤害	5.1%	18.5%	3.6%	11%
非故意伤害	0.8%	0.7%	0.1%	0.1%

续表

侵犯公共道德	1.6%	1.8%	3.1%	3.3%
诽谤和侮辱	0.1%	0.2%	1.1%	1.6%
盗窃	57.5%	30.4%	63%	54.3%
对茶点铺经营人欺诈	0.1%	2.1%	0.1%	0.6%
诈骗	0.5%	1.2%	2.4%	3.3%
违背信托义务	0.9%	1.3%	0.7%	1.2%
毁坏庄稼和植物	0.5%	0.3%	0.3%	0.5%
赌博	15.1%	14.2%	1.1%	0.2%
被起诉的总人数	4,937	24,811	659	2,821

至此，我们运用统计资料对有关天生犯罪倾向（谋杀和杀人、强奸、放火、特定盗窃）和习惯性犯罪倾向（简单盗窃、撒谎癖和流浪）导致的各种犯罪行为中最常见的低龄化现象进行了证明。

除这种低龄化现象，我们同样发现再犯在同种性质的犯罪行为中比较常见，而且可以将有关天生犯罪人和惯犯再犯情况列表说明。

据说，每年审判的大量再犯都表明盗窃犯把盗窃作为一种正式的职业来从事，曾经体验过一次监狱生活的盗窃犯肯定还要再回到监狱中去。[①] 此外，几乎没有盗窃犯——无论男的还是女的——停止实施盗窃行为的例子。不管原因是什么，盗窃犯事实上很少或不能被改造过来。如果你能将一个老盗窃犯改造成一个诚实的工人，你就可以将一只老狐狸变成一条家犬了。[②]

① 《伦敦警察》（季刊）。1871 年。

② 托马逊：《罪犯心理学》，载《精神病学杂志》，1870 年。

但是，我们必须了解这些有犯罪经验的人的证据。从那些一生下来就不可改造的罪犯和那些由于监狱和社会环境而变得不可改造的罪犯区别来看，这些有经验的罪犯很容易增加。一生下来就不可改造的罪犯的数量不可能减少，但由于监狱和社会环境的
36 影响而变得不可改造的罪犯，通过运用刑罚的替代措施（我下面还要讲到）却可以大大减少。

下述关于再犯的统计资料引自伊弗内斯的《欧洲的累犯》（巴黎，1874年）一书。

再犯	英格兰1871年的罪犯	瑞典1871年的盗窃犯	法国1826—1874年被起诉和被审判的人	意大利1870年被起诉和被审判的人
一次	38%	54%	45%	60%
二次	18%	28%	20%	30%
三次	44%	18%	35%	10%

在普鲁士（1878—1882年），再犯一次的占17%，再犯二次的占16%，再犯三次的占16%，再犯四次的占13%，再犯五次的占10%，再犯六次以上的占28%。①

斯德哥尔摩监狱大会提供了苏格兰的再犯数字。在49名再犯罪犯中，再犯一次的占16%，再犯二次和三次的占13%，再犯四次和五次的占6%，再犯六至十次的占6%，再犯十至二十次的占

① 斯塔克：《犯罪与罪犯》，柏林，1884年，第229页。

5%，再犯二十至五十次的占4%，再犯五十次以上的占1%。

在1876年利物浦社会科学大会上，纽珍特先生说，有4107名女犯再犯四次以上，而且其中很多人被定罪二十次、四十次或者五十次（有一人被定罪130次），因而被列为不可改造的罪犯。

意大利1887年的司法统计资料得出了如下结果： 37

再　犯	意大利审判定罪的比例		
	治安法庭	轻罪法庭	巡回法庭
一次	57%	42%	50%
二至五次	34%	40%	40%
五次以上	9%	18%	10%
实际再犯总数	27063	16240	1870

我在调查过程中发现，轻罪法庭判处劳役的346名和判处监禁的353名罪犯中，其百分比如下：

再　犯　次　数	劳　　役	监　　禁
一次	83.2%	26%
二次	12.5%	16.5%
三次	3.1%	14.6%
四次	—	10.8%
五次	6.8%	6.6%
六次	—	5.2%

续表

七次	1.6%	7.1%
八次	—	2.8%
九次	—	2.8%
十次	—	2.3%
十一次	—	0.9%
十二次	—	0.5%
十三次	—	0.9%
十四次	—	1.4%
十五次	—	0.9%
十六次	—	—
十七次	—	—
十八次	—	—
十九次	—	—
二十次	—	0.5%
实际再犯总数	128	212

在被判处长期刑罚的罪犯中，经常性再犯者自然要少，但这在天生犯罪人和惯犯这两种罪犯中是一种可疑的个人和社会病态的症状。

38 龙勃罗梭在其《犯罪人论》第2卷中不承认低龄化和再犯是区别天生犯罪人及惯犯与偶犯的两个特征。但这只是个术语问题。他认为天生犯罪人和惯犯几乎全都犯重罪，而偶犯只限于犯轻罪。并且，就像我所列表中表明的，低龄化和再犯甚至于在轻罪犯人中比在重罪犯人中更常见，他认为这是一个矛盾，但不肯定我的结论。

无论如何，不能按照行为的危害性去区分罪犯的种类，因为尽管其所处的心理状况和社会环境不同，但天生犯罪人和惯犯同样可以像偶犯的情感犯那样，犯杀人、盗窃、殴打和伪造罪。

进一步说，我上面提供的数字表明，低龄化和再犯在谋杀、杀人、抢劫和强奸等罪中更常见一些。撇开其严重性不论，这些罪行通常都为天生犯罪人和惯犯所犯。但是，低龄化和再犯在通常由偶犯所犯的一些罪如溺婴和上面提到的某些罪中更不寻常，尽管可以说这完全是观察的结果。

下面仍然需要讲讲偶犯和情感犯。

情感犯只不过是偶犯中的一种，但其特征很突出，以至于很容易就可以区别出来。事实上，龙勃罗梭在其《犯罪人论》第 2 版（补充了德斯派因和比廷杰的观察）中将情感犯从其他罪犯中区分出来了，并按照其特征对他们进行了分类。我需要概括一下他的结论。

首先，真正由于不可抗拒的冲动而导致犯罪的那种特殊的罪犯很少见，而且他们所犯的罪行几乎总是侵犯人身罪。因此，龙勃罗梭调查的 71 个情感犯中，有 69 人犯的是杀人罪，其中有 6 人还被定了盗窃罪，3 人被定了纵火罪，1 人被定了强奸罪。

有资料表明情感犯大约占侵犯人身罪犯的 5%。

情感犯不像天生犯罪人和惯犯，他们一般都是过去表现良好、多血质且易激动并过分敏感的人。他们通常都是神经过敏或类癫痫性格的人。严格地说，他们的犯罪可能是其这种性格下意识导致的结果。

情感犯，特别是女性情感犯，一般是青年时代在愤怒、被伤害的爱或荣誉等情感的强制下突然失去自制而犯罪的。他们在犯罪之前、之时和之后都处于非常激动的状态之下。他们不是隐蔽的，而是公开的，并且通常是使用不恰当的、一开始就暴露自己的方法
40 犯罪。但是，有时也有因为比较冷静而不冲动，或者由于先入之见或多愁善感而先预谋后再奸诈地实施犯罪行为的情感犯。在这种情况下，我们不得不处理像族际仇杀这样的一种常见的违法行为。

这就是为什么把有无预谋作为天生犯罪人和情感犯之间的区别进行考查在犯罪心理学上无绝对意义的原因。因为预谋与否特别取决于行为人的性格，而且在两种人类学类型的罪犯所犯的罪行中都可以有这样的例证。

促使行为人犯罪的明确动机，也包括在情感犯的其他特征之中。这种动机不能成为实现另一个犯罪目的的方法。

这种情感犯在犯罪或者被捕之后就即刻认罪，其真诚的自责感很强烈，甚至于会即刻自杀或者自杀未遂。当被定罪的时候——尽管其很少被陪审团定罪——他们始终懊悔，改变自己的生活，或者不再退化。因此，他们的这种方式，致使肤浅的观察者认为监禁的改造作用是一般的事实，或者无论如何是可能出现的事实。其实，这种改造作用对种类越来越多的天生犯罪人和惯犯来说，只不过是幻想而已。

在同样这些罪犯中，即使存在导致某一犯罪类型产生的器官异常，我也很少发现。而且，甚至于在某些情感犯属本地特有，并
41 且几乎是根据社会习惯排列（就像杀人发生在科西嘉和撒丁是为

了维护荣誉,而发生在俄国和爱尔兰是为了政治谋杀一样)的国家,心理特征也是很少见的。

最后一种罪犯是偶犯。这种罪犯没有任何先天固有的和后天获得的犯罪倾向,他们由于经受不住其个人状况以及自然和社会环境的诱惑,在青少年时期犯了罪。如果没有这些诱因,他们就不会犯罪或不会继续犯罪。

因此,他们所犯的通常都是那些并非惯常性的罪,或者犯其他一些侵犯人身或财产的罪,但在其个人状况及社会环境综合作用下所犯的这些罪行不同于天生犯罪人和惯犯所犯的罪行。

毫无疑问,甚至于包括偶犯在内,也有一些犯罪的原因是属于人类学类型的。因为如果没有行为者的个性倾向,外部原因不足以导致犯罪的产生。例如,在灾荒年或者寒冷的冬天,并不是所有的贫困者都求助于盗窃,有些人宁愿忍受不该忍受的贫穷也不失诚实,还有一些人顶多也不过是被迫乞讨而已,即使在那些已经产生犯罪思想的人中,也有些人在单纯盗窃之后就停止犯罪,而有些人则直至走上暴力抢劫的道路。

但是,天生犯罪人与偶犯之间的确切区别在于:对前者来说,
外部原因比其内部倾向性所起的作用要小,因为这种犯罪倾向性 42
拥有一种驱使行为人犯罪的离心力;而对偶犯来说,犯罪行为只不过是行为人无力抵御外部原因的结果,大多数犯罪都是外部原因引起的。

在天生犯罪人中,犯罪的偶然原因一般都是行为人内部已经存在的本能或倾向性的结果,与偶犯相比纯粹是一个借口。另一方面,在偶犯中,无疑是偶然因素在适当的土壤中促成了以前并未生长的犯罪倾向性的生长。

因此，龙勃罗梭称偶犯为“有犯罪倾向者”，以确切地说明他们也有明显的异常，尽管其异常的程度比天生犯罪人要低。这就像我们生活中有金属和类金属、癫痫和类癫痫一样。

同时，这也是为什么龙勃罗梭对我就偶犯之论述的批评缺乏力量的原因。如同本尼迪特在罗马大会上说过的，龙勃罗梭认为所有的罪犯都是天生犯罪人，因此不存在偶犯——一个正常人偶然犯罪这样的事例。与加罗法洛相比，我也没有勾画出偶犯的形象，而且事实上我说的恰恰相反，因为实际上就像龙勃罗梭后来不
43 久就（在《犯罪人论》第 2 版，第 422 页）承认的，在天生犯罪人和偶犯之间，就像在所有罪犯之间一样，仅仅存在着程度和模式的不同。

如果需要引证犯罪心理学的详细论述，我们可以说，在无道德感和缺乏预见这两种犯罪的心理状态中，偶犯主要是由于后者，天生犯罪人和惯犯主要是因为前者而犯罪。对于天生犯罪人来说，主要是因为无道德感或道德感薄弱而不能抵御犯罪。对于偶犯来说，道德感几乎是正常的，但由于不能事先认识到其行为的结果而导致其屈服于外部影响。

但是，每一个人，即使是纯洁和诚实的人，有时也会产生从事某种不诚实行为或犯罪行为的闪念。不过，对于诚实的人来说，正是由于其体格和道德状况正常，这种犯罪的念头同时唤起了犯罪严重后果的念头，才擦着正常意识的表面，仅仅打了一个闪电而没有产生雷声。对于那些身体或道德观念不正常的人来说，这种念头存在下来了，并抵制住了不太强的道德感对此念头的反感，最终

取胜了。因为就像维克多·雨果所说的:“面对责任时,犹豫就是失败。”[①]

情感犯能够抵御导致偶犯犯罪的非意外力量的一般诱惑,但 44
不能抵御有时确实难以抗拒的心理风暴。

偶犯行为除由上述一般诱惑引起之外,也可以由年龄、性别、贫穷、世俗和道德状况的影响,酒精中毒,个人环境和模仿等因素而引起。精明强干的塔德已经证明了这些因素对人的行为的持续影响。

根据这种观点,龙勃罗梭指出了“假罪犯”或犯了过失罪的正常人(尽管要负法律责任,但这种犯罪并非源于邪恶,也不损害社会)与“有犯罪倾向者”(他们犯普通的罪行,但因为上面已经讲过的原因而不同于真正的罪犯)这两种偶犯之间的明显区别。

对罪犯的人类学分类做最终的观察是必要的,但遇到了我们演绎推理式的批评家们提出的各种批评。这五种罪犯之间的区别只是程度的不同,而且取决于其器官和心理的类型以及身体和社会环境的影响。

在各种自然分类中,每组和每种之间的区别是相对的。这并 45
不会使其丧失理论和实践的重要性,而且并因此与罪犯的人类学

---

① 例如,我回忆起莫雷尔自己讲过的一件事。一天,当他走到巴黎一座桥上的时候,他看见一个工人一直凝视着桥下的水,杀人的念头在其心里闪了一下,因为他担心自己抵制不住将一个人扔进水里的念头的诱惑,就赶紧离开了。其次,还有一个亨伯特家保姆的例子。有一天,她突然生出杀死照管的孩子的念头,结果她为了避免真把孩子杀掉,赶紧带着孩子一起跑到了他母亲家。布赖尔·德·博伊蒙特也告诉我们一个故事,一个学者看到公共画廊中的一幅画,就想将它剪下来,但最后还是没有动手而走掉了。

分类一致。

由此可以得出结论，因为按照结晶法则，生命起源于矿物质。我们在自然历史上的进化是从无机物到有机物，在程度和种类上不断发展。所以，我们在犯罪人类学上的进展，是通过精神病人和癫痫病人的联系从精神病人到天生犯罪人，通过惯犯（以偶犯开始，以染上天生犯罪人的特征并遗传给其子女而告终）的联系从天生犯罪人到偶犯，在程度和种类上不断演变而取得的。最后，我们又从偶犯发展到对情感犯的研究。情感犯只不过是其他罪犯的一种。进一步说，由于其神经过敏和类癫痫病的性格，情感犯常常接近于精神不健全的罪犯。

因此，在日常生活中就像在科学中一样，我们常常发现中间类型，因为完全不混杂的种类是最不常见的。自鸣得意的立法者和法官们苛求确定正常罪犯和变态罪犯之间的分界线，而精神病学家和犯罪学家则不得不确定罪犯在精神病患者和天生犯罪人或者偶犯和正常人之间居于什么地位。

但是，很显然，即使当一个罪犯不能够被确切地划在哪一类而
46 居于两类之间时，这种罪犯本身就是一个足够明确的种类，尤其从
社会学的观点来看，更是这样。有些人将其论点建立在抽象的和模糊不清的一般罪犯观念的基础之上，仅根据其所犯的罪行而不是其个性和生活环境来判断罪犯。他们断言犯罪人类学不能对所有被拘禁和被起诉的人进行分类。这些人的反驳常常缺乏力量。

但是，在我作为律师和研究者的实践中，根据器质特征，而且特别是心理特征对所有被拘禁和被定罪的人进行分类时，从来未遇到任何麻烦。

因此，就像加罗法洛最近讲的，公认的犯罪科学仅承认两个术语：犯罪和刑罚，但犯罪社会学则承认三个术语：犯罪、罪犯和最适于社会自卫的手段。而且，可以断定，到现在为止，科学、立法和采取略微有些但不是特别科学方法的刑事司法都是以审判和惩罚犯罪来代替审判和惩罚罪犯；然而今后，除有必要审判犯罪之外还有必要审判罪犯。

在作出这些有关犯罪人类学分类的一般性的研究结论之后，
似乎有必要进一步明确一下各种罪犯在总数中所占的比例。但
是，由于一种犯罪和另一种犯罪之间没有绝对的划分，还由于几种 47
犯罪的发生率随着侵犯人身或侵犯财产罪发生的频繁与否而有变
化，不可能确切地说明作为整体的犯罪全貌。

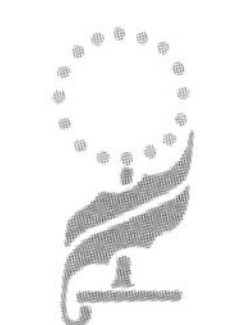

但是，用近似的方法，首先可以说，精神病犯和情感犯的数量最少，只占罪犯总数的5%—10%。

此外，我们发现天生犯罪人和惯犯大约占总数的40%—50%，所以，偶犯在罪犯总数中所占的比例也就是在40%—50%之间。

这些数字随着观察的犯罪和罪犯的不同而自然有所不同。如果不进行一系列犯罪人类学的专门研究，就不能更准确地确定这些数字。就像我在回答有些人对这一新学科的方法所提出的异议时讲过的一样。

在结束本书第一章之前，我们仍然需要证实一下犯罪人类学分类在科学和实践中的巨大价值。那就是，在我对罪犯持续进行了十多年的人类学分类之后，凡是从生物学和社会学的观点看是致力于研究犯罪问题的人，都承认需要对罪犯进行比惯犯和偶犯

更简单的分类。按照能够接受的标准,惯犯与偶犯的分类在一定程度上还是有些复杂。

48 首先,人们一般都认识到应该抛弃旧的任意的和代数学的分类方法,赞成与犯罪事实更紧密一致的分类方法。这种分类源于在监狱大墙之内的观察,我将其发展成犯罪社会学领域,在那里它现在已经被确认为必须在立法上对罪犯采取的防范措施以及罪犯应负责任的标准。

其次,迄今为止所有对罪犯的分类在本质上和整体上都没有截然的不同。实际上,我们已经注意到所有对罪犯的分类都不外乎下述 4 种:天生犯罪人、精神病犯、偶犯和情感犯。这又变成了对偶犯和天生犯罪人的简单的和原始的区分。惯犯作为罪犯的一种尚不为所有研究者所接受,但它与我们觉得需要更进一步的证据的日常体验紧密一致。另一方面,我必须坦率地拒绝接受那些对罪犯没有进行直接研究而提出在一定程度上有些对称的分类者的权威观点,因为实验方法不承认仅仅根据想象,根据对刑事审判的含糊回忆,或者根据从其他体系中抽取的争辩性解释而建立起来的体系。

实际上,除了术语的不同之外,这种对罪犯进行人类学分类的
49 部分差异,在某种程度上很明显应当归结为由于研究者所采取的观点不同。例如,拉卡萨根、乔利、克劳斯、巴迪克和马罗等人完全是根据罪犯器官和心理特征的标准对罪犯进行分类,而李斯特、麦德姆和明兹洛夫却只根据刑罚对罪犯所产生的治疗和防卫效果对罪犯进行分类。福林和斯塔克根据某些罪犯释放后的再犯倾向性等提出的某些专门观点,诸如对他们进行帮助而进行分类。

相反，我自己的观点向来是一般的和复合性的，因为我对罪犯进行分类根据的是犯罪的自然原因——个人的、自然的和社会的。从某种程度上讲，这种分类更契合犯罪社会学的理论和实践需要。如果社会疗法像个别疗法那样，期望从实证知识中得出治疗的方法，根据犯罪的基本原因所进行的分类，无疑最适合表明对作为犯罪社会学基本对象的犯罪这一疾患现象的社会治疗，因为就像我们在生物学中从完全描述性的解剖学过渡到遗传解剖学和生理学一样，在社会学中，我们也必须从对犯罪的纯立法性描述过渡到从遗传学角度对犯了这些罪的罪犯的了解。

因此，我们见过的所有对罪犯的主要分类，通过更完整和更富
有成效的试验（已经确认了我的分类），都能够与我自己的分类一 50
致。因此，我们有确凿的证据证明，无论它是否论及罪犯的自然原因，或者是否论及社会自卫的不同方式，这种分类实际上构成了所有对罪犯进行人类学分类的一般的和持久的基础。各种社会自卫方式都来自罪犯，而且一定要与犯罪的自然原因和主要类型相适应。

但是，无论什么样的分类方式可能会被作为犯罪人类学的基本原理而接受，我们都必须包括不同的罪犯种类，这对于每个在理论或实践上关心犯罪的人来说今后都是必不可少的。

51 第二章　犯罪统计学资料

第一节　犯罪统计学的价值

因为道德和社会现象不同于自然和生物学现象，很难甚至于一般不可能进行试验，所以在这一领域所进行的观察最有助于科学研究。统计学就是这类观察中最有效的一种手段。

犯罪社会学，在研究犯罪产生的个人方面的原因之后，自然应当借助犯罪统计学来研究犯罪产生的各种社会原因。用克罗内的话说，统计资料“是预防犯罪取得成功的首要条件，因为它能起到情报部门在战争中所起的作用”。

从统计学上看，犯罪与社会环境密切相关的现代观念，在某些方面，尤其是以某些特定的形态，已经直接涌现出来了。

犯罪统计学对犯罪社会学就像有机体组织学对生物学一样，因为在个别因素构成集体组织的情况下，它把犯罪的各种因素作
52 为一个社会现象展现出来。同时，它不仅对科学归纳，而且对现行实践和立法都有重要意义，因为正像布鲁厄姆勋爵在 1860 年伦敦统计学大会上所说的，“犯罪统计学对立法者来说就像海洋图和指南针对航海者一样重要”。

除其中大量乐观主义的夸张以外，实证学派接受了一个基本

的无可争辩的观念，那就是在提到罪犯人数的增长和变化时，必须考虑到犯罪统计资料，并因此开辟了一条全新的富有成果的对犯罪自然因素的分类和研究的观察渠道。

我在《法国犯罪研究》(1881 年)一书中，用三种自然类别对所有以前曾被以零碎、不完整的类别表述过的犯罪原因[①]进行了分类。

考虑到人类行为，无论是诚实的还是不诚实的，是社会性的还是反社会性的，都是一个人的自然心理机制和生理状况及其周围生活环境相互作用的结果，我特别注意犯罪的**人类学因素**或称个  53
人因素、**自然因素**和**社会因素**。

罪犯个人所具有的**人类学因素**是犯罪的首要条件。如果对罪犯从生理、自然和社会三方面进行研究，我们可以将人类学因素分为三个次种类。

罪犯的生理状况包括颅骨异常、脑异常、主要器官异常、感觉能力异常、反应能力异常和相貌异常及文身等所有生理特征。

罪犯的心理状况包括智力和情感异常，尤其是道德情感异常，以及罪犯文字和行话等。

罪犯的个人状况包括种族、年龄、性别等生物学状况和公民地

① 边沁在其《道德与立法原则概要》一书中，列举了如下一些立法时应当考虑的因素：性格、健康状况、力量强弱、生理缺陷、文化水平、智力程度、心理强度、气质、荣誉和宗教观念、同情心和厌恶感、精神错乱、经济状况、性别、年龄、社会地位、教育、职业、气候、种族、政府、宗教职务等。

龙勃罗梭在囊括其全部权威著述在内的《犯罪人论》第 2 版中，列举的基本因素是：种族、文明、贫穷、遗传、年龄、性别、公民地位、职业、教育、生理变态、感观、模仿等。莫塞里在论述自杀时，对自杀产生的原因进一步作了分类：世俗的和自然的影响、种族的和人口统计学的影响、社会影响和生物心理影响等。

位、职业、住所、社会阶层、训练、教育等生物社会学状况。迄今为止，罪犯的生物社会学状况几乎一直被认为是犯罪统计学研究的唯一对象。

犯罪的自然因素是指气候、土壤状况、昼夜的相对长度、四季、平均温度和气象情况及农业状况。

犯罪的社会因素包括人口密集、公共舆论、公共态度、宗教、家庭情况、教育制度、工业状况、酗酒情况、经济和政治状况、公共管
54 理、司法、警察、一般立法情况、民事和刑事法律制度等。

到此为止，我们已经列举了许多混杂在社会机构各个部分中没有被理论者和实践者即犯罪学家和立法者所注意的潜在原因。

其实，几乎所有犯罪人类学家和犯罪社会学家都已经接受了我对犯罪自然因素的这一分类方法。我觉得这一分类方法比其他任何已经提出的分类方法都更精确、更完整。

关于对犯罪自然因素的这一分类，为了实现公正的法律和反对违法而进行的斗争能够取得实际结果，有必要做两项有关的最后观察。

首先，由于发现了以前并未意识到的各种自然力量(以前被认为是孤立的)之间的联系，我们必须强调下述实证结论：如果不研究每一种和所有各种不同的犯罪自然因素(为了研究的需要，我们可以将这些因素分割开来，但实际上它们总是以一种不可分离的结合形式而起作用)，我们就既不能发现某一个犯罪的确切原因，也不能发现某一个国家总的犯罪现象的原因。

任何一种犯罪，无论是谁犯的，也无论是在什么情况下犯的，都不能认为它不是行为人自由意志的选择就是自然原因的必然结

果，因为前一种解释没有科学价值。除非认为犯罪是特定生理和 55
心理构成在特定自然和社会环境中作用的结果，否则不能对犯罪作出任何其他科学的解释。实际上，对人或动物的其他任何行为来说都是如此。

因此，说实证派犯罪学认为犯罪仅仅是一种人类学现象是非常不确切的。实际上，这一学派从一开始就一直认为犯罪是行为人的人类学因素以及自然和社会环境同时共同起作用的结果。如果对行为人生物学状况的研究更丰富并因其珍贵而更引人注目，这也绝不与犯罪社会学的基本原则相矛盾。

叙述完犯罪产生的自然因素的分类之后，我们还必须讨论一下这三种因素在犯罪自然形成过程中各自所起的相对作用。

依我看，人们对这个问题的表述一般都不确切，而且也不能绝对地用一句话来回答这个问题。

它之所以被表述得不确切，是因为那些认为犯罪只不过是一种纯社会现象，犯罪人的生理和心理异常在犯罪形成过程中并不起作用的人，在一定程度上故意无视自然力之间的相互联系，忘记了对任何现象来说给其产生的原因——即时的和长久的，直接的和间接的——绝对地限定一个原因网络都是不可能的。

强词夺理地提出这一问题，就等于问哺乳动物是不是其肺的
产物，或者是不是其心、其胃、其植物成分或大气层的产物。但是， 56
上述这些条件——内部的和外部的——中的任何一种对于这一动物的生存都是必需的。

事实上，如果说犯罪仅仅是社会环境的产物，那又怎么解释下面这一众所周知的事实呢？在同样的社会环境之下，在同样贫穷、

遗弃和缺乏教育的情况下，为什么有60%的人不犯罪呢？而其余的40%中，为什么有5%的人自杀，5%的人发疯，5%的人只是乞讨或流浪但并不危害社会，而剩下25%的人却犯了罪呢？在犯罪的25%的人中，为什么有些人仅仅犯了非暴力盗窃罪，而另外一些人却犯了强盗罪，甚至于在被害者抵抗、威胁他们或呼救前就杀害了被害者呢？

即使在居于大城市贫民区的同一个家庭的成员中，或那些为金钱和权力的诱惑所包围的人中，也可以发现社会环境的次要差别。然而这显然不足以解释因这些差别导致的从最失意情况下的诚实做人到自杀和谋杀等各不相同的行为的巨大差别。

因此，这一问题必须从一种完全相对的意义上提出。而且，我
57 们还必须研究犯罪的三种自然因素在个人和社会生活中的某一特定时刻对决定每一具体犯罪所起的作用大小。

对此没有一个普遍适用的明确答案，因为人类学因素、自然因素和社会环境的相对作用随着每一种违法行为的心理学和社会学特征不同而不同。

例如，如果我们研究侵犯人身、侵犯财产和侵犯人身贞洁这三大类犯罪，那么各种决定因素，尤其是生物学因素和社会环境对杀人、盗窃和猥亵奸污罪的产生显然具有明显不同的作用。在每一种犯罪中，这三种自然因素的作用都是如此。

社会环境，尤其是经济状况对盗窃罪的产生具有不可否认的作用，但对杀人和猥亵奸污罪的产生所起的作用则要小得多。同样，三种犯罪原因在每一种犯罪中所起的作用都因犯罪的种类不同而大不相同。

就杀人和偶然杀人来说，偶然杀人在很大程度上是社会环境（赌博、酗酒、公共舆论等）的结果，而杀人则更倾向于由于行为人的残忍、无道德感和因生理变态导致的精神病理学状况而产生。

同样，有些猥亵奸污和乱伦等罪，在很大程度上是大批人被迫
居住在不通空气或阳光、父母子女像牲畜一般男女混居这样一种 58
社会环境的产物。这样的社会环境使人的正常羞耻感淡漠，甚至于完全消失。此外，还有一些主要由于行为人的生物学状况（在明显的性疾病或不太明显的生物学异常的状态下）而引起强奸犯罪的例子。

其次，就盗窃来说，偶发性简单盗窃主要是社会和经济状况的影响所造成的，但在暴力盗窃特别是以抢劫为目的的凶杀（通常为“那些绅士打扮的扒手”蓄意所犯）这样一些案件中，这一影响与行为人的生理和心理构成的影响相比要小得多。

这一观察结论也同样适用于自然环境的影响。例如，如果说侵犯财产罪在冬天有规律的增长（就像我第一次从法国在最寒冷的年代里的犯罪统计资料中所发现的）仅仅是气候通过社会和经济状况的影响而间接作用的结果，那么激情犯罪和猥亵奸污罪在气温最高的月份和年份里的增加也只不过是气候影响的直接结果，甚至于对那些通过其生物学状况对这些影响可以起到微弱抵御作用的人来说，也是如此。

不过，有人对我多年来一直坚持的这些结论又提出了反对意见。

这些反对观点认为，即使我们承认个人的生理和心理状 59
况——从略微明显的人类学特征的异常到最严重的病理学异常状

况——对所有犯罪和罪犯都具有最重要的影响，这也并不排除由于社会环境的影响而导致某些犯罪产生的可能性。事实上，这种观点主张行为人的异常本身也不过是导致某些人生理和心理变态的不良社会环境的结果。

这种反对观点，如果从相对意义上提出是正确的，但如果认为绝对如此，那是毫无根据的。

首先，我们必须认识到原因与结果的区别只是相对的，因为每一个结果都有其原因，每一个原因也都有其结果。因此，如果不幸——物质的和精神的——是变态的原因，那么像生物学上的异常这样的变态本身也是不幸的一个原因。而且，如果从这个意义上讲，这个问题就像关于先有蛋后有鸡，还是先有鸡后有蛋这样一个著名的拜占廷式的争论一样，完全是形而上学的。

其次，当犯罪地理学表明某省的犯罪程度和数量不是由生物学状况（种族等）和自然状况（气候、土壤等），而是由社会和经济状况（农业和工业状况等）决定时，我能对此作出一个简单的回答。
60 因为即使撇开统计学的证据不论，如果某省的社会环境（对犯罪具有不容置疑的影响）实际上是犯罪的绝对的和唯一的原因，那么我们仍然可以问，这个省的社会环境本身是不是其居民的精力和智力等种族特性与在一定程度上适宜的气候和土壤的结果呢？

但是，我们还可以更确切地发现，即使撇开犯罪的生物学因素中特别明显的病理学状态，还有许多例子可以证明罪犯的生物心理变态确实不能说成是有害的自然和道德环境的结果。

在每一个有几个孩子的家庭中，我们发现，尽管环境同样有利，培养和教育的方式也得当，孩子们的智力从婴儿时期就不同。

我们还发现，在才能的程度和种类方面，这些孩子的生理和心理构成也从婴儿时起就不相同。而且，尽管这种现象只是在为数不多的明显正常和异常的事例中才很显著，但在为数更多的普通事例中也存在。

从这一点上我可以说，自然环境和社会环境具有一定程度的影响，就像行为人的生理和心理机制在一定程度上都是健康和茁壮的一样。

因此，有关犯罪自然起源的一般观察的实际结论如下：每一种 61
犯罪都是行为人的身体状况与社会环境相互作用的结果。由于这些状况和环境对各种犯罪都有一定程度的决定作用，社会对犯罪现象所能采取的最有效、最有力的防卫措施是双重性的，而且应当同时采用和实施两种措施：一是改善社会环境，对犯罪进行自然的预防，并以此来代替刑罚；二是永久性或临时性地消除罪犯，依据行为人的生物学状况在犯罪形成过程中的影响几乎是绝对的，或者在一定程度上是大的，或者在一定程度上是可以治愈的来定。

事实上，如果我们注意犯罪的周期性变化——增长和减少，我们可以断定这些稳定的、不断产生的变化是随着行为人的人类学因素和自然因素的相应变化而产生的。犯罪统计资料绝不能表明犯罪的规律性（奎特里特很夸张地主张犯罪具有规律性），同时，有关罪犯年龄、性别和职业等方面的比例数每年所表现出的区别也很小。至于自然因素，如果某一特定时期犯罪的显著变化可以用它解释，然而气候、土壤性质、空气状况、季节、不同年度的气温等显然都不能经历本世纪后半叶这么持久、反复出现并与我们现在 62
几乎在每个欧洲国家都可看到的那些犯罪浪潮相应的变化。

因此,我们应当把犯罪的周期性变化主要归结于社会因素的作用。因为即使在像年龄和性别等对犯罪的影响以及在一定程度显著的反社会的变态倾向这样一些人类学因素中能够发现的变化,也同样取决于像被遗弃婴儿的保护、妇女参加非家务性质的商业和工业生活、预防和镇压措施等这样一些社会因素。此外,由于社会因素对偶犯和惯犯都有一种特别重要的影响,而这些犯罪从整体上看又是数量最多的,因此我们显然应当把犯罪的周期性变化归结为社会因素的作用。事实确实如此,就像我们现在将要看到的,最严重的犯罪,尤其是侵犯人身罪,恰恰因为它们多半为天生犯罪行为而表现出来的周期性变化,往往比那些程度轻微但数量众多的侵犯财产罪、妨害公共秩序罪和更带有偶然性的侵犯人身罪的变化要稳定并且更有规律。其实,作为犯罪界的微生物,后面这些犯罪是社会环境更直接的结果。

因此,赞成实证派犯罪学的另一个观点是,它强调犯罪问题的
63 社会学方面,并向立法者说明只要情况允许,就可以适用那些容易
使其产生错觉的惩罚性措施之外的真正的社会救治措施。

在作出这些初步观察结论之后,我们应当就官方统计资料中表明犯罪变化的统计资料进行更深入的研究。

即使我们在此不想提供很多比较性的统计资料,而只想简要说明犯罪的周期性变化,但这些尽管与所有国家都密切相关却并不会使一个国家与另一个国家之间的比较变得更容易的资料足以表明几个相当重要的事实。

此处所包括的国家中最显著的一般现象是,**最严重的犯罪稳定不变而比较轻微的犯罪持续增长**,尤其是在法国、英格兰和比利

时这样一些公布了一长串数字的国家里。这主要是由于违反不断补充刑法典原始基础的特别法的犯罪积聚而成。不过，这也是本世纪犯罪行为实际变化的征兆。由于侵犯财产罪在大城市中代替了前几个世纪盛行的侵犯人身罪，因此本世纪的犯罪数量增加，但犯罪程度减轻了。

为被观察国家所共有的另一个特点是，在比较严重的侵犯财 64
产罪显著减少的同时，侵犯人身罪的规律性（如在法国和比利时）和增长（如在英格兰，在德国更快）都更稳定。但是，就侵犯人身罪来说，这一现象是与因人口增长而产生的犯罪行为相适应的。另一方面，除由于动产的增加使得暴力犯罪向诡计诈骗犯罪转化之外，侵犯财产罪的减少不过是用简易程序代替陪审团审理这一司法程序的人为改变的明显结果。

从不同国家的犯罪中，从侵犯财产罪和侵犯人身罪的周期性变化中，我们发现这样一种交替现象，即在侵犯财产罪增加的年度侵犯人身罪一般就会减少，反之亦然。随处可见的一些例外并不能否定这一现象。如在饥荒和气候反常这样一些年度中，盗窃罪的增加引起暴力殴打、伤害、杀人及猥亵奸污罪的减少，反过来也是如此。此外，数量众多的侵犯财产罪大部分都被计算在年度犯罪总数之内。因此，意大利、法国、比利时和奥地利等国 1880 年度
的犯罪数量最多，主要应当归结于 1879—1880 年冬天的极度严 65
寒。在意大利，这场严寒导致了一场农业危机，谷物价格特别高可以证明这一点。但 1881—1885 年的冬天非常温和，农业也连年丰收。从 1886 年起冬天又特别寒冷，经济危机也更加严重。

意大利犯罪周期性波动的一般趋势与其他欧洲国家一样，更

倾向于增加而不是减少。连续三年记录的重罪和轻罪的比例以及被判处监禁的人的比例可以证明这一点。

在每个国家的犯罪变化中，有必要从其一般而且持久的趋向中区分出在一定程度上被延长的异常波动——增加和减少。一般而且持久的趋向，除因新法规定而人为制造的那部分犯罪之外，主要是由每个国家的自然和社会环境决定的。而异常波动是由导致为数更多的轻罪产生的这种或那种因素的变化决定的，也就是说是由气温的年度变化或工业和政治危机等决定的。

对这一显著区别的漠视和对科学的学派、甚至对政党的偏见导致了一些奇怪的争执，引起了对犯罪统计资料结果的激烈争论。
66 因为一方面，古典派的拥护者清晰地看到，犯罪的不断增加构成了迄今为止所适用的刑罚制度——理论上的和实践上的——失败(就像霍尔岭朵夫承认的那样)的证据；另一方面，为了支持或攻击某一个部门就否认或肯定犯罪的增长。因为在议会比在其他任何地方都更深地存在着一种根深蒂固且难以消除的偏见即社会人为化。这种偏见使人们认为国家状况——道德的和经济的——主要是由这个或那个政府的行为决定的，而不是由基本不为政府和政客所影响而且并非政府和政客力所能及的自然因素决定的。

这就是为什么意大利近来在科学书刊上、在中央司法统计委员会的会议上，甚至在议会中常常讨论犯罪是在增长还是在下降的原因。

贝尔特罗尼－斯卡利亚和龙勃罗梭几乎同时提议注意意大利犯罪的增长，而且为菲利、加罗法洛、帕维亚、帕格里斯、盖迪、博涅特、巴齐莱和罗西等各个实证派拥护者所继承。菲利等拥护者提出的证据表明，意大利犯罪的一般趋势是在增长，1880 年之后所观察到的减少只不过是暂时的波动。1886 年以后的事实证明他们是正确的。

另一方面，官方犯罪统计报告以及大多数中央司法统计委员会的成员在受到我的启发而对意大利 1873 年以来的犯罪(因为在 67
此之前，除 1853 年和 1869—1870 年外，意大利没有犯罪统计资料)进行调查时，得出了趋于下降的结论。但是，他们的结论是根据争论的迫切需要而采取片面观点得出来的。事实上，他们只是把 1881—1885 年与 1880 年的犯罪进行了比较，在犯罪数量最多的几年过去之后自然会有相对的下降。而且，正是这种巧妙的比较为他们的乐观结论提供了表面的证据。因为当发现高烧已达 40 摄氏度时，即使下降半度也是很显著的。他们对实际上正在减少(尽管是在一定程度上有效的矫正措施的纯人为效果)的、由巡回法庭审理的所谓重罪特别关注。但是，我一直认为，并且得到了奥廷根先生的支持，我们不能将巡回法庭审理的重罪与轻罪法庭审理的轻罪截然分开，因为它们之间的区别只是程度不同而已，就像盗窃和殴打与伤害和伪造等罪之间的区别所表明的那样。

很奇怪，在所有国家中都存在着由前面说过的同样的原因和偏见所引起的类似幻觉。例如，我们在法国常常发现议长在就 1826 年以来的数卷完好并且有价值的犯罪统计资料演讲时，偶尔提到这种波动性的减少，并说这种波动性的减少是一种持久的一般趋势的征兆，而后来几年的趋势却与此相反。 68

法国自 1840 年以来一直存在着同样的争论。在犯罪是增加了还是减少了这个问题上，争论的双方采用了最近在意大利运用的那些辩论技巧。杜弗、贝兰杰、贝尔扎克·德·圣普里克斯和莱格特认为犯罪自 1826 年以来一直在减少，德·梅茨、杜平、查森、梅萨德和费伊特的观点正好相反。费伊特在其一篇关于犯罪统计的论文中引用了其他一些尽管结论很惊人并且很丰富，但已经被不当地忘记掉的犯罪统计资料。

但是，无论是那时的法国还是现在的意大利，随后几年的犯罪统计资料很快就证明，官方的乐观和民族的自满说明，我们的悲观只不过是我前面提到过的、从每个国家文明对犯罪的影响而确认的可悲的事实中得出的一个严密的逻辑推论。

在作出这些一般性的结论之后，从逻辑上讲，我们应当研究每一主要种类的重罪和轻罪在某一国家的某一地区的周期性变化，因为不仅所有的犯罪，而且所有的地区都不是连年按照同一过程变化的。但是，由于本书还做不到进行这方面的探索，因此我们可以讲一下其他欧洲国家的一般犯罪概况。

69 法国

	1826—1828	1885—1887	
违警罪	100	391	在 61 年里
轻罪	100	397	
侵犯人身罪	100	98	
侵犯财产罪	100	41	

比利时

	1850—1852	1883—1885	
轻罪法庭审理的侵犯人身罪	100	109	在 36 年里
轻罪法庭审理的侵犯财产罪	100	162	

	1840—1842	1883—1885	
轻罪法庭审理的罪行	100	260	在 46 年里
巡回法庭审理的侵犯人身罪	100	65	
巡回法庭审理的侵犯财产罪	100	21	

英格兰

	1857—1859	1884—1886	
按照简易程序审理的罪行	100	176	在 30 年里
	1835—1837	1884—1886	
侵犯人身的刑事案件	100	143	在 55 年里
侵犯财产和使用伪币的刑事案件	100	55	

爱尔兰

	1864—1866	1886—1888	
按照简易程序审理的案件	100	95	在 25 年里
侵犯人身罪	100	57	
侵犯财产和伪造货币罪	100	52	

普鲁士

	1854—1856	1876—1878	
违警罪和盗窃林木罪	100	132	在 25 年里
重罪和轻罪	100	134	

德　国

	1882—1884	1885—1887	
妨碍公共秩序的重罪和轻罪	100	110	在 6 年里
侵犯人身的重罪和轻罪	100	116	
侵犯财产的重罪和轻罪	100	95	

奥地利

	1867—1869	1884—1886	
因重罪被判处的罪犯	100	122	在 20 年里
因轻罪被判处的罪犯	100	495	

	西班牙		
	1883—1884	1886—1887	
审理的重罪和轻罪	100	103	在5年里
审理的违警罪	100	113	

70 这些资料所表明的最稳定的一般事实是:轻微的罪行在各种案件中都非常明显地增加,侵犯人身罪基本稳定或略有下降,侵犯财产罪大幅度下降。法国、英格兰和比利时的情况都是这样,但奥地利的重罪和轻罪都在增加。

不过,我们必须区别出这些一般事实后面的本质和现象。

一方面,更严重的侵犯财产罪的减少完全是由于罪犯选择在下级法庭受审造成的。罪犯选择在下级法庭受审在法国是由轻罪法庭裁量决定的,在比利时是根据1838年和1848年的法律合法确立的,在英格兰是根据1856年和1878年的法令确立的。罪犯一般都宁愿选择治安法官的较轻但更确定的刑罚而不愿由陪审团审理。实际上,选择权较小的侵犯人身罪并没有表现出明显的下降。而且,在比利时,我们也发现,“可矫正”的犯罪的增加主要在于侵犯财产罪(在36年里上升62%)而不是侵犯人身罪(上升9%)的增加。

另一方面,比较轻微的犯罪的增加在一定程度上是那些不断制造新的违法、轻罪或违警罪的特别法造成的结果。在法国,可以一提的有1832年的逃避监督法、1884年的赌博法、1857年的对出售商品进行虚假描述法、1845年的铁路罪行法、1849年的驱逐难民法、1873年的酗酒法和1874年的征购马匹法等。我在拙著《法

国犯罪研究》(罗马,1881 年)中论及了这些特别法的统计结果,并 71
论及了警察机构增加的影响。在此我再加上一个观察结论。有人说 1826 年以来通过的其他法律消除了一些罪行,或者至少可以说其发生率在不太严厉的法规之下减少了。但是,正如乔利先生所指出的,如果这是事实,那么过去的半个世纪中新产生的违法的数量比被新法消除和减少的数量要大得多也是事实。因此,在法国 1826—1887 年审理的罪行所增加的 297% 中,绝不能忽视由于违反新法而产生的犯罪这一因素。

但是,我们也不能否认,除了立法和统计的干扰因素之外,更常见的罪行无疑也有实际的、非常引人注目的增长。

在英格兰,我们同样可以得出这种结论。法庭在过去 30 年中简易审理的罪行增加了 76%,这些新增加的罪行在一定程度上也可以归结为由于一些特别法而引起的新的违法造成的。在这些特别法中,尤其是违反 1873 年教育法的人数最多:1878 年有 4 万多人,1886 年有 65000 多人。

至于英格兰的犯罪(除实际的罪行之外,还包括一些在意大利、法国、比利时和奥地利刑法典中相当于违警的行为),据观察在 30 年里增长了 76%。增长的这部分都是违警罪而不是轻罪。这
就构成了英格兰和法国犯罪变化之间的显著区别。 72

如果分析了一下英格兰按照简易程序审理的违法行为的记录,我们就会发现,与酗酒有关的违警罪占了增长部分的绝大多数(1861 年是 82196 起,1885 年是 183221 起,1886 年是 165139 起)。此外,侵犯人身(殴打)和侵犯财产(偷盗、盗窃和恶毒犯罪)两种罪行并未显示出如此高的增长速度。

其实，如果将法国与英格兰殴打与盗窃的变化进行比较，就会发现下述数字：

英格兰		
	1861—1863	1879—1881
因殴打而被按照简易程序审理的罪犯	100	102
因偷盗、盗窃和预谋犯罪而被按照简易程序审理的罪犯	100	110
法　国		
被轻罪法庭审理的案件：		
殴打和伤害	100	134
简单盗窃	100	116

因此，在英格兰，不仅仅是犯罪总数，而且更主要的是一些更常见的侵犯人身和侵犯财产的罪行都比法国同期增加的数量要少。我们不忽视侵犯人身罪在英格兰增长的幅度较大（自然与近55年来人口的成倍增长一致），但是在我看来，这一事实也证明英格兰抵制某些导致犯罪产生的社会因素的组织对之有很大的影响
73 （如照顾弃儿、保护穷人等），尽管其经济活动（绝不会次于法国）发展很快。上述数字进一步肯定了我关于犯罪的社会因素的结论，驳斥了波莱蒂的乐观主义理论。

但是，欧洲每个国家犯罪的一般增加，除了不同法典的人为因素之外，都是由其他原因决定的。各种自然和社会环境中最一般和最持久的原因是每个国家的人口每年都在增长。人口的增长，再加上人口密集，使得人们相互之间的实际的和法律的联系增多，结果便增加了犯罪的主观和客观因素。

根据利瓦萨先生相信的意大利官方统计资料，我们可以发现不同国家在犯罪变化的相应时期内人口的增长率。爱尔兰由于向外移民的缘故而呈下降趋势。

国　别	时　间　与　人　口		增长率
意大利	1863 年为 22104789	1889 年为 30947306	40%
意大利	1873 年为 27165553	1888 年为 30565188	12%
法　国	1826 年为 31858937	1887 年为 38218903	20%
比利时	1840 年为 4072619	1885 年为 5583278	44%
普鲁士	1852 年为 21046984	1878 年为 26614428	26%
德　国	1882 年为 45717000	1887 年为 47540000	4%
英格兰	1831 年为 13896797	1886 年为 27870586	101%
英格兰	1861 年为 20066224	1886 年为 27870586	39%
奥地利	1869 年为 20217531	1886 年为 23070688	14%
爱尔兰	1861 年为 5798967	1888 年为 4777545	-17%

但是，提到人口的增长，首先，只有当它不被防止和减少犯罪的其他因素（主要是社会的）抵消——完全和部分地——时才起到 74
犯罪因素的作用。其次，不能像博迪奥先生那样，直接将人口的增长与犯罪的增加进行比较。博迪奥先生说：意大利自 1873—1883 年，“因为人口增加了7.5%，犯罪在同一时期或许也增加了7.5%，尽管不能说实际上已经增加了 7.5%”。其实，就像罗西先生所指出的，在意大利，甚至于所有欧洲国家，因为人口的增长是由于出

生率高于死亡率(因为移居国外的人数比移入国内的人数要多)而引起的,所以当我们只注意短期时间内时,10 至 12 岁以下的儿童增加引起犯罪增长的速度显然达不到可见的程度。此外,人无疑会在其生存的任何阶段死去,但主要是在其能够和实施犯罪的阶段。

在此我们不能详细论述这一点,现在我必须说明欧洲犯罪所表现出来的几个特有事实。我们发现 1846—1847 年的特大饥荒对法国和比利时的侵犯财产罪有影响;爱尔兰的犯罪变化快,反映了这个国家的政治和社会状况不稳定;法国和普鲁士的犯罪变化
75 情况差不多。我们切实发现 1860—1870 年这一时期的犯罪持续下降,但接下来(在 1870—1871 年这一可怕年度的统计混乱之后)由于社会和经济状况的影响便是一个犯罪严重并且持续增长的时期,特别是 1875 年以来的流浪和盗窃罪的增长尤其令人吃惊。

所有这些一般事实都证明,犯罪与其各种因素的聚合体之间存在着紧密的内在联系。但是,由于没有对警察数量的增长、谷物和酒类的丰富与缺乏、酗酒的蔓延、家庭状况、个人财产的增加、有无解决争端的能力、商业和工业危机、工资率、生活状况的不断改变等这样一些与发展教育、鼓励节俭和组织慈善机构等一致的、能够统计列举的犯罪社会因素进行详细研究,我们现在必须着手从这些统计资料中得出最重要的犯罪社会学结论。

76 犯罪统计资料表明,犯罪从总体上看增长了,但各年度之间或多或少有些波动,或升或降有些变化。因此,每一年度犯罪的多少显然都是由不同的自然和社会环境,按照犯罪饱和法则(我根据化

学现象类推而来)，与行为人的遗传倾向和偶然冲动相结合而决定的。

就像我们发现一定数量的水在一定的温度之下就溶解为一定数量的化学物质但并非原子的增减一样，在一定的自然和社会环境下，我们会发现一定数量的犯罪。

我们对许多生理和心理法则以及无数实际情况的不了解妨碍了我们对犯罪水准进行精确的估量。但是，它仍然是既定自然和社会环境的必然结果。实际上，统计资料向我们表明，自然和社会环境的变化总是伴随着作为其结果的犯罪的相应变化。例如，在法国(这一结论也将适用于其他任何拥有系统犯罪统计资料的国家)，侵犯人身罪在这 62 年里有些变化，但很小。英格兰和比利时的情况也是如此，因为这两个国家的自然和社会环境也没有多大 77
变化，而且，除非受到气候或社会环境的异常影响，遗传倾向和人类情感也不会经常产生深刻变化。其实，法国侵犯人身罪的显著变化，既在政治剧烈变革时期发生过，也在酷热的年代以及肉类、谷物和酒过分充裕的年代发生过。1849—1852 年犯罪的大幅度增加可以说明这一点。殴打和伤害等更轻微的侵犯人身的罪行则相反。就其年度波动来说，它们总的来说是随着酒的丰收而变化。但是，其月份波动情况表明，它们在 6—12 月这一酿酒季节内增加的幅度很大，尽管其他侵犯人身的重罪和轻罪不断下降。

另一方面，由于特定环境像在荒年以及商业、财政和工业危机这样一些情况下几乎总是处于一种不稳定平衡的状态之下，侵犯财产的重罪和轻罪上下波动的幅度很大，但它们也易受自然环境的影响。侵犯财产的重罪和轻罪在严寒的冬季可怕地上升，而在

较温和的冬季则有所下降。

更一般、有力和可变的犯罪的自然和社会因素与其更独特的
78 表现如盗窃、伤害和猥亵奸污等罪之间的关联是如此持久和直接，
以至于我在研究法国犯罪的年度变化时，发现某一年重罪和轻罪
的波动异常，就预言我将发现这一年的历史记载会提到农业或政
治危机，或者发现这一年的气象记载会提到冬季或夏季反常。因
此，通过一本犯罪统计表，我就能够根据犯罪的波动情况从主要方
面重新勾画出这一个国家的历史状况。在这方面，心理实验再次
证实犯罪饱和法则是一条真理。

不仅如此，而且还可以说，我们发现，在化学中除正常饱和之外，增加液体的温度会导致一种异常的超饱和状态。在犯罪社会学中也是如此，除了正常饱和之外，由于社会环境的异常，我们有时也发现一种犯罪的超饱和状态。

实际上，我们不仅发现主要的和典型的犯罪都有一种由它决
定的不自觉的犯罪性，而且还发现更严重和更常见的犯罪的增加，
与伪证、侮辱、逃避监督及潜逃等一起导致了许多对公共秩序护卫
者的反抗和攻击。有些重罪和轻罪具有互补的性质，一种犯罪的
结果反过来成了另一种新的犯罪的原因。因此，窝藏和购买赃物
79 与盗窃同时增长；杀人和伤害导致非法携带武器的产生；通奸和侮
辱性言辞导致决斗等。

除此之外，还有各种异常并因此造成短暂的超犯罪饱和状态。爱尔兰和俄国的政治和社会犯罪为我们提供了明显的例证，美国选举过程中的犯罪也差不多。1851 年 12 月 2 日前后（1850—1853 年）的法国，包庇犯罪竟发生了 239 起（在 1826—1887 年期

间每 4 年发生 50 多起）。在 1847 年的饥荒期间，法国 1 年发生的盗窃粮食罪就有 42 起，而在 50 年里也不过 75 起。而且，众所周知，在粮食昂贵或冬季严寒的年代中，许多人为了在监狱里维持生活而犯偷窃或其他轻微的罪行。在这一点上，我发现法国其他类似心理动机的侵犯财产罪行在饥荒年代下降了，并因此成为统计学的悖论。例如，我发现因为粉孢菌和葡蚜*在减少殴打和非法伤害案件的数量上比严酷的刑罚更有效，所以饥荒预防此时在由公家负担的有利条件下被监禁在监狱中的囚犯逃跑，比最结实的栅栏和监狱院里不加任何束缚的护院警犬更有效。

由于同样的原因，在 1847 这一饥荒年，各种侵犯财产的重罪 80
和轻罪都以前所未有的速度增长，唯独家庭佣人所犯的盗窃罪和不忠行为或违背信任的罪行下降了，因为佣人们担心在这种困难时期被主人解雇，失去生活保障而推迟了违法行为。具体数字如下：

法国(巡回法庭审理的)	1844 年	1845 年	1846 年	1847 年
侵犯财产罪	3767	3396	3581	4235
家庭佣人违背信任	136	128	168	104
家庭佣人盗窃	1001	874	924	896

为了证实我的结论，乔西南德先生还指出，在饥荒和粮食昂贵这样的经济危机时期，从司法机关脱逃的案件也减少了，“因为盗

* 葡蚜为一种吸食植物汁液的农业害虫。——译者注

窃犯和流浪者为了逃脱监狱外面使其备受痛苦的灾难而情愿被捕”。

根据这一犯罪饱和法则可以得出两个犯罪社会学的结论。

首先,主张犯罪具有机械的规律性是错误的。这种机械的规律性自奎特里特时代起就一直被夸大。奎特里特始终坚持:“犯罪预算是一种比其他预算支付得更为精确的年税。”而且,由于“犯罪每年产生的数量都相同,每年都有同样比例的犯罪被处以同样的刑罚”,我们能够事先算出一年将会有多少杀人犯、投毒犯和伪造犯。同时,你会经常听到统计人员的这种反映,“侵犯人身
81 罪的年度变化最大不超过 1/25,侵犯财产罪的年度变化最大不超过 1/50”;或者说存在着一个“犯罪的年度变化不超过 1/10”的限度。

奎特里特和其他一些统计人员在对比较严重的犯罪做了一个连续起来并没有几年的调查之后得出的上述结论,已经在一定程度上受到了莫里和莱尼施的反驳,并且受到了阿博德尔、迈尔、梅塞达哥里亚和明兹洛夫的更为明确的驳斥。

其实,如果犯罪的水准完全为自然和社会环境所决定,那么这些环境——有时变化很大——怎么可能一成不变,永远一样呢?一直保持不变的是一定的环境与犯罪数量之间的比例。确切地说,这才是犯罪饱和法则。但是,犯罪统计绝不会一年又一年地总是保持一个标准。这里存在的是一种动态而不是静止的规律性。

因此,犯罪社会学中的确定性之说在于宣称包括犯罪在内的人类行为并不是宿命的或命中注定的,而不过是由其自然原因所决定的,通过改变其原因的活动能够改变原因的结果本身。而且

实际上，奎特里特自己甚至也承认了这一点："如果我们改善了社会秩序，我们就将发现那些不断重复出现的事实会即刻改变。那么，统计学家将不得不考虑这些改变是有益的还是有害的。因此，
这些研究表明了立法者的使命是多么重要，他的职位对所有社会 82
秩序现象的责任多么重大。"

具有重大理论意义的犯罪饱和法则的第二个结论是，迄今为止一直被认为是救治犯罪疾患最好措施的刑罚的实际效果比人们期望于它的要小。因为重罪和轻罪是由于其他与立法者轻而易举写出的、法官一直适用的刑罚根本不同的原因的共同作用而增加和减少。

历史向我们提供了各种令人难忘的例子。

当社会陷入极度腐败（使我们想起了我们当代的许多症状）时，罗马帝国徒劳地颁布了一些关于以"武力报复和最严酷的刑罚"对付独身、通奸和乱伦——邪恶的色情——的法律。戴奥·卡修斯（《历史上的罗马》，第 16 页）说，塞普蒂默斯·塞弗拉斯法公布之后，仅罗马城就有 3000 件通奸控告。但有关这些犯罪的严厉的法律一直持续到贾斯蒂安时代（在这一时代前上述犯罪没有受到控制）。而且，就像吉本（在《衰败与堕落》第 44 章中）所说的，关于恶劣的色情的斯卡蒂尼安法的效力随时间的流逝和罪犯的增多而失去效力。但是，我们在当代法国仍然发现有些人主张用立法而不用其他任何措施来处理独身。

自中世纪以来，逐渐文雅的风度使暴力犯罪不断减少。尽管 83
中世纪的法律对暴力犯罪的惩处很严，但这种犯罪仍然很多，以至于各种各样的"停战"和"和平"都很必要。杜·博伊斯之所以说塞

特斯单纯，是因为他在历数了当时（15世纪）德国的严厉得令人吃惊的刑罚之后，对所有这些刑罚造成的痛苦不能预防犯罪的增长感到吃惊。

罗马帝国用刑罚和刑讯能够扑灭基督教之火的观念欺骗自己，实际上刑罚和刑讯只能起到为基督教之火煽风的作用。信奉天主教的欧洲希望用同样的方式——蓄意迫害——扑灭新教之火，结果就像经常发生的那样，只能起到相反的作用。如果宗教改革派不能在意大利、法国和西班牙扎根，那就必须用为这些国家所特有的与炮烙和屠杀无关的心理因素来解释，因为即使宗教信仰摆脱了其桎梏，新教也不能生根。这也不妨碍各国政府继续认为，为了阻止某些政治或社会信念的传播，通过特别刑法是再好不过的办法，却忘记了某种思想和成见就像蒸汽一样，越压越增加其膨胀的力量。

普及教育扫除了所谓的魔法和巫术犯罪，尽管古代和中世纪最严厉的惩罚并没有能消除它们。

84 尽管刑法规定对亵渎神圣罪处以割掉鼻子、舌头和嘴唇等处罚，而且法国自路易十一世到路易十五世仍然如此，但这种犯罪在中世纪依旧很多，因为它（像魔法、阴魂附身和自我监禁等）是宗教情感（在当时发展很快）的病态或异常表现。然而，在当代我们的心理和社会都已经发展了的情况下，确切地说是当这种犯罪不再受处罚时它却减少了。再确切些说，尽管直到1889年12月31日仍然有效的托斯卡纳区刑法（第136条）仍然规定对亵渎神圣罪处五年监禁，但这种犯罪直到今天在托斯卡纳区仍然存在。关于刑罚效力的错误观念如此根深蒂固，以至于上议院在1875年通过了一个议案，要求意大利新刑法对亵渎神圣罪进行处罚。而且，在西班牙的穆尔西亚省，最近又开始对亵渎神圣罪进行审判。

米特麦尔发现，如果英格兰和苏格兰的伪证、伪誓和反对当局案远比爱尔兰和欧洲大陆国家少，这多半是由于作为导致一种正常、异常或犯罪生活的遗传因素之一的民族特性造成的。

即使撇开统计资料不论，我们仍然能够使自己确信犯罪和刑罚是属于两个不同范围的问题。但是，当统计资料又证明了历史的教训时，我们无疑可以说刑罚对犯罪的威慑作用非常小（我几乎说根本没有作用）。

通过参考法国 60 年的镇压经过（就像我在从前的“研究”中所引用的那样），我们实际上可以从统计记载中找出有效的证据。

当我们谈到犯罪的镇压措施时，我们必须首先区分在一定程 85
度上有些严厉的属于刑事立法一般特征的措施和那种事实上具有法官的司法保证的措施。就立法而论，法国犯罪的增长绝不能归结于刑罚的减轻。已经产生的立法改革，尤其是 1832 年和 1863 年对刑法典的全面修订，在一定程度上是减轻了刑罚，但结果是通过规定适用较轻的刑罚而加强了法律的震慑力量，就像同一官方犯罪统计记录所表明的那样。陪审团和法官因为厌恶酷刑而喜欢宣告被告无罪实际上是一条心理学规律。此外，我们知道，法国刑法典是欧洲最严厉的一部刑法典。它是现行的一部最古老的刑法典，还仍然保留着其诞生时的严酷。而且，法国连续几部法规对强奸和猥亵等罪都不断加重刑罚，但这几种犯罪仍然不断增长。乔利先生也发现，对以揭露隐私相要挟的敲诈勒索罪，尽管 1863 年刑法规定的刑罚很重，但仍然持续增长。

86 因此，问题就在于司法镇压。对于司法镇压在上半个世纪所取得的进步必须正视，因为这种进步显然对犯罪的影响最大。其实，如果不在一定程度上更严格地适用法律，那么法律就没有实际效力。因为在大多数罪犯产生于其中的社会阶层中，法律只有通过实际适用才能被这些人所了解，并且通过对被判刑人重复犯罪的特殊预防起到防卫作用。

所以，法学家和立法者仅根据危险阶层的人对其制定刑法典造成麻烦而受过更多教育的少数阶层的人行为良好这样一个心理幻想而进行的争论对犯罪社会学家没有任何价值。危险阶层的人只注意法官的判决，而且与对法律条文的注意相比更注意那些判决的执行。在这一点上，我不能同意加罗法洛认为意大利取消死刑会对公众想象产生危险影响的预测，因为他很清楚，尽管旧法典的许多条文中都规定了死刑，而法院每年也只作出大约 60 个死刑判决，但近 15 年来实际上未执行过一次死刑，这一点很关键。

决定司法镇压轻重的因素有两个：

1. 被宣告无罪的人与被审判的罪犯之间的比例；

2. 最严重的刑罚与被判刑罪犯总数之间的比例。

87 被宣告无罪者的比例本身肯定不能表明镇压的轻重程度，因为判处有罪或宣告无罪只能表明犯罪是否确定，证据是否充分。但是，事实上定罪比例的上升在一定程度上表明法官方面倾向于越来越重，陪审团方面由于偏重某些还不太确定的证据或特别乐意承认某些加重罪行的情节时更是如此。在藐视法庭罪中宣告无罪的比例很小也证实了这一点。

在上述两个因素中，前者无疑比后者更重要，因为刑罚针对其他各种痛苦而言，处罚的确定性比处罚的严重性对人的影响更大，这是一条心理学规律。而且，这一规律受到了古典派犯罪学家的赞赏，他们一直认为轻缓但确定的刑罚比本身很重但使人产生强烈逃脱愿望的刑罚更有效。然而，他们由于设法过分减轻和缩短刑罚而不设法通过改革诉讼程序和警察管理来保证刑罚的确定性，便使其理论走得太远了。

除最近 4 年这一时期之外，宣告无罪的比例在巡回法庭和轻罪法庭都在明显地不断减少。这自然可以表明法官更谨慎地安排
审判，但无疑也表明一种不容置疑的加重处罚的倾向，但是这种加 88
重倾向并没有遏制住犯罪的增长。

法国宣告无罪的百分比

时　　间	巡回法庭审理	轻罪法庭审理	总　计
1826—1830 年	39%	31%	32%
1831—1835 年	42%	28%	30%
1836—1840 年	35%	22%	23%
1841—1845 年	32%	18%	19%
1846—1850 年	36%	16%	17%
1851—1855 年	28%	12%	13%
1856—1860 年	24%	10%	7%
1861—1865 年	24%	9%	6%
1866—1869 年	23%	17%	8%
1872—1876 年	20%	6%	6%
1877—1881 年	23%	5%	6%
1882—1886 年	27%	6%	6%

英格兰宣告无罪的百分比

时　　间	刑事诉讼	简易诉讼
1858—1862 年	25%	34%
1863—1867 年	24%	31%
1868—1872 年	26%	24%
1873—1887 年	25%	21%
1883—1887 年	22%	20%

在这里，英格兰犯罪的增长，尽管比法国慢，但并不是由于宣告无罪的数量比法国多而减轻了司法严厉程度引起的。实际上，宣告无罪的数量一直在减少，尤其是犯罪在其中显然增加最快的简易诉讼程序中。

现在，我们来看一看影响司法镇压程度的另一个因素，即被判重刑的人的比例。在法国巡回法庭审理的案件中，我们必须注意
89 被判处死刑、劳役和单独监禁的罪犯，而暂时排除那些被判处轻微刑罚（简单监禁和罚金）的罪犯以及那些被送进教养院的青少年犯。在轻罪法庭审理的案件中，我们必须重视那些被判处最重刑罚——监禁——的罪犯的比例，而暂时不去管那些被处罚金、交其父母管教或送感化院的罪犯。

法　　国

时　　间	巡回法庭判处的		轻罪法庭判处的监禁
	死　刑	劳　役	
1826—1830 年	2.5%	58%	61%

续表

1831—1835 年	1.5%	42%	65%
1836—1840 年	0.7%	37%	65%
1841—1845 年	1%	40%	61%
1846—1850 年	1%	39%	62%
1851—1855 年	1.1%	48%	61%
1856—1860 年	1%	49%	61%
1861—1865 年	0.6%	48%	64%
1866—1869 年	0.5%	47%	68%
1872—1876 年	0.7%	49%	66%
1877—1881 年	0.7%	50%	66%
1882—1886 年	1%	49%	65%

这些数据如果不能像宣告无罪的比例那样，表明（像所能预见的那样）司法严厉程度大大加重了，那也能证明镇压甚至于在刑罚严重性上也未减轻。此外，在巡回法庭审理（不包括 1832 年修改刑法之前的第一个时期）的案件中，我们可以发现，尽管死刑在 1861 年之后又达到了一定的水平，但它还是显现出一定程度的减少，特别是由于 1832 年和 1848 年的法律减少了一些可以判处死
刑的案件的数量。然而，劳役和单独监禁判决却从第二个时期起， 90
特别是 1851 年之后继续增加。

轻罪法庭审理的案件也是如此。除了像第九个时期中出现的一些波动之外，镇压的程度一直持续增长。

重刑比例的增加实际上表明，法官方面的严厉程度加大这一论据只能根据比较严重的犯罪和罪行同时增加这一论点来反驳。

此外，我们注意到，在法国，侵犯人身罪（除殴打儿童罪外）呈大致下降趋势，而侵犯财产罪却仍然在上升。

还有一个能够证实宣告无罪和判处重刑之间的关系的明显例证。事实上，我们发现，恰恰在宣告无罪的比例下降的时候，判处重刑的比例上升了（如巡回法庭在第四、第六、第七和第十个时期中，以及轻罪法庭在第二、第五和第八个时期中审理的案件中），但在宣告无罪的比例上升的时候判处重刑的比例却在下降，如巡回法庭在第五个和第八个时期审理的案件中。那就是说，两方面的统计资料实际上都在一定程度上表明陪审团和法官的严厉程度。

尽管减轻的情况不断增加，在巡回法庭审理的案件中从1833年的50%上升到1886年的73%，在轻罪法庭审理的案件中从1851年的54%上升到1886年的65%，但是仍然有证据表明对罪犯的司法镇压比以前更坚决。然而，巡回法庭缺席审理的案件的
91 数量一直在下降，从1826—1830年的年均647起下降到1882—1886年的年均266起。

在意大利，我们掌握的数据如下：

时间	裁判官判处	轻罪法庭判处	巡回法庭判处			
	监禁	监禁	死刑	劳役		轻微处罚
				终身	有期	
1874年	21%	79%	1.2%	5.6%	65%	28%
1875年	22%	80%	1.3%	6.5%	63%	29%
1876年	23%	81%	1.3%	6.1%	66%	27%
1877年	24%	82%	1.5%	7.2%	66%	25%

续表

1878 年	25%	85%	1%	7.6%	67%	25%
1879 年	25%	—	1.2%	6.3%	67%	25%
1880 年	26%	—	1.3%	5.5%	68%	25%
1881 年	24%	81%	1.7%	6.1%	65%	27%
1882 年	23%	81%	1.5%	6%	66%	27%
1883 年	23%	81%	1.7%	5.4%	64%	29%
1884 年	23%	81%	1.3%	5.3%	64%	30%
1885 年	23%	81%	1.6%	5.4%	63%	30%
1886 年	21%	81%	1.6%	5.7%	62%	30%
1887 年	21%	83%	1.1%	5.8%	63%	30%
1888 年	21%	82%	1.2%	4.7%	65%	29%

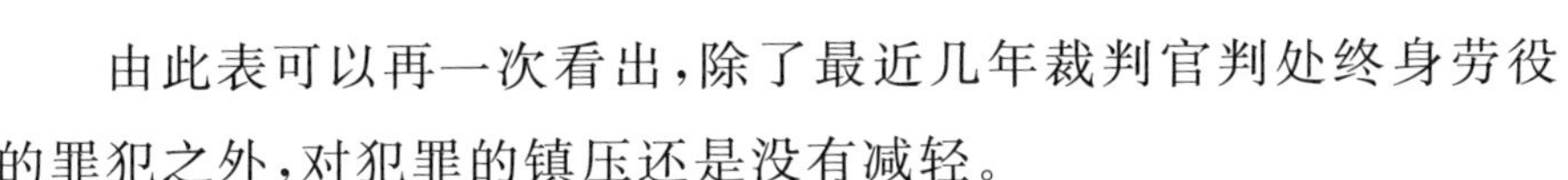

由此表可以再一次看出，除了最近几年裁判官判处终身劳役的罪犯之外，对犯罪的镇压还是没有减轻。

因此，结论仍是同一个，那就是法国和意大利的司法镇压措施越来越重，而犯罪也越来越多。

这一事实足以驳倒加重刑罚是有效的犯罪抑制措施的一般观念。从这一事实中，我们可以清楚地看到，迄今为止所采取的刑事立法和司法措施未能实现其防卫社会免受罪犯侵害这一目标。

今后，我们必须通过实际调查研究，为作为社会功能之一的刑 92
事立法寻求一个正确方向，以便使其通过对心理学和社会学规律的研究，对已经形成的犯罪，不再偏重激烈的并总是迟缓的反应而注重消除或改变导致犯罪产生的自然因素。

犯罪统计学的这一基本结论是这么重要，以至于我们必须通过为统计资料增添生物学和社会学的基本规律来加以确定。因为我的主张受到了一些批评，这就显得更加重要。

首先，如果我们把犯罪的总体结果与导致其产生的人类学的、自然的和社会的因素的不同特征进行比较，就会很容易发现刑罚对犯罪的结果只不过略微有些影响。其实，刑罚，仅凭其作为心理力量的法律威慑的特殊作用，显然不能抵消气候、习惯、人口增长、农业生产及经济和政治危机等因素的世代相传的持续作用。统计资料一直表明，这些因素的作用是导致犯罪增加或减少的最有力的原因。

力，除非属于同种的，不能相互抵触或抵消。这是一条自然规律。如果没有一种与引力相似的力的作用，物体下降时绝不能减速、加速或改变方向。刑罚，作为一种心理力量，只能抵消犯罪产生的心理因素，而且实际上只能抵消那些偶然的和不太有力的因
93 素，因为它除非实际适用显然不能消除犯罪人类学向我们揭示的生理遗传因素。

因此，自称为一种能够消除所有犯罪因素的简便并且有效的救治措施的刑罚，只不过是一种徒负盛名的万灵药。

我们必须牢记这样一种常被立法者和犯罪学家忘掉但却为我们熟知的事实：社会并不是一个同类集合体，而是一个像任何一个动物有机体一样由一系列不同结构和感觉能力构成的有机体。实际上，每一个社会及其不断发展和逐步增加的特殊需求和职业都是组织结构上的和心理上的特征大相径庭的社会阶层相互结合的产物。一个社会阶层的生理构成、习惯、情感、思想和倾向都与其他阶层大不相同。正如斯宾塞所说的，这里也有一条从同类配子向异类、从简单到复杂，或者用阿迪戈的话说是通过逐渐区别而自

然形成的进化规律。这种社会阶层的差别在原始部落中不存在，或者说即使存在也没有在不文明社会中那么明显，更没有在文明社会中那么明显。

每一个喜欢进行心理观察的中学校长都把他的学生分成三类。第一类是气质较好的勤奋学生。这种学生主动学习，不需要
严格的纪律约束。第二类是无知和懒惰（退化和神经脆弱）的学 94
生。温和与严厉都不能对他们产生任何有价值的作用。第三类是既不完全勤奋又不完全懒惰的学生。根据心理学规律制定的纪律对这类学生才可能真正起作用。

大批军人和囚犯对所有人类交往以及对作为整体的社会来说就是一个例证。由于他们的生活联系长期不变，因此从这一点上说这部分人是作为整体的社会的缩影，就像晶体碎片能够再现未碎的晶体的特征一样。[①]

我们可以用同样的方法，根据犯罪社会学的观点将社会分成三个相似的阶层。第一个阶层是最高阶层。他们基本上是诚实的，由于受道德感、宗教感和公众舆论及遗传的道德习惯的约束而
不犯任何罪行。对于这个阶层来说，任何刑法典都是不必要的，只 95
可惜这部分人的数量太少。而且，如果除了法律上的和明显的犯

① 但是，在一组人的行为表现方式和社会集合体的行为表现方式之间存在一些区别。我认为，在研究个人的心理学和研究社会的社会学之间还存在一个研究在一定程度上有些确定的组织的集体心理学领域。这些集体的现象是相似的，但是不同于那些由于其在一定程度上有些确定而被称之为社会学实体的现象。在全部集体中，集体心理学有其自己的研究领域，但都是不确定的，如大街、市场、车间、剧院、会议、集会、学院、学校、营房和监狱等。有许多集体心理学资料的实际适用情况可以举出，我在下章论述陪审团心理时将举一个例子说明。

罪之外，我们再考虑到许多人针对刑法典而言没有犯罪，但从道德观点来看是不诚实的，那这种最高阶层的人数就更少。

第二个阶层是最低阶层，由那些抵制各种诚实情感的人组成。由于未受过教育，他们不断被物质和精神上的双重贫乏拖回到生存竞争的原始状态中去。他们从其父母那里继承了变态的生理结构，再加上退化和隔代遗传的疾病又一并传给他们的子女。这就成了天生犯罪人的孳生地。对于这种天生犯罪人来说，作为法律威慑的刑罚没有任何意义，因为他们不具备能够区分刑罚与其他在从事各种日常的诚实工作时所产生的危险的道德感。

最后是第三个阶层。这个阶层的人并不是天生注定要犯罪，但也不一定诚实，在善与恶之间徘徊。他们的道德感、所受的教育和训练不完善。刑罚对他们可以真正起到心理威慑的作用。正是这一阶层中产生了大批偶犯。对于这些偶犯来说，如果在执行刑罚的过程中能够遵循科学的心理学规律，而且尤其再附之以减少犯罪机会的社会预防措施的话，就会产生效果。

我必须再一次表明，我同意加罗法洛先生对这一问题的见解。
96 他坚持在确定刑罚的效果之前，必须首先区分不同类型的犯人。

刑罚的效力很有限这一结论是事实强加给我们的，并且就像边沁所说的，恰恰因为从前适用惩罚性法规没有能够成功地预防犯罪，所以每一个惩罚性法规的适用证明了这一点。不过，这一结论与公众舆论，甚至与法官和立法者的观点直接对立。

在犯罪现象产生或增长的时候，立法者、法学家和公众只想到容易但引起错觉的补救办法，想到刑法典或新的镇压性法令。但是，即使这种方法有效(很可疑)，它也难免具有使人们忽视尽管更困难但更有效的预防性和社会性的补救办法。而且，这一倾向是如此常见，以至于许多重视或已经接受实证派这一新学派的观点的人，在承认我正确之后不久，又感情冲动地宣称，“持续不断地犯罪是由于缺乏及时的镇压”；“意大利犯罪增长的一个主要原因就是我们的刑罚太轻”。要不然，他们就忘了问问自己刑罚是否具有和如何才能具有真正的防卫效力这一犯罪社会学的基本问题。这完全像教师事先不问问自己，教育是否具有或有多大的改善人的气质和性格（遗传决定每个人的性格）的力量，却就教育的各种方 97
法和手段进行长篇大论。

这些结论使我们远远步出了重刑主义的圈子，同时还足以战胜那些反对像我们一样认为镇压性的司法不应当仅仅关切对过去犯罪的追究，而应当着眼于对未来犯罪的预防之人的观点。因为重刑主义的倡导者和那些我称之为“轻刑主义者”的人们，实际上认为（除了几篇纯理论性的文章）刑罚是医治犯罪疾患的手段，而我们则认为刑罚只是社会用以自卫的次要手段，医治犯罪疾患的手段应当适应导致犯罪产生的实际因素。而且，由于导致犯罪产生的社会因素最容易消除和改善，因此我们同意普林斯的观点：“对于社会弊病，我们要寻求社会的治疗方法。”

塔德先生说我认为刑罚效力很小的结论只不过是我关于犯罪的人类学和自然特征的思想的结果。他还说：“相反，他赋予社会原因的过分重要性从逻辑上阻止他接受这一结论。”塔德的这一批评不太准确。其实，被认为具有法律威慑的心理作用和监禁罪犯的物质作用的刑罚，在抽象的逻辑上更自然地属于犯罪的生物学和自然理论。然而，正因为我在此之外又认识到了社会环境的影 98

响，实验逻辑使我确信，除非事先消除或者至少减少犯罪的社会因素，刑罚不是预防犯罪的有效措施。

如果正像我们的批评家之一所斥责的那样，这不是一个新结论——就好像它不是一个会不断重复的真理的一个特征，而且很可能被完全忘却，甚至遭到反对——我们仍然必须申明，现在重复这个结论，是因为有大量新的观察结论，而且只是在特定情况下适用。这就赋予它一种为纯逻辑推理所不可知的力量。

古典派只注意刑罚比中世纪的酷刑有所减轻。由于这个原因，因为每一代人都有其自己的使命，古典派也不可能关注比这更有意义和更有效的犯罪预防。不过，倒是有几个孤立的思想家曾就预防的方法写了大胆并广为流传的几页，与卷帙众多的关于刑罚的著作相对。但是，因为科学还没有对犯罪的自然因素进行实证和系统的研究，他们的话对犯罪学家和立法者都没有产生任何影响。

为了说明刑罚是真正的犯罪万灵药的错觉在实际工作者中和在政府官员及立法者中一样突出，我将举几个例子。

99 从事实际工作的人员宣称，“应当认为禁止性的刑法是第一位的和首要的防范性法律”。地方行政长官在他们关于犯罪增长的通告中认为，最警觉和最严厉的镇压是最有效的预防措施。法国最高法院的一位顾问写道：“对一个有价值的社会警察系统来说，没有任何东西能够比恐吓更好地保证秩序和安全。”上议院议长在其关于 1876 年法国犯罪统计的报告中讲到猥亵奸污罪的持续增长时，得出了这样的结论：“无论如何，只有坚决和有力的镇压才能有效地控制道德犯罪的令人痛心的增长。”最近，另一个议员认识到“犯罪的增长只有用持续不断的严厉镇压才能抵御”，并用此结束了他关于1826—1880年犯罪统计的报告。塔德先生同意这一结论。他说：“如果犯罪像人们说的那样，只是社会这一特别列车在全速运转过程中出现的交通事故，那么我们必须牢记，列车运行的速度越快，车闸必须越牢固有力……犯罪这样一种事态无疑要求加重或发展镇压和刑罚。”

或许可以承认我们的结论并不新颖，但正像斯图尔特·米勒
所说的，真正有益的发明革新方法有两种：一是发现以前从未发现 100
过的东西；二是重新论证已经被忘却的真理。

对刑罚效果的这一错觉这么普遍，因此我们最好研究一下它的历史的和心理学的缘由，因为就像斯宾塞所说的，为了确定一种思想的价值，研究一下其产生和发展的过程总是有益的。

我们可以忽略从私人决斗时代起就变成了最早期刑法的精神和形态，而且在现代社会中仍然在一定程度上无意识地残存着原始复仇的基本原则。我们还可以忽略至今仍然引起人们对与每一犯罪有关的严厉刑罚的本能同情的中世纪酷刑传统的遗传影响。

但是，这种错误倾向产生的主要原因之一是心理学观念的错误。由于心理学观念的错误，人们忘记了我上面所讲的不同社会阶层的人在观念、习惯和情感方面都有很大不同。由于忘记了这一点，诚实而有教养的阶层将他们自己的刑法观念对他们造成的印象与大多数罪犯产生于其中的社会阶层对刑法的观念和印象混为一谈。古典派犯罪学家中贝卡里亚、卡米内尼和霍尔岑朵夫以及龙勃罗梭和其他研究罪犯俚语和文学（是其心理的反映）的新派人物都批评了这一点。此外，对于更高阶层的人来说，除了其生理

和道德上对犯罪的厌恶(是最有力的抵御力量)之外,他们还担心公众舆论,而这种担心在仍然处于人类进化低级阶段的阶层中还
101 鲜为人知。

对于较高阶层的人来说,一个例子就可以说明。斯宾塞先生发现一个事实,尽管赌债和证券交易所的买卖合同既不负刑事责任,也没有书面证据,但仍然都被认真履行了。还可以进一步说,因债务而处以监禁绝不能促进合同的履行,撤销了监禁也不会阻止合同被履行。

至于较低阶层的人,只要参观一个监狱就够了。在监狱里,如果你问一个囚犯为什么刑罚阻止不住其犯罪,一般情况下你都得不到回答,因为他根本没有想过这一点。要不然就像我曾遇到的那样,他回答:“如果你担心工作会伤了自己,那就干脆别去工作了。”有人认为这实际上是低阶层人中间的普遍情感。对于低阶层的人来说,诚实的情感和思想——对我们来说是因袭的有机体的一个组成部分——产生得太晚了。就像斯坦利所观察到的,中非人民现在才刚刚开始使用欧洲在上一个时代就已经使用过的石器。

另外一个有助于增强人们对刑罚的信任的谬误是在同样的基础上论述特别法和简易法与普通法的效果,而普通法典中那种缓慢而易变的程序,由于免除责任的机会多和非法行为与法律后果之间的间隔太长,耗竭了普通法的效力。

102 龙勃罗梭和塔德确实向我提供了强有力的而且甚至是残酷的镇压可以制服某些流行性犯罪的历史例证。但是,这些例子不是结论性的,因为我发现,这种严厉的镇压一结束,就像教皇西克图

斯五世死后，掠夺和其他犯罪又不断产生一样。不过，我的主要回答是，这些严厉的镇压是按战争法实施的，因此不能成为一般的和长期的刑事司法方式。这可能不会产生为在一定程度上不太审慎的迅速（会同样打击无罪的和有罪的人）所保证的特别镇压的效力。因此，不能同等地看待，甚至去比较根本不同的方法的效果。

另一个错误的比较是对各种不同刑罚的效力进行比较，这样就混淆了不同刑罚的潜力。反之，将成文法典规定的刑罚同法官适用的刑罚或者说实行的刑罚区分开来是很必要的。其实，刑罚自然应当对已经被判处和将要被判处刑罚的人产生不同程度的威慑作用，但这并不证明其有效。刑罚有效与否应当通过是否具有使罪犯不再犯罪的法律威慑作用来表明。即使死刑，也有许多受刑人由于先天性麻木而冷嘲热讽地接受这种极刑的例子。进一步说，对于那些当执行到来那一刻才极为恐惧的人来说，这一事实最多只能证明他们的这种心理状态决定他们完全为一时的意念所左 103
右，而没有抗拒这种意念的力量。换句话说，只要刑罚是含混和不确定的，他们就不会感到恐惧，而总是屈服于一时的意念，屈服于犯罪的冲动。

对于其他刑罚来说也是如此。我们知道，刑罚方法，即使就像有时在意大利那样不与法律相悖，常人看到刑法典规定的和判决时想象的刑罚也总要轻。罪犯自然要根据自己的经验判断刑罚，也就是说根据实际运用的刑罚而不是立法者在一定程度上直言相告的威胁来判断刑罚。

如果我们再考虑到复仇情感、历史习惯、对不同社会阶层的生物心理不同的忽视、对特别法和普通刑罚与不同刑罚效果的混淆、公众的心理态度和犯罪学家只想到犯罪与刑罚这两个演绎推理符号的倾向——如果我们进一步考虑到很容易流传的关于牢记法令全书中的法律就足以医治犯罪这种社会疾患的观念，我们就很容易理解这种对刑罚的盲目和夸大的信任为什么会这么顽固，为什么不顾事实和心理学研究结果对它的有力驳斥而在每一次的理论和实践讨论中都会出现。

所有人类行为，都像动物行为一样，由于受欢乐的吸引和对痛
104 苦的排斥，总是在这相反的两极之间发展。作为痛苦的社会表现形式之一的刑罚一直是人类行为产生的一种直接动机，就像它由于是一种司法惩罚而无意识地加强了人们对法律的尊重，因此也总是对人类行为具有间接的引导作用一样。这一心理学事实，尽管表明了刑罚的自然属性，以及由于完全无效而取消它的荒谬性，但是仍然无损于我们关于刑罚作为一种抵御犯罪的力量效果不大的结论。

我们必须区分作为自然惩罚的刑罚和作为社会惩罚的刑罚，以领会自然刑罚所具有的确实很大的效力是如何几乎完全消失在社会刑罚（在我们的制度中只不过是一张悲伤的讽刺漫画）之中的。

对每一违法行为的沉默但无情的自然抵制和违法人难以逃脱的痛苦结果构成了一种最有效的镇压。在这方面，每一个人，尤其是在早期生活年代，都接受了日常绝不能忘记的教训。这是自然结果的惩罚，是真正的教育方法。卢梭早就指出过这一点，并为斯宾塞和贝恩所发展。

但是，在这种自然的、本能的方式中，刑罚从其结果的不可避

免性中产生全部威力。在刑罚中，尤其是在死刑中，刑罚的确定性比严厉性更有效，这是古典派犯罪学家取得并反复强调的几个实 105
际的心理学研究结论之一。而且，我还要加上一点，即使很小的确定性也会大大削减我们所担心的痛苦的抵御力量，即使很大的不确定性也不会打消我们所希望的快乐的吸引。

在这一点上，我们觉得法律惩罚效果不大的一个重要原因就是行为人想象有许多逃脱的机会。首先，存在着不被发觉的机会，这是预谋犯罪产生的最强大的原动力；其次，在被发觉之后，存在着证据不足、法官仁慈或者受骗、在错综复杂的审判过程中不被判刑以及由于宽大而撤销或减轻判决、课刑的机会。这么多与对痛苦结果的本能恐惧相冲突的心理学因素，在不为自然惩罚所知时，就减弱了法律惩罚的抵御力量。

还有另外一种既削弱自然惩罚的效力又几乎完全抵消了社会惩罚的效力的心理状况，那就是**没有预见**。实际上，我们知道，缺乏预见的人即使对最确定的自然后果也满不在乎，因此这种后果在保证他们不从事违反自然的危险行为上也失去了大部分效力。关于法律惩罚，即使撇开感情冲动，大家知道，罪犯——偶犯和其
他罪犯——也与野蛮人和小孩一样，特别**没有预见**。这一弱点在 106
缺乏教育的较低阶层中特别明显，而在罪犯中则完全是一种心理疾病的症状。

一个很小的力，当它与自然趋势和自然环境协调一致时，就足以产生很大而且持久的效果。每一种与人的自然倾向相抵触或者不严格遵循这种倾向的方法都要遇到抵制，而这种抵制最后一刻总是获胜。

日常生活向我们提供了很多例子。大学生在赌博时冒着最后一点儿生活费孤注一掷的危险，而且做好了自己备受贫困的准备。矿工和其他危险行业的工人总是拒绝把他们所见到的那些危在旦夕或经常为疾病所困扰的同事引以为戒。德斯派因先生讲，在1866年的比尔巴鄂霍乱中，尽管几个霍乱病人都相继死去，但有些人为了得到慈善机构的援助，还模仿这一疾病。费耶特先生在一篇关于法国20多年来被起诉人的统计资料的文章中指出，有些按比例增长的犯罪是一些比其他人更了解刑罚的公证人和法警所犯的。通过对费拉拉九个世纪以来的死刑统计资料的研究，我发现一个重要事实，在同一个城镇中经常相隔不长时间就会有公证人因为伪造罪而被处死。这证明了孟德斯鸠和贝卡里亚关于死刑
107 威慑力不大的观察结论的真实性，因为人们对于执行死刑越来越习惯了。这也为监狱牧师罗伯茨先生和治安法官贝伦格先生提到的有几个被判死刑的人从前曾经去看过执行死刑的事实所证实；还为德斯派因和安吉露西所提到的另一事实所证实，那就是在曾经执行过死刑的同一城市而且常常在同一地点，谋杀经常在事后的同一天发生。

人不改变自己的个性。任何刑法典，无论是和缓的还是严厉的，都不能改变人的自然的和不可征服的倾向性（如欢乐和希望不受侵害的倾向）。

我们也发现，就像米勒说的，政治、经济和司法领域的任何措施的持久效力都总是与其强力和意外成反比。刑罚经受不住这一社会学规律的检验，因为它在本质上仅仅是暴力对暴力的原始反应。其实，就像贝卡里亚所说的，古典派总是把目标放在不断减轻

社会对犯罪的反应上，但这是不够的。今后，如果我们要使自己适应心理学和社会学规律，我们的防范措施必须向避免使社会对犯罪的反应过于直接这一方向发展。如果生存斗争总是活的动物的最高法则的话，那么它在原始人类社会的暴力状态下不一定总是得到发展。相反，社会进步的结果之一就是使生存斗争变得更和缓、更间接。

同样，社会与罪犯之间的不停斗争也不是一种自然的和社会 108
的力量与个人身体力量的直接对抗，而应当是一种间接的心理力量体系。社会中的刑法与家庭中的教育和学校中的教学方法具有同样的性质。这三种同质的东西一旦为用暴力征服人类情感的思想所支配，处罚就成为至高无上的了。人们总有一天会发现这样会产生暴力和虚伪等意料不到的后果，然后人们便决定减轻刑罚。但是，在现代，学校校长看重单纯依靠倾向性和生物心理学规律的自由作用所取得的利益。同样，社会的防卫功能，就像罗麦诺西所说的，不是物质的和镇压的机制，而应当是根据生物学、心理学和社会学规律建立的精神的和预防的机制。

用暴力来矫正暴力总不是一种好办法。在中世纪，刑罚很严酷，但犯罪也同样残忍。社会在与罪犯的残暴之间的斗争中失去效力时便会恶性循环。今天，在较低社会阶层中，常常诉诸暴力的野蛮人也常常沦为暴力的被害者。因此，在罪犯当中，一块伤疤在某种程度上就可以表明其职业特征。

总之，我们关于刑罚效力的理论，就像某些论据不充分的批评家坚持的那样，不在于绝对否认，而特别在于反对认为刑罚是最好和最有效的犯罪预防手段的传统偏见。 109

这就是我所要说的。作为镇压手段之一的刑罚具有一种消极的而不是积极的价值，这不仅因为它对不同人类学类型罪犯的作用不一样，而且还因为它的适用将会消除由于免除刑罚而产生的严重危害，而不会像有些人想象的那样，能够将一个反社会性的人变成一个社会性的人。不过，免除刑罚将会导致人们关于犯罪的道德观念的混乱，将会导致罪犯更加缺乏预见，还将会排除在监禁期间预防罪犯重新犯罪的机会。

刑罚与教育一样，它的改造力量通常都被夸大了。教育，尽管对儿童具有持久的影响并因此比惩罚更有效，但在消除我们都具有的反社会性时比在想象出促使产生社会性倾向和力量（并非先天带来的）时更有效。

因此，尽管免除刑罚和缺乏教育的后果是严重并且有害的，但这仍然不能反过来证明刑罚和教育在现实中就具有人们通常归功于它们的那样积极的效果。

正是因为刑罚，尤其是正在执行时的那种消极但却实在的效力，所以当我们一方面赞赏古典派在减轻刑罚方面所取得的成就
110 时，另一方面又认为他们缩短了刑期是既错误又危险的。我们承认，刑罚不应当是专断的、不人道的酷刑，并因此不赞同为古典派学者和监狱当局所提倡的、现在正在实行的单独监禁制，因为这种制度是不人道、不明智的，而且造成不必要的浪费。

尽管刑罚应当越来越多地对犯人实行短期隔离这样一种观点仍然构成意大利新刑法典的基础，但它是一种心理学的谬论和一种社会危险，因为撇开短期监禁的众所周知的后果诸如堕落和再犯倾向不论，这样的刑罚显而易见失去了其对犯罪否定效应的主

要成分，也会失掉其在监禁罪犯过程中预防他们重新犯罪的作用。

第二节　刑罚的替代措施

刑罚，并不像在古典派犯罪学者和立法者的主张影响之下而产生的公众舆论所想象得那样，是简单的犯罪万灵药。它对犯罪的威慑作用是很有限的。因此，犯罪社会学家自然应当在对犯罪及其自然起因的实际研究中去寻找其他社会防卫手段。

家庭、学校、男女交往的日常经验和社会生活的历史从侧面告 111
诉我们，为了减少情感爆发的危险，消除其产生的原因比当它已经聚集力量时刻待发时再去制止它更有益。

边沁讲，在英格兰，尽管信使酗酒会被重重地罚款，但无济于事，信件仍然由于信使醉酒而被延误。最后还是通过将客运与邮寄服务结合起来的办法才解决了这一问题。分给工人一份利润比罚金的方式更能促使工人对工业及其他大多数产业的工作负责任。在德国，大学里的学术妒忌和学术偏执问题在很大程度上被按学生人数向教授付酬这一措施解决了。结果各大学都感到要根据自己的利益聘请和鼓励最好的教授，以尽可能吸引更多的学生。因此，如果不只是根据对资历的机械考核，而且也根据出版的著作、未被撤销的判决和未被取消的决定的比例等所表明的成绩来决定教授、治安法官和行政官员的薪金，他们的行动和情绪都将受到激励。用适时的消遣来调整少年的滋扰行为比极力用不利于其身心健康的方式来镇压他们更好。因此，在精神病院和监狱里，劳动是比镣铐、束缚和鞭打、申斥能更好地维持秩序和纪律的手段。

简言之,我们通过树立人们的自尊和培养兴趣比威慑和限制所取得的收效还要大。

112 如果刑罚的抵御难免要与犯罪行为相对立,用其他间接的更有效的手段防止和减少这种行为对社会秩序更有益。

经济领域的研究已经发现,当某种日常用品缺乏的时候,为了满足人们的自然需要,必须求助于比较低价的替代物品。因此,在犯罪领域,因为经验使我们确信刑罚几乎完全失去了威慑作用,所以为了社会防卫的目的,我们必须求助于最有效的替代手段。

我称这些间接的防卫手段为**刑罚的替代措施**。但是,食品的替代物一般只是临时食用的次要物品,而刑罚的替代措施则应当成为社会防卫机能的主要手段,因此刑罚尽管是永久的,但却要成为次要的手段。在这一点上,我们绝不能忘记犯罪饱和法则。犯罪饱和法则注定了每一个社会环境由于与个人和社会缺陷密不可分的自然因素的作用而不可避免地要产生的犯罪的最低数量。对这一最低数量的犯罪来说,以一种形式或另一种形式而存在的刑罚将永远是首要的措施,尽管其对于防止犯罪行为的产生并不是很见效。

刑罚的替代措施,当它一旦通过犯罪社会学的讲授而立足于立法者的观念和方法之中时,便将成为一种消除犯罪社会因素的
113 合法方式。比起慷慨但又急躁的改革者所坚持的那种普遍的直接并且不调和的社会变革来,刑罚的替代措施也更可能和更现实。那些慷慨但又急躁的改革者把这些替代措施看作是治标不治本的疗法,因为人道主义的热情使他们忘记了社会结构和动物有机体一样,只能部分地和逐渐地改变。

关于刑罚替代措施的观念简而言之就是这些。立法者，通过研究个人和集体行为的产生、条件和结果，逐渐认识到人类的心理学和社会学规律，据此能够控制许多导致犯罪产生的因素，尤其是社会因素，并因此确保对犯罪的形成产生一种间接但更确定的影响。也就是说，在各种立法、政治、经济、行政和刑罚手段中，从最大的机构到最小的单位，社会体制将会得到调整，从而使人类行为并不总是无益地为镇压所威慑而被不知不觉地导向非犯罪的轨道上去，为在最小限度地导致暴力滋扰和违法机会的条件下发挥个人能力和满足个人需要留下充分的余地。

正是这种刑罚替代措施的基本思想表明，社会学家和立法者，就像斯宾塞先生在其《社会科学导论》中所坚持的那样，进行这样一种生物学和心理学的准备是多么必要。而且，如果我们认识到作为犯罪社会学体系中一部分的刑罚替代措施的理论和实践价值
的话，我们应当牢记在心中的也正是这一基本思想，而不是替代措 114
施本身。

至于每种具体刑罚替代措施的效果，我至少在某种意义上很乐意承认人们对它们的片面批评。除了一些简单地说他们不相信刑罚替代措施的效果的人和一些一味无益地问这一理论是属于犯罪学还是属于警察管理范畴的人之外，大多数犯罪社会学家都明确接受了刑罚替代措施的理论。这一理论，并不是作为一个绝对的医治犯罪的灵丹妙药，而是像我经常说明的那样，是在类似于同刑罚镇压相结合的意义上，在不只相信镇压对防护社会免受犯罪侵害的效果的基础上被接受的。

让我们注意下面几个例子。

(一)经济领域

自由贸易(除了有必要暂时保护某种特定的制造业和农业之
外),通过防止饥荒和食品税过高,消除了许多重罪和轻罪,尤其是
侵犯财产罪。无限制的移民出境是一个安全阀,尤其是对这种现
象由于所占比例很大而能够输出许多因不幸或能力不均等而容易
犯罪的人这样一个国家来说,更是如此。因此,爱尔兰累犯数量的
减少,并不是由于其监狱制度,而是由于它向境外输出了占总人数
46%的刑满释放罪犯。在意大利,由于冬天温暖、农业丰收等其他
115 原因,但是也由于移民出境的大量增加,自1880年以来犯罪也有
所下降。几个世纪以来,走私一直不畏惧砍手甚至死刑等酷刑,现
在仍然不畏惧监禁和缉私官员的武器,但通过降低进口税可以得
到控制,就像维勒梅先生就法国的例子所说明的那样。亚当·斯
密说,在诱惑产生之后惩罚走私,在诱惑增大之后加重刑罚的法律
完全背离正义。日常事实证明了亚当·斯密的理论体系。相反,
边沁从其刑罚的威慑应当比犯罪的吸引更强烈的格言出发,主张
对走私进行严厉的镇压。只征收财富和有形商品而不是生活必需
品,而且与纳税人收入成比例的税收制度减少了任何刑罚都不能
有效防止的故意诈骗罪,也将消除一直是叛乱和暴行产生原因的
专断和过高的财政传统。其实,弗里吉尔讲到由于征收货物入市
税等而产生的犯罪,也将随着这些不合理、不公正的税务的废除而
消除。但是,阿拉德先生证实,减轻生活必需品的税收不仅会在经
济事务中产生有益的效果,而且还会有助于减少商业诈骗。与此
同时,1872年法国犯罪统计报告继续呼吁对这种诈骗进一步加重
116 刑罚。默西埃先生对此的回答是,如果原因——不平衡的税

制——不消除，便不能防止这种结果发生。对最低生活必需品免税以防止扣押财产导致小额财产减少(意味着很穷的人增加)，将会预防许多犯罪，就像我们从爱尔兰土地情况中所看到的那样。因此，意大利需要立法规定不可剥夺小型财产，就像美国宅基地免税法规定的那样。在饥荒年代或寒冷的冬天，市政工程能够遏制侵犯财产罪、侵犯人身罪和妨害公共秩序罪的增长。例如，法国在1853—1855年的大饥荒年代中盗窃罪没有像在1847年的大饥荒中增加得那么厉害，就是因为政府在冬季的几个月设置了许多救济失业者的工程。

对生产和销售含有酒精的饮料征税或施加其他简洁限制比为数众多的监狱更为有效。由于其对人民的生理和心理的影响，公然长期酗酒问题的严重性增加了。

在法国，酒的消耗量，1829年据估计每人为62升(相当于13.64加仑)，而1869年超过了100升。在巴黎，1819—1830年每人平均120升，而1881年却达到了227升。法国人年均酒精消耗量1829年为0.93升，1872年上升到3.24升，1885年上升到3.9升，有几个城市上升的比例比全国平均比例还要高。法国酒精的总产量(95%是人饮用酒消耗掉的)1843年为4796.8万升，1879
年上升至13095.65万升，1887年又增至20040万升。同时，我们 117
发现法国的重罪和轻罪也在增长，特别是自杀者，从1829年的1542人上升到1887年的8202人。

此外，我已经用一份专门的表格(精神病人档案)表明，在法国，尽管每年都难免有所变化，但杀人、殴打和故意伤害罪的增减总是与不同程度的葡萄丰收之间存在着明显的对应关系，尤其是在犯罪变化显著的年度里更是如此。在葡萄减产的年份(1853—1855年,1867年,1873年,1878—1880年),犯罪(殴打和伤害)总是明显减少;在葡萄丰收的年份(1850年,1856—1858年,1865年,1868年,1874—1875年),犯罪也总是明显增加。

我也是第一次发现,由于皮尔奎因先生已经指出并为新闻记者在星期天和节日之后所证实的酗酒与犯罪之间的联系,偶犯性侵犯人身的重罪和轻罪在酿酒期那几个月内有所增加。

但是,除了犯罪的自然变化之外,酗酒与犯罪之间存在着一定的联系。莫尔说:“酒精生产一个既道德败坏又残酷无情的不幸者阶层,它的特点就是直觉早期退化,终日沉溺于最不道德的危险行

118 为。”我们每一天都能证实莫尔的这一论断。在此,没有必要再援引精神病理学和法医学的资料以及有关被监禁的酗酒犯或因在酒馆里吵架而犯罪的罪犯的监狱统计资料来证实犯罪的原因。

然而,酗酒与犯罪之间的因果关系最近实际上又被有些人借助犯罪统计资料而否定了。塔梅奥先生发现酒精消耗量最大的欧洲国家和意大利各省里最严重的暴力犯罪的比例反而较低,他据此发动了这场关于酗酒与犯罪之间是否存在因果关系的论战。他的论点具有相对的和有限的价值,因为他只否认滥用酒类是最活跃的犯罪原因。此后,福尼尔·德·弗莱克斯先生根据同样的统计资料,坚持同样的主张,承认“酒精对于沉溺于它的人来说是灾难”,但又肯定“酒精不是危及欧洲民族的灾难”。而且,他反复强调,酒精耗量最大的国家的犯罪,尤其是侵犯人身罪的发生率相对来说还比较低。最近,克拉杰尼先生运用库莫先生公布的非常详尽的统计资料,详细阐述了这一主张,并进一步作出了更明确的结

论："酗酒与犯罪及自杀之间的因果联系缺乏长期性、规律性和普遍性，因此不可能在这些现象之间建立起统计学上的因果联系。"

我不追究克拉杰尼先生的小册子中的重大事实失误，而只指 119
出这一主张纯属对统计推理的误解。

如果我们一旦承认（而且很不幸它不能被否认）酒精以烈性酒和普通酒的形式（在此说南部各省属非酒精消耗地区是不正确的）对身体和精神健康的不良影响，就不能坚持说对个人身体和精神都有害的酒精对作为个人集合体的民族无害。

对于上述统计学上的疑问，这里有一个很简单的回答：(1)任何统计资料集中的数字都不可能总是匀称并且一直一致，因为在所有与社会有关的事物中，个人原因、自然原因和社会原因的介入都是不可避免的。(2)只有坚持酒精是犯罪的唯一原因，从这些不全面的自然的不一致（因为在生物学和社会学中，由于干预的原因，任何一条规律实际上都有例外）中得出的否定结论才是正确的。但是，由于任何人都不坚信这一点，因此福尼尔和克拉杰尼的全部统计学论据都是建立在一种错觉的基础之上的。不幸的是，他们没有消除酗酒和犯罪之间的因果性联系。殴打、伤害和杀人与严重酒精中毒的这种联系是偶然的。在长期酒精中毒案件中，这种联系与在侵犯财产、侵犯人身、有伤风化和侵害公职人员罪中一样是惯常的。而且，尽管这类案件的数字相对低，甚至比事实证明的还要低，但是，除了专门的科学调查关于酒精中毒作为犯罪和 120
自杀的直接和明显原因外，这仍然可能算做一般性的结论。

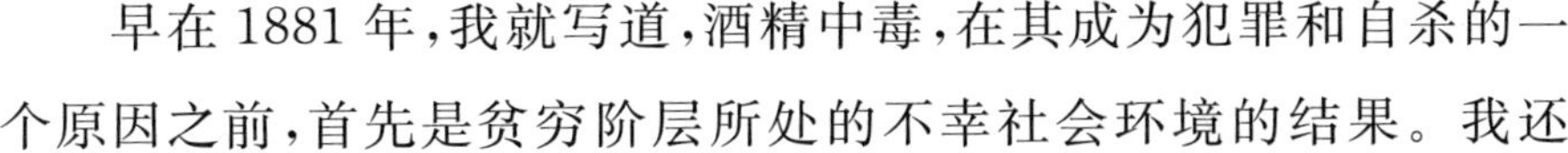

早在 1881 年，我就写道，酒精中毒，在其成为犯罪和自杀的一个原因之前，首先是贫穷阶层所处的不幸社会环境的结果。我还

写道，在不全面和单纯的经济原因之上加上一定的生物心理状况和有助于确定烈性酒酒精中毒（在北部各国和各省的人们经常喝酒并且情况较严重）和葡萄酒酒精中毒（在南部各国和各省的人们严重喝酒但不是根深蒂固的）的地理分布的自然环境，是很必要的。

因此，很久以前就应当采取下述防止酒精中毒的间接措施：提高酒的税率，降低咖啡、茶和啤酒等有益健康的饮料的税率；严格限制酿酒和卖酒执照的发放数量；像美国那样加重持有酿酒和卖酒持照者的法律责任；将酗酒者开除出工会；提供廉价而有益于健康的娱乐活动；对劣质酒进行酒精含量鉴定；进一步组织和联合戒酒者协会；发行介绍酒精有害影响的小册子；取消一些容易使人道德败坏而不利于健康的节日；劝阻星期六发薪水的习惯；像美国、英格兰和瑞士那样建立自愿戒酒家庭。

121 北美、英格兰、瑞典、挪威、法国、比利时、荷兰和瑞士都采取了消除酗酒的措施（在瑞士，甚至采取了国家垄断酒业的措施），但由于过分热衷于国家财政收入，而且在考虑公众健康的情况下，几乎总是考虑到对生产、流通和消费的征税。不过，这些税收本身是相当不完善的，甚至可能会损害民族的身心健康，还可能引起价格上升，导致欺诈和掺假行为。

各国经常借助刑法阻止酗酒远远不能奏效。除税收和刑罚之外，迄今为止尚没有一种充分协调的直接和间接的控制酗酒的措施体系。而且，我们发现，例如在法国，尽管我的杰出朋友罗塞尔参议员（1873 年 1 月）提出了镇压性法律，尽管税率特别高（1872—1880 年翻了一番），但酗酒者仍然以令人吃惊的速度持续增长。因此，尽管每个国家的酒税都很高，而且用刑罚制裁酗酒者，但酗酒这种现象仍然在不同程度上存在于每个国家之中。

薪金的参差不齐、首先求助于酒精使用者透露出的欺骗性的精力、工人阶层的贫穷和过度劳累、食品不足、由遗传而得的嗜好以及缺乏有效的防治措施等都是影响工人阶层抵御这一灾祸的因素。没有任何一部财政法或刑法，仅仅通过直接强制就能削弱这些只有用间接措施才能削弱的自然倾向。另一方面，当我们想到 122
在中世纪的贵族和市民很常见的习惯性酗酒（借助于自路易十四世以来一直引进和迅速扩散的咖啡）在这些阶层中越来越少的时候，也希望通过平民中经济、智力和道德状况的改善来逐渐减少这一不可能立刻止住的可怕酒疫是可能的。

为了继续说明刑罚的替代措施，我们发现用硬币代替纸币可以减少对终身监禁都满不在乎的伪造犯的数量。伪造的硬币比伪造的纸币更容易识别。[①] 货币商和宝石商对高利贷犯罪的预防比任何刑罚都更有效，就像我们在西班牙征服美国之后所看到的那样。反之，中世纪的严厉刑罚并没有能够防止高利贷犯罪以一种形式或另一种形式复发。实际上，尽可能在各地都设立公众农业信用银行对于预防高利贷犯罪的作用比像德国和奥地利那样在旧的错觉的影响下不止一次地制定镇压性的特别法的作用要大。由于公共资金的利息下降，资本都流向商业、制造业和农业，因此避免了资金的停滞，但却产生了破产、伪造和诈骗等。调整工资以适 123
应公职人员的需要和总的经济状况能够阻止住在一定程度上是由于这些人隐蔽的贫穷而产生的贪污受贿浪潮。像火车站那样，限

① 伪造硬币和纸币者在法国占被判刑者总数的 0.09%，在比利时占 0.04%，但由于钞票流通量过大，在意大利却占 0.4%。

定担任公共安全重要工作的时间对预防责任事故的作用比对过失杀人犯进行无益的惩罚的作用更大。高速公路、铁路和有轨电车的不断建成征服了乡村的掠夺团伙，就像带有公共照明设备的街道和通风并且宽阔的住宅的建成以及贫民窟的拆除有效地防止了暴力抢劫、隐匿赃物和猥亵奸污一样，而劳役刑却不能防止这些罪行。在已婚妇女的监督下检查童工工作的车间以及缩短童工的劳动时间，可以防止刑罚所不能防止的猥亵奸污童工罪。使工人住宅的价格便宜、在城市及农村地区的房屋内采取综合的卫生措施以及注意避免贫穷的家庭过分拥挤等都有助于身体健康，也有助于防止许多不道德行为的产生。合作互助团体、节约团体、老年保险、病弱工人救济、雇主对工伤事故负有责任、大众储蓄银行、慈善团体等能够比刑法典更有效地预防很大一部分侵犯财产和侵犯人
124 身罪。我在意大利议会中就一直坚持，意大利每年都提供给它20亿里拉的宗教慈善团体的改革可以预防犯罪。阻止乞讨和流浪措施，尤其是像荷兰、比利时、德国和奥地利那样开辟农业殖民地，是防止为数很多的流浪者犯罪的最好的刑罚替代措施。因此，可以断定，深谋远虑的社会立法，不能仅仅停留在表面的敷衍搪塞的改革上，而可以成为真正能够用来抵制大量产生于大多数社会阶层的不良环境的犯罪刺激的一部刑罚替代措施法典。

（二）政治领域

警察专断的镇压和预防，对于预防暗杀、叛乱、共谋和内乱等政治犯罪是无效的。要预防这类犯罪，除了协调政府和民族的愿望之外没有其他任何办法。意大利就是这样一个明显的例子，在外国人的统治下，无论是断头台还是军舰都不能阻止政治暴乱，而

意大利一独立，这些暴乱就都消失了。在爱尔兰和俄国也是如此。
德国原以为靠特别刑法能够扑灭社会主义的火焰，但后来发觉自
己错了。对所谓的出版犯罪（既可以说是借助于出版而犯的普通
罪，也可以说连罪行都够不上），除了言论自由之外没有其他任何
方法能够减少对某种政治制度的攻击和触犯。统治阶层和当权者
通过不断尊重个人和团体的权利而树立起全民族对法律的尊重比
通过运用警察和监狱来树立这种尊重要好得多。改革选举制度使
其适应本国的情况是防止选举犯罪的唯一措施。同样，除上面已 125
经提到的经济改革之外，如果政治和议会改革能在一个国家与其
合法代表之间建立起更实际的协调，通过消除一些有害于政治影
响的技术问题，赋予人民一种更直接的管理公共事务、包括公民投
票在内的权利，使议会摆脱一些导致其滥用权力的机会和形式，这
也比刑法典能够更有效地预防许多社会犯罪和政治犯罪。最后，
如果我们打消政治均衡和官僚集中这样一些愚蠢念头，并且取而
代之，使法律适应各地的不同特点，那么大量由于不能满足的需求
和对一个国家各个地区在气候、种族、传统、语言、习惯和利益等方
面都不同的忽视而引起的犯罪，多数都将会被消失。国家的统一
决不取决于立法和行政的一致，这种一致只是对国家统一的不当
夸张。在今天仅仅代表着各地最容易变化的道德、社会和经济状
况之间的一种联系的法律，确实总是难免不适应社会的需要——
对某一地区来说适用范围太有限、实施得也太迟缓，而对另一地区
来说则又实施得太急、不成熟，就像统一的囚服对矮个人来说太长 126
而对高个人来说又太短一样。政治上统一的行政联邦，如果把作
为生物学和社会学普遍规律的生存和发展自由交还给构成社会统

一体的每一部分，将为我们提供一系列的刑罚替代措施，因为社会统一体就只不过是一个略受主张人为统一（由于与联邦本身相矛盾而最后将会结束之类的统一）的人所赞赏的联邦。

（三）科学领域

科学曾经产生了武器、印刷术、照相术、平版印刷术、新毒药、炸药、电、催眠术等新的犯罪工具，科学的发展迟早也会提供比刑罚镇压更有效的解决办法。印刷、囚犯人身测量照相、电报、铁路等都是对抗犯罪的有效辅助手段。解剖学和毒物学的发展减少了投毒案件的数量；而且，经验已经证明“马什试剂”使一度曾经很多的砒霜投毒案件比较少见了。最近，有人说又出现了一种类似的鉴别伪造的方法，将文件暴露在碘蒸气中，涂改过的笔迹就会复原。女医生的出现减少了医生进行风化犯罪的机会。言论自由对于防止由于言论而可能产生的危险将比对在某种程度上具有诽谤性的行为进行审判更有效。海盗，并没有被现在已经废除的那些
127 酷刑所消除，但现在由于蒸汽船的使用却正在消失。马尔萨斯人口理论的传播防止了堕胎和杀婴罪的发生。[①] 清楚简便的记账法

① 法国无疑对此会有不同观点，因为法国公众舆论特别担心人口减少。我同意瓦里格尼先生的观点，他认为一个国家的人口不是唯一的，甚至也不是主要的考虑所在。除了瓦里格尼所依据的自然特征（种族）、智力和道德特征以及土地的富饶之外，我看我们还必须考虑个人和民族生存竞争逐渐缓和并且间接的规律。作为日常暴力事情之一的战争也变得越来越罕见和困难了。文明人的各种不同的社会和国际道德感不容忽视，而且在考虑国家的命运时必须把它作为一个积极的因素认真对待。人们不停地谈论战争的风险（其中成员起很大作用，但不是唯一的因素），好像我们当代的社会道德观念还和中世纪时一样。此外，从其他方面来看，人口少是法国富裕，因此也是其强盛的原因之一。德国的人口多一些，便穷一些。而且，我不相信，各国未来发展所依靠的实力在于当军费开支耗竭国家的财力之后把人民用武器武装起来，但这自1880年以来一直是欧洲大陆流行的一种狂热病。

防止了许多在旧的复杂记账法下产生的诈骗和贪污。通过避免货币的经常流动，支票比刑罚对预防盗窃所起的作用还要大。某些银行发给其职员（其职责就是证明债务人的签名真假）的信任卡能够防止篡改账单。某些银行家对每一张大额支票的兑款人采取了快速照相的做法。保险箱、门窗插销和警铃对预防盗窃具有很大作用。人们发现，作为预防在铁路运输过程中谋杀的措施之一的警报信号和从里面关紧车厢门的方法比刑罚更有效。

（四）立法和行政领域 128

明智的遗嘱立法可以防止因亲属急于继承财产而产生的谋杀（就像法国前一个时期以“继承药”而闻名一样）。在那些要求父母双方同意的国家中，促进父方同意子女的婚姻（就像赫谢尔在其《可能性理论》中提议的那样）、婚约或子女违背婚约以及规定非婚子女的立法，是防止非法同居、溺婴、堕胎、弃婴、猥亵奸污和被诱奸后又被抛弃的妇女所犯的谋杀等罪的最好措施。在这一点上，边沁说，在民法上规定比在法律上不承认但又不能防止非法同居对当事人的危害要小。轻缓简单的法律本身就是预防妨碍公共秩序、侵害人身和侵犯财产罪的一项措施，就像我曾经说过的一样。古代意大利的穷人辩护士制度，如果用来代替现代迷惑人的法院帮助的话，将会预防许多复仇行为。如果被害者不能诉诸法律时，委托公共牧师向他人所犯罪行的被害者进行严格即时的赔偿也能起到这种作用。因为正像我一直坚持并得到各式各样的犯罪社会
学家同意的那样，犯罪的民事责任并不仅仅是私人的事情，而应当 129
成为像刑事责任一样的社会责任。法律的简便易懂将会防止大量的诈骗和违法行为，因为撇开不懂法律也不应宽恕的抽象并且具

有讽刺意味的主张不论，我们那些浩瀚如林的法典、法律、法令和规则无疑会导致无尽无休的误解和错误，并因此产生违法和罪行。规定公司董事民事责任、破产程序、股东注册、破产者清偿债务和工业汇票及其他汇票的商法，能够比劳役刑更有效地防止欺诈性破产。依法成立的荣誉法院可以不求助于任何重刑而防止决斗。制定得好的转让制度能够防止伪造和诈骗罪，就像人口登记制度几乎完全消除了在中世纪经常发生的买卖或遗弃儿童罪一样。为了防止重婚罪，米什林议员 1886 年提议，在每个区的出生登记簿中建立一项记载每个人民事身份的专门项目，因此任何期望结婚的人必须出示登记证明。这样已经结过婚的人便不能隐瞒自己从前并未因为死亡或离婚而解除的婚姻关系。在刑事诉讼程序上采取口头起诉的方式防止了许多诽谤和诬告罪。建立弃儿和孤儿
130 院，或者更进一步，像为青年母亲建立妇产医院和家庭护理这样一些新型替代措施，能够防止用严刑所不能防止的溺婴和堕胎罪。囚犯援助协会，尤其是对青年罪犯实施援助，尽管其作用比通常所宣称的要小得多，口上说得多，实际做得少，但仍然可以认为是一种有益的刑罚替代措施。有人总是对罪犯援助协会持强烈的敌对态度，认为我们应当首先帮助那些尽管生活很不幸但仍然保持诚实的工人。再者，我们不能不加区别地帮助所有罪犯，其中很多是不可改造的，而应当选择那些自己就可以改造好的偶犯和情感犯进行帮助。并且，在帮助他们时，我们应当避免任何类似警察手续之类的做法。其实，即使在这种协会最活跃的英格兰，他们的介入就像其他所有的直接赈济一样，远远不能满足那些缺乏生活必需品的人的需要。

（五）教育领域

据证实，纯粹的书本教育，在使某些显著的诈骗更困难和传播法律知识，尤其是降低作为偶犯特征的缺乏预见的程度方面，是很有益的，但这也远远不是人们在犯罪统计资料中发现文盲占很大比例时所想象的那种犯罪的万灵药。相反，完全可以说，没有经过严格审查的学校往往成为不道德行为生长的温床。因此，必须依靠更广泛的教育的影响，尽管它很有限。我在此并不是指一种讲
智力而不动感情的机械式道德准则教育，而是由各种社会机构、政 131
府、新闻媒介、学校和公共娱乐场所所提供的一些榜样。但是，消除某些粗俗和黄色的娱乐，建立健康的娱乐和运动场所及经过严格监督的公共浴池（建筑使幽会成为不可能）、廉价剧院等是有益的。因此，禁止放映残忍的影视镜头和查禁赌场是替代刑罚的好方法。根据每一个学生的生理和心理状况，运用生理心理学规律来教授儿童的实验方法，通过向学生传授更多的在实际生活中有用的知识，少教一些考古性的知识，通过自然科学的智力训练（只有这样才能培养学生的实际感觉，就像只有我们的古典派才衰退一样），在减少那些失业者（是犯罪的候选人）数量的同时，也能够使人们更好地适应生存竞争。通过对青年人进行生理教育以防止退化，通过在车间及在英格兰发展很好的贫民免费工业学校等机构对被遗弃的儿童进行教育可以防止道德败坏。或者，通过使儿童在外搭伙以避免家庭居住状况过分拥挤，效果会更好一些。除
了在已经出版时惩罚有关责任者之外，通过限制在抽象的出版自 132
由的观念之下为利用最残忍的感情来获利而专门描写犯罪的令人反感之极的出版物，能够消除一大类刺激犯罪产生的因素。同样，

对进入治安法庭和巡回法庭的权利也应当有所限制。否则，我们的妇女在其中相互奔忙，就像罗马衰落时期的妇女仓促出席帝国马戏团的表演一样，而我们的青年人和顽固罪犯则在其中更机敏和谨慎地接受犯罪艺术课。

我列举的如果与刑法典相辅便可以成为一部预防性法典的例子，证明了社会因素在犯罪，特别是偶然犯罪的产生过程中起多大作用。但是，它们更清楚地证明，立法者通过减少这些原因可以在其他人类学和自然因素所限定的范围内影响犯罪的发展。因此，奎特里特说："因为每一年的犯罪似乎都是我们的社会构成的必然产物，而且，如果不从预防角度减少犯罪产生的原因，犯罪的数量
133 绝不可能减少。立法者的职责是承认并尽力消除这些原因。他们必须像制定国家财政收支预算一样制定犯罪预算。"这是正确的。

然而，我们必须在心中牢记那些除制定刑法典之外所应当做的一切，因为历史、统计资料和对犯罪现象的直接观察都表明，刑法对犯罪的预防效果最小，而经济、政治和行政管理法规的效力最大。

总之，通过教授科学的观察结论，应当使立法者确信社会改良在预防犯罪浪潮方面比刑法典更有益。承担着保证社会有机体健康任务的立法者，应当仿效借助实验科学保护个人有机体健康的医生，力求尽可能少而且只在一些罕见的情况下运用更强暴的外科方法，不能过分相信药物的偶然效果，而应当依靠卫生科学的可靠作用。只有这样，立法者才能避免那种曾经流行或遍布生活中的危险谬误。上议院议长瓦卡先生是用这样的文字表达这种错误观念的："我们越是不依靠预防措施，我们的镇压就应当越重。"这

就像是说，一个恢复中的病人没有羹汤恢复体力时，我们应当给他吃一种烈性药。

恰恰是在这一点上，实证派与古典派刑法之间的实际的而并非仅仅理论上的区别是明显的。我们认为通过对社会改良和犯罪自然因素的研究提出的其他措施在预防犯罪中的效力最大，而优 134
先采用古典派办法的立法者多年来却一直讨论修改刑法典，容许犯罪行为稳定发展。这是又一个罗马执政官时代萨贡图姆城的征服者的例子。

当立法者发现他们就犯罪和刑罚的"司法本质"所进行的拜占廷式的讨论为犯罪的复发或某些社会变态现象的严重症状所打扰时，他们在困惑和惊慌之中所能够做的一切就是通过一些新的镇压性法律。这些新法律片刻便止住了公共舆论的呐喊，再一次使这一问题缓和，然后从烈性转入慢性状态。

关于刑罚替代措施的实证理论，除了个别例子之外，确切目的在于为立法者的智力训练提供教材，使他们认识到在犯罪祸患达到顶点，使其不可能再采取像想象得那么容易的镇压措施之前，应当首先采取社会预防措施是他们的责任，无论这样做多么困难。即使在个人生活中，永远遵照健康规则去做无疑也是很麻烦的和很困难的。如果平时将这些规则扔到一边，当疾病出现时再去求助于通常是靠不住的药物是很容易的，但这更危险。不过，这是公共和个人生活中特别应当加以克服的缺乏深谋远虑的表现。由于在研究疾病，尤其是流行病和传染病因的实验观察和生理病理学 135
与创立细菌学的帕斯特先生的发现出现之前，卫生科学不能成为一种理论和实践，因此在研究犯罪，尤其是偶然犯罪自然原因的犯

罪生物学和犯罪社会学理论广泛传播开来之前，作为预防犯罪手段的社会科学只能是一种理论，而不能付诸实践。

应当相信的重要一点是，对社会预防犯罪来说就像对公民提高道德水准来说一样，关于预防犯罪措施的改革哪怕只进步一点，也比出版一部完整的刑法典的效力要高一百倍。

当一个部长提出一部有关铁路、关税、工资、税收、公司、民事或商业机构的法律时，几乎没人会想到这些法律对这个国家的犯罪现象的影响，因为人们认为通过修改刑法典就足以解决这一点了。此外，在社会有机体中和在个人有机体中一样，在相隔最远和最不相同的部分之间存在着一种不可避免的关联，尽管它常常是隐蔽的。

正是从这些社会生理和病理学法则中，我们得出了不能脱离犯罪饱和法则的刑罚替代措施的观念。如果我们通过减少犯罪的社会因素可以影响犯罪，尤其是偶犯生成的说法是正确的，那么不幸的是，在每一种社会环境中，由于其他生物学因素和自然因素的
136 影响，都总是在最低程度上存在导致无法避免的犯罪产生的因素的说法也是正确的。否则，我们可能很容易陷入我们完全能够防止所有犯罪这样一种相反并且近乎谬论的幻想中去。因为很容易一方面导致经验主义的刑罚恐怖主义的观点，另一方面又得出废除一些个别制度就将消除它被滥用问题的草率并且片面的结论。事实是我们必须首先考虑，遵守某些不方便的制度并进一步改革它们，与失去它们所产生的利益相比，可能造成的痛苦是不是要小。而且，尤其必须牢记，因为社会不能没有法律而存在，所以法律也不能没有违法而存在。生存竞争可能通过诚实的或经济的活

动进行，也可以通过不诚实的犯罪活动进行。问题就在于把不同程度的犯罪波动减小到最低限度，但不扰乱一个无精打采的民族的冷淡和奴性之中的“社会秩序”，或者在任何轻微的场合都求助于警察和监狱。

这些关于与犯罪饱和法则相关的刑罚替代措施的一般观察结论，足以回答那些在理论上同意我的观点的人所提出的两个主要反对意见。

有人极力主张，我所列举的刑罚替代措施，有些实际上已经适用了，但并没有能够防止犯罪。而且，还有一些制度，如果废除的话是荒谬的，因为废除了某一禁律也就废除了这类违法。

刑罚替代措施的目标不是使所有重罪和轻罪都不可能产生， 137
而是在任何特定的自然和社会环境下都力争将它们减少到最小的数量。海盗罪直到今天还存在，然而轮船在航海中的运用对它的预防作用仍然比任何刑法典都大。铁路谋杀案件尽管已经很少，但仍然存在，不过用铁路和电车代替古代的驿车和公共马车确实还是大量减少了公路抢劫——谋杀性的和非谋杀性的。离婚虽然不能完全消除作为通奸结果之一的妻子谋杀丈夫，但是减少了这种犯罪的数量。同样，在对被遗弃的儿童实施保护之后，我们虽然不能因为没有犯罪则关闭法庭，但是法庭审理的犯罪的数量肯定会大大减少。

至于第二个反对观点，我必须谨慎地说，对于某些现行制度，我们自然应当考虑因违反它们而产生的犯罪和由于它们的镇压而产生的犯罪是不是增加了。但是，我的主要论点是，我们通过改革这些制度比通过保留这些制度对预防犯罪的作用更大，或者至多给予这些制度一两条刑法条文的虚妄保护。

我自己还将对刑罚替代措施提出一个批评观点，那就是这些替代措施很难适用。在我们保证并非全部而是任何一项我提出的
138 刑罚替代措施的适用之前，我们只会想到应当克服的习惯、传统和利益的巨大惯性力量。而且，像预防酗酒、保护被遗弃的儿童和使司法易于接近等有些刑罚替代措施，并不是简单的或根据某一个孤立的原理提出的，而是包含了一系列协调的改革。

但是，如果立法者总是考虑人们的实际情况，使他们自己适应时间和地点环境，那么提出遥远的并且难以达到的目标便是科学的。实现立法和社会改革的首要条件是，这些改革本身必须事先给公众意识留下印象。如果科学（尽管暂时很困难）不坚定地去开辟一条与折衷主义（对科学来说就意味着像杂种对有机生命所意味的那样）不相互妥协而并行的道路，这是不可能的。

根据前面已经讲过的原理还可以提出另外两点批评。第一是刑罚替代措施这一制度只不过是预防犯罪的一种经常性方法；第二是犯罪学家不必注重它，因为预防犯罪只是一个好政府关心的问题，而政府并不对犯罪与刑罚进行研究。

我对第二点批评的回答是，采取措施预防犯罪的意义无疑一直受到重视，尤其是自从孟德斯鸠和贝卡里亚时代以来，但它仅仅
139 被当作柏拉图式的孤立的宣言，而没有根据实验的观察结果，对它进行能否实际运用的系统研究。进一步说，这种预防一直被认为是镇压的辅助物，而我们却得出了下述相反的实证结论：预防并非仅仅是第二位的辅助手段，今后应当在社会防卫中起主要作用，因为镇压对犯罪现象所起的作用很小。

此外，研究一般预防与刑罚替代措施的区别，或者换句话说警察预防与社会预防之间的极大区别是很重要的。前者仅仅力求在犯罪之菌已经生成并且传播时才进行预防，而且这种预防几乎总是采取直接强迫的手段。但是，由于它本身的镇压性质，这种手段即使不引起新的犯罪也不能预防犯罪。另一方面，社会预防从犯罪的起源着手，通过完全间接的建立在心理学和社会学规律基础之上的手段，力求减少产生犯罪的生物学的、自然的和社会的因素。

科学，还有立法，迄今为止都因为偏爱镇压或者至少是偏爱行政的警察预防而受到很大影响。艾力罗说："不仅有论述刑罚，而且还有论及刑讯的权威著作，但却没有论及刑罚替代措施的著作。"

在孟德斯鸠、菲朗基里、贝卡里亚和更近一些时候的泰索特就 140
宗教、气候、土壤和政府形式对刑罚而不是预防犯罪的影响作出一般性的研究之后，运用更广泛和更系统的观点研究犯罪预防的学者（不包括在一定程度上持实证观点的犯罪社会学家）是边沁、罗迈诺西、巴尔巴科维、卡迈纳尼、艾力罗、龙勃罗梭和几个英国人。这几个英国人在理论上未做多少著述，但在实践上提出了许多预防性质的改革建议。然而，即使这些学者，有的像罗迈诺西和卡迈纳尼那样，只限于一般的假想式考虑；有的则进入事实领域，甚至接受了社会预防的观念，他们很不重视那些作为犯罪自然因素的生理心理学规律。这些规律自己就能提供调整人类行为的方法。而且，当这一切都已经说了和做了的时候，他们仍然将刑罚作为预防的主要方法。

因此，他们的学说和建议对立法者没有影响，因为这些立法者尚未被说服，仍然不认为刑罚远非具有人们通常想象的那种威慑力，犯罪也不是自由意志的结果，而不过是当其自然因素消失时它才能随着消失和减少的一种自然犯罪。在这一点上，只有犯罪社会学才能说服他们。

对这些立法者来说，他们不仅忽略了上述高于一般见识的学者的明确学说，而且还以不明智和不科学的方式制定了一些所谓
141 真正的刑罚替代措施。

因此，我们从理论和实践上研究了犯罪统计资料与犯罪社会学之间的联系，并得出了如下结论：因为犯罪是一种由三种因素决定的自然现象，所以它符合犯罪饱和法则。根据这一法则，自然的和社会的环境，借助于行为人先天遗传的和后天获得的个性倾向及其他偶然的刺激，必然决定一个国家某一时期的犯罪在质和量上的水平。也就是说，一个国家的犯罪在自然领域受个人的生物心理状况和自然环境的影响，在社会领域受经济、政治、行政和民事法律比受刑法典的影响要大得多。

但是，刑罚的执行，尽管是应当与其他社会功能协调而实现的社会防卫功能中的一个次要的组成部分，但却总是最后的、不可避免的辅助手段。

这与进化论的普遍规律完全一致。根据这一规律，在动物和社会有机体的变体中，先前的形态并不完全消失，而是作为继承它们的新形态的基础继续存在。因此，如果社会防御犯罪方法的未来进化在于将直接生理压制的原始方式发展到间接地对人类行为
142 进行心理惩罚的高级方式，这并不意味着那些原始方式必定要完

全消失，尤其是对于那些行为人在犯罪时的生物学和心理学反应会将我们带回到个人和社会暴力的原始时代和原始形态中去的严重犯罪来说，更是如此。

最后，我纠正一个一直被滥用的古老比喻。犯罪一直被比喻成是应当被刑罚之堤围在中间的激流。否则，文明社会就会被这种激流所淹没。我不否认刑罚是围堵犯罪的堤坝，但我断言这些堤坝是没有多大力量和效用的。每个国家都会从其长期的令人悲痛的经历中发现，它们的刑罚之堤不能保护其免遭犯罪激流淹没。而且，我们的统计资料也表明，当犯罪的萌芽已经生成时，刑罚防止犯罪增长的力量特别弱。

但是，通过遵循流体静力学和流体动力学规律，通过用木材建造河床附近的堤坝，通过沿河的航向和河口适当围起来或开凿通道，我们能够最有效地防止自己被河水淹没。因此，为了保护我们免遭犯罪侵害，最好是研究心理学和社会学规律，利用比所有镇压措施都更有效的社会替代措施。

143 # 第三章　实际的改革

犯罪人类学和犯罪统计学资料以及据此建立起来的实证责任理论，尽管已使实证学派形成体系，但是仍将长时期内不能进入法院和议会。

我已经讲了与犯罪社会学相关的刑法学，现在可以引用几个新资料在一定程度上对刑事立法具有公开宣称的直接影响的例子。

由于对统计学、生物学、人种学、人类学资料印象模糊，并且仍
然抱着社会和政治可以人为创造的旧偏见，今天的立法者一开始
就急于成为十足的立法癖，似乎每个新发现的社会现象都需要一
部专门的法律、规则或一个刑法条文。因而，就像斯宾塞在其一篇
最著名的论文中所指出的那样，每一个公民都发现他处在一个由
法律、法令、规则和法典编织而成的无法摆脱的网络之中。即使在
其出生之前和死亡之后，这个网也一直围绕着他，支持着他，束缚
144 着他。因为博迪尔称之为社会园林工人和社会结构制定者的那些
人，忘记了社会现象的自然属性，认为社会是一个面团，厨师可以
随意将它制成任何形态，无论是馅饼皮、汤团还是小烘饼。

因此，我们与古典派法学、经济学和政治学教义一起，从各方面研究法学本身的经验主义。而且，这就是刑事司法制度中的实际缺陷和镇压长期无效为什么是实证派的最雄辩的论据的原因。实证派通过提倡实际改革来扩大和加强自己的理论归纳。

新观念在刑事立法中更直接产生影响的一个例子是在荷兰、意大利等国刑法中已经实行的两种监禁刑制度并行的提议。一种监禁是对比较严重的危险犯罪实施的，另一种叫作“普通监禁”或称“合法监禁”（对第一类轻罪犯人适用），对轻微违法、过失犯罪和不是因比较卑鄙的情感引起的犯罪所实施的。

同样，如西班牙刑法典和意大利旧曼西尼刑法典草案等有些刑法典中规定的适用于所有重罪和轻罪的加重情节和减轻情节的分类，如被告人有前科、因可宽恕的或不可宽恕的情感而犯罪、对犯罪表示悔改或坦白以及伤害的轻重程度，等等，只不过是对罪犯的生物学和心理学分类中的一种基本的经验式的形式。

因此，尽管法律认为精神病犯没有道义责任，但仍然建立监管 145
精神病犯的精神病院，尽管有些抑制累犯不断增加的措施越来越有效，但却常常是经验主义的；建议镇压措施作为短期监禁的替换办法；对我认为是19世纪的过失之一的单独监禁的夸张作用，有人提出了反对。上述种种都是犯罪生物学和犯罪社会学资料在一定程度上对当代刑事立法具有公开承认的和符合逻辑的影响的明显证据。

这些实际的改革，当它们被嫁接在古典派犯罪与刑罚理论这一古老的树干上的时候，只不过是专断的和被错置的权宜之计。但是当它们在逻辑上协调和完整时，便真正代表了社会防范犯罪的新制度，而这种新制度是建立在实证理论的科学资料和初步经验基础之上的。因此我们有必要从其根据上来探究它。

第一节　犯罪社会学与刑事立法

首先，实证理论大大降低了刑法典的实际意义，但提高了旨在对社会用以防卫犯罪的刑事措施产生实际和日常影响的刑事诉讼规则的重要性。因为就像我在意大利议会上所坚持的那样，如果刑法典是一部作恶者的法典，那么刑事诉讼法典则是一部虽然受
146 到审判但并未被证明有罪的诚实人的法典。

因为如果说用匀称的条款在刑法典中写清楚实际上并不存在的被置于监狱系统的平台之上的柏拉图式的心理强制机械是可能的，就像意大利所做的一样，而对刑事诉讼则不能如此，所以这更加没错。"指导性"法典中的[*]规则自然应当通过日常司法来实现。例如当"指导"说监禁刑应当在建有单身牢房的监狱中执行时，刑法典就可以将这变成固定的文字。幸而因为意大利为5—6万名（在法国是3—4万名）囚犯建造单身牢房设置的费用特别高，所以不得不承认没有完全遵守刑法典的这些条款。然而，刑法典还是耗费了许多学术讨论来证明"奥本制""宾夕法尼亚制""爱尔兰制"和"累进制"这些监狱制度中哪一种最好。此外，由于在司法制度中，每一项法律一出现就会被立即运用，因此诉讼程序的改革会产生即时的和可见的效果。

还可以加上一点，如果说刑罚对各种罪犯都能够产生的那种

* 由法官就案件涉及的法律方面的问题给陪审团所做的说明或提示。——译者注

微弱的威慑作用取决于其适用的必然性和即时性，那么其他作用则恰恰只取决于警察组织和刑事诉讼。

撇开甚至于古典派犯罪学家也要求的主要代表罪犯利益而不 147
是代表社会利益的专门的和技术的程序制度改革不论，我们可以将司法程序的实证改革与下述两个基本原理联系起来：(1)同等地承认应受审判的犯人和审判他的社会的权利和保障；(2)合法判决的目的不是确定犯人的不可确定的道义责任，也不是将刑法典中的条文非个别化地适用于该犯罪，而是将最适合于犯罪人的法律按照犯罪人所表现出来的或多或少的生理和心理的反社会性加以适用。

从贝卡里亚时代起，刑法通过反对中世纪专断和残酷的刑罚得到了发展。在古典派的推动下，刑罚逐渐减轻了。与此相似，从逐渐加强保证个人免受社会专制的制度的意义上讲，19世纪的法定刑事诉讼程序一直是而且现在仍然是反对中世纪滥用纠问制的产物。

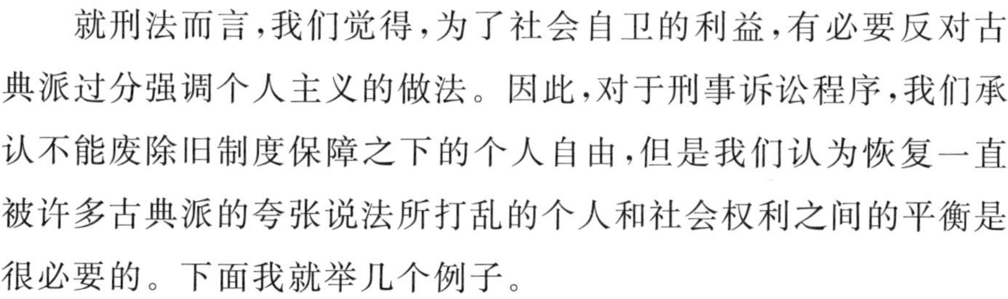

就刑法而言，我们觉得，为了社会自卫的利益，有必要反对古典派过分强调个人主义的做法。因此，对于刑事诉讼程序，我们承认不能废除旧制度保障之下的个人自由，但是我们认为恢复一直被许多古典派的夸张说法所打乱的个人和社会权利之间的平衡是
很必要的。下面我就举几个例子。 148

根据“遇有疑义时应有利于被告”这一普遍规则而产生的无罪推定原则，显然是建立在真实基础之上的，在审判过程中无疑也是必须遵守的。与诚实的人比较，未被察觉的罪犯很少，因此我们在证明他有罪之前必须认为每一个被告都是无罪的。

但是，当证明被告有罪的证据确凿时，例如，在现行犯罪案件中或在审判中有其他因素证实的自首案件中，鉴于有绝对事实存在，无罪推定原则似乎应当停止适用。而且，尤其是在我们处理惯犯时更应如此。

甚至于我问过的这种罪犯自己也承认相反的推定。“他们已经宣告我有罪”，一个盗窃惯犯说，因为“他们知道我可能犯了罪，但又没有任何证据。其实，他们是正确的。如果你从未盗窃过，那么你绝不会被定罪。如果我们碰巧有一次是无辜的，那么我们据此就可以否认其他未被发现的犯罪的次数”。被根据间接证据定罪的这几个罪犯的讥笑，使我想起了曾经一度有人提议规定在意大利刑法典中的一个条款。那就是，对一个有犯罪未遂嫌疑的人，如果法官不清楚他犯罪所采取的具体形式，就应认定他犯有更轻的罪。这对偶犯或情感犯或许有益，但若适用于惯犯或累犯则是
149 荒谬并且危险的。

对“遇有疑义时应有利于被告”这一假设的夸张是由于一种法律准则的僵化和衰退造成的。由于某些法律准则的僵化和衰退，根据对当时情况的观察和总结所做的提议，在当时那些情况改变或消失之后，仍然有效并且被机械地适用。

对一个已经被证明有罪，并且某一初审法庭的判决已经因其犯罪而处以刑罚的人，有什么理由在其上诉期间来延长其暂时的自由呢？在初审过程中推定每一个被告都无罪是合乎逻辑的。但是，如果不是在每一个被告和每一个被定罪的人中都去寻找“当局的被害者”的古典派理论和个人主义理论的明显夸大的结果，那么在事实已经推翻这个推定，初审已经定罪之后再坚持这一推定则

是不可理解的。

另一种观点是有关赞成和否定表决票数相同情况下，尤其是在涉及天生犯罪人和惯犯的案件中无罪释放的。我们认为恢复罗马人以“案情不清”形式所承认的“证据不足”的裁决作为“无罪”和“有罪”裁决的替代形式更为合理。在苏格兰，陪审团可以作出这种裁决。每一个受审的人，如果其无罪已被证实，都有权要求宣告无罪。不过，如果证据不足，他唯一的权利是不被定罪，因为他的有罪尚未被证明。但是，当嫌疑还存在的时候，社会并没有义务宣 150
告他绝对无罪。在这种情况下，一个“证据不足”的裁决是唯一合乎逻辑的公正裁决。这样一个裁决将消除对被宣告无罪的人的怀疑。另一方面，由于在证明无罪和证据不足的案件中的裁决效力相同，还将避免法官和陪审团在证据不足时不宣告无罪而宣告有罪但处以轻刑的折衷倾向。

关于相互矛盾和不规则裁决的法规提供了另外一个夸大无罪推定的例子。这种相互矛盾和不规则的裁决，只有当被告人被定罪时才可能得到纠正，但如果裁决的错误导致被告人被无罪释放时便不能得到纠正。个人主义理论和古典派理论的影响在此明显可见，因为就像梅伊诺先生所指出的：“公正的定罪和公正的宣告无罪共同构成了判决的公正。”如果个人有权主张他不应当因为法官的错误或愚昧无知而被定罪，那么社会也有权要求那些同样因为法官的错误或愚昧无知而被宣告无罪的人不能享有自由。

根据实证学派意图恢复的个人权利与社会权利均衡的原则，必须对被定罪人上诉不得加刑的规则提些意见。一个居于官方职 151
位的古典派专家全然不愿意规定上诉权。

如果为了纠正初审法官可能出现的错误起见允许上诉，那么为什么我们只允许在纠正时减轻而不能加重刑罚呢？因为上诉常常只是一个拖拉的借口，二审似乎只是为了鼓励被告人滥用的目的而赋予他这一权利。对于使被告人不担心二审的这一实际保证来说，公诉人要求再审的权力与其对抗，但公诉人要求再审只能是：为了法律，并且对被宣告无罪的人不带任何偏见。

最后一个保护作恶者的保护性法规的类似例子是，只有在已经被定罪，但定罪只是根据专断和表面的理由才被允许重新审理的情况下才能发现。大多数研究诉讼程序问题的古典派学者都不会设想对已经宣告无罪的案件进行修正的可能性。但是，就像梅伊诺所恰当地指出的："即使他获益于伪证、伪造文件、法官的威胁和舞弊或者其他任何罪行，被无罪开释的人也会平静地享受自吹之乐，而且甚至会自夸自己参与了其事，丝毫也不担心会再被审判。"奥地利和德国诉讼法典接受了修改宣告无罪条款的意见。对这一问题的实证规则应当是：当定罪或宣告无罪判决具有明显的
152 错误时，这个案件就应当重审。

根据对罪犯个人和诚实的社会的保障应当同等重视的同一原则，我们推导出必须更加严格地赔偿犯罪被害者的结论。但对于那些被附加于各种判决中但几乎总是无效的精神损害赔偿来说，我们认为应当代之以一种更严格的责任。实施这种措施应当由政府监督，就像对待被称之为刑罚的犯罪后果一样。在勾画出社会防范罪犯的实证制度的轮廓之后，我们再回到这一点上来。

实证学派，恰恰因为它旨在寻求个人和社会权利的均衡，所以不满足于支持社会反对个人，它也支持个人反对社会。

首先，我们提出的各项关于作为一种社会功能和刑罚效力的被害者赔偿措施的改革，都具有一种个人主义的性质。古典学派的个人主义其实甚至是不完整的。因为它所主张的保障只考虑罪犯个人，而不涉及也是个人并且更值得同情和保护的犯罪被害者。

但是，除此之外，我们还可以举出三项改革作为更积极和合理地保证个人免受社会权力的滥用和缺陷所害的例子。在这三项改 153
革措施中，有两种也是由古典学派提出来的。但是，就像罪犯精神病院和短期监禁的替代措施一样，它们常常得不到实施，因为它们不符合传统理论。而且，它们只是在实证体系中才与犯罪社会学资料具有有机的和有效的联系。我指的是运用公共舆论、纠正司法错误和把各种应受惩处的罪行转变成民事违法行为这三项改革措施。

司法部的建立适应了普通社会学（要求即使在集体组织中也进行劳动分工）和犯罪社会学（要求建立一个社会防范犯罪的专门机构）的要求。实际上，甚至于在英格兰这样的未正式成立司法部的国家中，它作为一个必要的司法机构也是不可缺少的。因此，非但不能把检察官与这一司法机构混在一起，而且我们认为，在更充分地保证行政权独立的前提下，有必要赋予这个机构更高的地位和一种专门的职责。

然而，司法部的作用，无论是由于其工作人员数量不足而间接地，还是由于其具有戈内斯特先生所强调的职能缺陷即“具有党性和支持当权者的偏见”而直接地，都不足以保护犯罪被害者。戈拉瑟先生反对这么说，认为政府施加压力是不可能的。的确，当权者 154
没有必要为了在每个具体案件中都施加特别的影响而下达在一定

程度上有些妥协性质的专门指令。除了那种为了私利而屈服于权贵的卑鄙动机之外，通常都带有保守性的每项国家制度或权威性的原则（国家制度的一种特殊形式）以外的任何其他东西都无关紧要。

因此，在开始刑事诉讼时，把私人提起的诉讼与检察官提起的诉讼结合起来（但不是私人代替检察官）是有益的。

公民提起的刑事诉讼可以分为两种，即只能由被害者提起的诉讼和可以由其他人提起的诉讼。

第一种形式，各个文明国家都允许采取，但在各方面都需要修改，尤其是有关刑事诉讼取决于被害者控告的规定，应当限制甚至取消。其实，鉴于迄今为止法律只根据犯罪的违法和物质危害程度来控制起诉的权利，将来应当根据罪犯异常与否来确定这一权利。因为防止天生犯罪人或精神病人所犯的轻罪比对防止偶犯或情感犯所犯的重罪对社会更有利。而且，规定某些罪行必须由私人起诉是被害人滥用权利和罪犯与被害人之间的不道德交易产生
155 的唯一根源。

另一方面，由某一重罪或轻罪的被害者提起的这种诉讼，无论是为了被害人行使这一权利，还是为了防止检察官可能会失误或滥用权利，都应当具有更有效的保证。其实，如果被害者被迫提起控告和诉讼，它（在意大利和法国行，但在奥地利和德国不行）也是刑事诉讼和因此而产生的刑事判决的唯一根据。

在意大利，检察官在1880年受理的264038件案件中，有16058件（占6%）只被“记录在案”，或者换句话说没有受到追究。1889年，在受理的271279件案件中，有27086件（占10%）未被起

诉。这就是说，检察官受理后未被起诉的案件的数量在 10 年里几乎增加了一倍。

在法国，检察官在 1831—1835 年参与控告、起诉和审判的案件每年平均为 114181 起；1876—1880 年每年平均为 371910 起；1887 年为 459319 起。1831—1835 年，未被起诉的案件为 34643 起，占 30%；1876—1880 年为 181511 起，占 48%；1887 年为 239061 起，占 52%。这就是说，检察官受理而未起诉的案件的绝对数和相对比例在 50 年里也近乎增加了一倍。

在 10—15 年里，一个国家的道德状况及其对刑事起诉的倾向会有这么大的变化，以至于缺乏根据的案件数量几乎增加了一倍，
这可能吗？在不同国家和某个国家的不同省份里，人们宁愿对违 156
法者起诉而不进行个人报复的程度显然发生了很大变化。但是，在同一个国家里，这种复仇的倾向和这种起诉的意愿不可能像在意大利那样变化如此之快并且如此之大，尤其是在仅仅 10 年里，因为人的情感具有稳定性是人所共知的事实。寻求对这种用减少犯罪统计数字的倾向也可以解释的事实的解释，就是给司法部官员安排的任务(这更可变)。

公民为什么必须把他认为是重罪或轻罪的控告提交给能够使其诉讼终止的检察官来决定呢？这一问题导致了补充性刑事诉讼制度的产生。德国和奥地利已经允许提起这种诉讼，匈牙利、比利时和法国刑事诉讼法典草案也引进了这种制度。这一制度是避免个人遭受社会权力侵害的真正保障。但是，我们不能在其适用的效果和频率的问题上欺骗自己，尤其是在个人主动性不太强的拉丁语国家更是如此。

私人起诉的第二种形式是罗马刑法典中规定的“普通刑事诉讼”。罗马刑法典并不像古典派说的那样不重要。卡拉拉先生经
157 常重复：“罗马人是民法的巨人，是刑法的侏儒。”依我看，这话不正确。罗马刑法典确实不能构成一种哲学体系，但是它到处都体现着罗马法学家惊人的实际判断。而且，人们实际上不可能明白为什么他们在处理犯罪与刑罚问题时会失去这一感觉。另一方面，我倾向于认为罗马民法的重要性被夸大了，而且，《国法大全》精神产生的社会和经济背景与我们今天不再屈服于暴政的社会和经济背景大大不同。但是，罗马刑法包含了几个根据不容置疑的常识而定的原则。这几个原则被古典派教条主义因漠视而宣告为不能适用，现在不应当再受这种漠视了。其中包括：普通刑事诉讼；区别动机理论之下的善意和恶意；强调意图而不强调结果；在古典派的形式主义理论之下只被用来在诽谤案件中免除流氓犯罪责任的事实抗辩规则；用两倍或三倍于盗窃财物的赔偿来代替几天或几周监禁的刑罚；考虑到如果对象是最危险的罪犯而不是诚实的矿工和农民，那么矿山中的沼气和刑罚设施的不卫生状况的危害性就更小，因此判处最顽固的罪犯到矿山服刑，而不对其适用舒适但同时又无效的单独监禁。

还是回到普通刑事诉讼这个问题上来，甚至古典派也认为有
158 必要再讨论一下这个问题。

戈内斯特从自己的个人观点出发，认为应当把这种诉讼引进刑事诉讼程序中来，与选举和出版方面的犯罪、违反公民集会和结社法的犯罪以及国家机构滥用权力等形成一种对比。但是，我认为在所有重罪和轻罪中，这种诉讼对于合理并且确切地调节个人

和社会权利来说都是一个必要的保证。

另外一项有助于更有效地保证个人权利的改革，是为了所有被不公正的起诉和定罪的人的利益而改正司法错误。几个古典派成员也赞成这一改革。但是，它似乎很可能只是将上述错误起诉和定罪的人作为一种仁慈舆论的表达工具。因为这一改革只有通过缩短监禁期限和就像实证派曾主张的那样更多并更严地适用罚金才能实现。

由于在某些特殊案件中允许作为一种例外措施适用赔偿司法错误所造成的损害——如上个世纪土鲁斯*议会曾批准过，本世纪英格兰议会也批准过，18 世纪末，这种赔偿在法国经历了一系列的不公正的定罪，甚至于死刑判决之后显得非常必要。法国出现的那些不公正的死刑判决曾经导致沃尔泰雷和贝卡里亚要求废除死刑。1781 年，设在夏龙马内市的艺术和文学协会为一篇论述这一问题的文章颁发了奖金，授给了“受到报复的无辜家族”一文的作者布赖萨·德·瓦维莱。在全国三级会议的记录中有许多拥 159
护这一改革的赞成票。路易十六促成法国于 1788 年 5 月 8 日采取了这项措施。1790 年，杜波特在立宪会议上提出了一项措施，但经过 1791 年 2 月的一次简短讨论之后被否决了。讨论期间提出的反对意见一直到现在还被重复着。然而，大会命令特别赔偿，如 1793 年就曾“因为专断的监禁和起诉”而赔偿过一个叫巴西特的人 1000 法郎。1823 年，设在夏龙马内市的艺术和文学协会提议以此作为论文的主题征文进行讨论，结果在朱尔斯·法弗里、里

* 法国南部的一个城市。——译者注

查德和奥利维尔于1867年发动的关于罪犯上诉和刑诉程序改革的讨论中成了各种提议(都被拒绝了)的对象,并且在皮耶尔议员于1883年和雷纳克议员于1890年发动的讨论中再次成为各种提议的对象。

在其他学者中,尼克尔在其"论法国财政管理"的论文中提倡这一改革,帕斯特雷特、沃尔泰雷、边沁、默林、雷哥拉维伦德、赫里、泰索特也主张这一改革,马桑奇在其"论刑法的改革"(1864年)一文中更全面地提出了这一改革措施,同时还提出了许多其他已经被采纳的用以代替有争议的短期监禁的实际改革措施。最近,这个问题在法国又被治安法官伯纳德、帕斯考德、尼克拉斯、贾考比和总检察长莫里内斯、乔丹、豪萨德、杜普里、布加德在其就职演说中提到过。

160 在意大利,有一个进行这种改革的显著例子。1786年为他斯卡尼地区、1819年刑法典又为西西里岛地区设置了罚金国库,以便支付因司法错误而赔偿的资金。1886年,帕维西议员提出了一项未被讨论的措施。1873年,上议院议长德·法尔考曾在其起草的意大利刑法典草案中提出过这种赔偿,但最后主要因为财政困难而未被继续保留在后来的议案中。在犯罪学家中,意大利的卡拉拉、佩西纳和布鲁萨,德国的盖耶尔和施瓦茨,比利时的普林斯等都主张实行这一措施。最近,加罗法洛先生在其于1891年9月提交给在佛罗伦萨召开的第三届全国法学大会的报告中也提出了这项措施。

在现行法中,对因司法错误而赔偿是仅限于能够证明被告人无罪的案件中,还是扩大到被错误起诉的案件中这个问题,匈牙利和墨西哥刑法典作了规定，葡萄牙（1884 年）、瑞典（1886 年）、丹麦（1888 年）等国的特别法作了规定，尤其在瑞士，弗里堡州、沃州、纳沙泰尔州、日内瓦州、巴勒州和伯尔尼州的特别法都作了规定。

对于一个未做任何足以被起诉讼定罪的事情的公民，国家应当赔偿由于政府职员恶意或过失地对他起诉而造成的物质和精神损失。这是一条无可辩驳的法律原理。但是，困难在于确定这一享受赔偿的权利在哪些案件中应当得到承认，然后准备一笔国家用以履行这一义务的资金。 161

对后者来说，国家在预算中拨出足够数量的资金是十分必要的。1888 年，巴伐利亚州就这么做了。它每年在预算中拨出 5000 马克用于上述目的。第一个因此而获利的人，由于被误判而服了 7 年监禁刑之后丧失了劳动能力，因此得到了每年 300 马克的抚恤金作为赔偿。但是，如果说欧洲国家由于其疯狂的军备竞赛和长期的战争而实行的压缩开支的政策妨碍了这一方案的实现，那么，意大利在这方面开创了一个建立罚金国库的先例。罚金国库利用收取的罚金或应当对罪犯判处的罚金以及监狱劳动的产品，为国家赔偿被错误定罪或起诉及犯罪被害者提供足够数量的资金。

至于应当承认哪些因司法错误而要赔偿的案件，我看首先应当包括那些被定罪之后又发现无罪而改正判决的人。在被错误起诉的案件中，我认为对那些因为其行为既不构成重罪也不构成轻罪而被宣告无罪的人应当赔偿，对那些因为与诉讼无关（必须作出“证据不足”的裁决，以区别于那些由于被证明无罪而被宣告无罪释放的情况）——大多数是由于他们的行为、从前的累犯或惯犯行为并没有为对他们的审判提供合理的借口——而被宣告无罪的人

162 也应当赔偿。

实证派的第三个关于个人保障的提议(帕格里亚先生也提出过)与刑法典的改革有关,尤其是与对犯罪被害者进行更有效的赔偿这一革新措施有关。这项提议旨在抑制由偶犯或“假罪犯”亦即正常人仅仅因为过失或轻率而为的危害结果轻微的重罪、轻罪和违法行为持续增长的势头。

在这类案件中,对个人和社会造成危害不是蓄意的,行为人也不是危险的,因此监禁对他来说更不恰当、不公正,甚至可能会造成危险的结果。应当把这种行为从刑法典中删除,而将它们只当作民事违法处理,就像古罗马对待简单盗窃那样。因为对这种行为的实施者来说,严格的赔偿比荒唐地判处他几天或几个星期的监禁是一项更有效同时能够减轻行为人退化和危险程度的法律惩罚。

古典派关于绝对和永恒正义的理论注意不到这些轻微然而却占我们日常社会和司法所处理事项的2/3的琐事是可以理解的。因为按照古典派的这一理论,用恰当的刑罚可以处理任何一件犯罪,就像处理谋杀、拦路抢劫或诽谤一样。但是,对于了解社会和
163 刑事司法实际状况的实证派来说,显然有必要通过排除对文特里和特拉蒂恰当地将其比喻为犯罪原子微粒的轻微罪行适用监禁刑。通过在一定程度上放松那种对轻微罪犯不可改变但对严重罪犯却可以伸缩的畸形禁止和刑罚网,来从法典、法庭和监狱中消除这些犯罪微生物。

第二节　犯罪与罪犯

我们是根据建立在人类学和犯罪统计资料基础上的基本原则提出刑法改革的。

如果从社会镇压职能中排除刑罚是犯罪的报应这一道德观念，如果我们认为社会的这一镇压职能仅仅是一种通过法律而实施的防卫权力，那么刑事司法便不再符合对罪犯道义责任和可罚性的精密计算。除了首先证明被告人是犯罪人，然后证明他属于哪一种罪犯，最后证明他通过其生理和心理特征所表现出的反社会的堕落程度及其对社会的再适应程度之外，刑事司法再不能产生其他任何结果。

每一次刑事审判进行的首要的基本调查就是证实犯罪和认定罪犯。 164

但是，被告人与犯罪之间的联系一旦被确定，即被告人提出了证明他为人正直或动机诚实的证据——可以要求无罪释放并且会得到考虑的唯一情形，或者相反，已经证明被告的动机是反社会性的和非法的，便在企图防止无罪释放的起诉方和企图获得无罪释放的辩护方之间不再存在任何进行荒唐并且常常是虚伪的辩驳的余地（无论罪犯的心理状况如何都将不可能改变）。在它们之间唯一可能构成问题的是根据被告人及其行为的特征确定他属于哪一种人类学种类，是天生犯罪人，还是精神病人、惯犯、偶犯或情感犯。

假使这样，我们不会再产生使每一次刑事审判都成为一种偶然游戏的诡计、篡改、辩解和法律手段之间的争斗。这种争斗动摇公众对刑事司法——一种只罩苍蝇放走马蜂的蜘蛛网——的信念。

犯罪总是刑法的对象，即使在实证刑事诉讼程序下也是如此。
但是，它不是法官的全部注意力的所在之处，而仅仅是诉讼程序的
基础和表明罪犯的堕落和重新适应性等特征的一种症状，罪犯本
165 身才是刑事审判的真正的、活的对象。其实，全部审判都是根据重
要事实产生的，法官关注的全部所在是对事实进行法律解释，因此
在幕后总是只把罪犯当作一个与某一刑法条文相适应的法律决定
的最终落脚点，除非这一条款为法官不了解的、与犯罪和罪犯无关
的成千个偶然事件所左右。

如果我们推翻了我们能够测量被告人的道义责任这一假设，刑事审判的全部过程就在于搜集事实、辩论和确定证据。然而，对古典派来说，这样一种审判被认为是对罪犯免受社会侵害保障的延续。而且，通过反驳法律证明的方法，它还被用来反击法官和律师内心定罪，甚至说是直觉。

刑事审判应当倒过来从犯罪行为(一种违法)追溯犯罪本身产
生的过程，以便发现并且从心理学角度确定犯罪人的主要动机和
人类学类型。因此，对实证派来说，就有必要重新考虑某一刑事案
件中的证据，以便赋予它高度的重要性，并且不仅仅像古典派那样
166 用普通心理学资料和论断(如帕加诺、边沁、米特麦尔和艾力罗
等)，而首先用犯罪人类学和犯罪心理学资料和论断来加强它。

证据理论的发展过程，我们可以像塔德先生那样将其分为四个时期：以神裁法和决斗为标志的宗教时期；以刑讯逼供相伴的法

律时期；以内心定罪和陪审团为标志的政治时期；运用通过系统搜集和研究而得出有关实证结论的专业知识的科学阶段。科学地搜集和使用证据是实证程序的新任务。

刑事审判包括三个部分：搜集证据（通过警察和预审）、辩驳证据（在起诉方和辩护方之间）和确认证据（由法官和陪审官）。我们对这三个部分都必须简述一下。

首先，就像本书第 1 版所提到并为里格西尼、加罗法洛、龙勃罗梭、阿朗吉和罗西所证实的，研究犯罪人类学因素显然为护法人员和执法人员提供了新的更可靠的查证犯罪的方法。文身、人体测量情况、容貌、生理和心理状况、感觉记录、反应程度、血管收缩反应情况、视力、犯罪统计资料等有助于搜集证据、查证个人身份和确定某人有无犯任何罪行的能力。而且，上述资料还常常能够为警察和预审治安法官的调查提供科学的保证。现在，警察和预审治安法官的调查结果完全取决于他们个人的敏锐和聪明程度。

而且，当我们了解由于缺乏证据或证据不足未受到惩罚的犯 167
罪的数量和仅仅根据偶然证据开庭审判的次数非常多时，就不难理解将犯罪社会学和刑事诉讼程序联系起来的实际效用。

伯蒂隆先生首次在巴黎将人体测量应用于认定罪犯和累犯之后，欧美各国几乎全都效仿。这种方法对我们来说特别熟悉，用不着详述。回想一下安弗索对伯蒂隆体系的修改就足够了。安弗索汇集了人体测量资料，并把资料放入日常司法记录中。

因此，关于血液循环情况的脉搏记录可以表明一个人尽管外表平淡但内心却很激动。这种资料已经被用于实践，有一次证明了一个被指控犯了某一盗窃罪的人尽管没有犯这一罪行但却犯了另一个并没有被人怀疑的盗窃罪。还有一次，这种资料证明了一个被判处死刑的人是无辜的。当这些研究正式服务于刑事司法时，我们会有更多的例子。

沃伊辛先生在巴黎用脉搏记录鉴别了一个伪装癫痫病的病例，“其脉搏曲线不像真正的癫痫病人发病前后的脉搏曲线，倒像
168 那些正常人在做完剧烈的手势之后的脉搏曲线”。自此之后，脉搏记录也用于诊断假装的疾病。

至于合理使用催眠术，在从其中得出法律结论之前，我们必须谨慎。不过，在系统搜集犯罪证据的过程中，它无疑是一项科学的辅助措施。

但是，大多数可靠而又有益的搜集证据的辅助手段都产生于罪犯的生理和心理特征。在对杀人罪的研究中，我积累了许多表明谋杀犯、杀人狂和激情杀人特征的生理和心理病理症状。在职业实践中，我经常凭经验从这些与罪犯在犯罪前后和犯罪当时的行为有关的心理症状中得到很大启发。把这些知识科学地呈现在侦探和法官的面前很有必要。

这些资料不是唯独适用于被告人的。口头证据在刑事证据链中具有非常重要的意义，而且我们确定证据可信性程度的标准是粗略的和传统的经验式的，但这种标准又在日常审判适用于罪犯等与诉讼有关的人（某些没有做证能力的情况除外）所做的各种证据。想到这些，我们就会明显感觉到求助于科学的心理学和精神病理学是非常必要的。

169 例如，当警官作为妨碍公务或暴力犯罪的证人，并因此成为双重性的当事人时，我们不计较对上述传统的可信性标准的荒谬的

违背，那我们怎么在法庭上常常会想到儿童、妇女、弱智人或癔病患者可能随意想象或轻信呢？试图了解某个证人是否有癔病的辩护理由和起诉双方的律师，将会给对罗马法和判例无疑非常熟悉但对生理学、心理学和心理病学却肯定不懂的法官的脸上带来笑容。然而，塞内里先生在一次著名的审判中极力主张的癔病病人的习惯性诽谤倾向，以及英泰特先生证明的小孩的撒谎倾向，都只是将常人心理学、罪犯心理学和精神病理学应用于证实证人可信性的明显并且简单的例子。而且，鉴于上述标准的影响，净化人类环境对我们的法院会起多大的促进作用呢？法院仍然远远脱离外界和人类生活，而罪犯和证人却深入其中，并且还将深入下去。法官并不了解他们，而只是透过法律准则、刑法条文和刑事诉讼程序构成的厚雾来迷惑地看待这些人。

上述例子证明了萨劳斯特先生贴切地称之为“犯罪社会学的
司法应用”的重要性。除了这些例子，在科学地搜集刑事证据方面 170
需要进行的根本改革是在每一个初审法庭都设置权威专家。要调查伪造、投毒或堕胎等罪时，法官已经求助于笔迹专家、药学专家和产科专家。但是，除了这些少见的专门的技能犯罪之外，在每一次刑事审判中，调查都根据或者应当根据犯罪生物学、心理学和精神病理学的资料进行。因此，除了法官、治安法官、警官应当掌握这些科学知识之外，最重要的是在每一个刑事预审法院都设置包括犯罪人类学家在内的一个或几个专家作为鉴定人。

这样将会使我们对每一个罪犯都能及时可靠地进行人类学分类，并对重要事实进行法律上的分类。而且，这样还将会使我们能够避免被称之为起诉方鉴定人和辩护方鉴定人之间的相互恶意诽谤。通过双方鉴定人商定也好，通过像德国、奥地利和俄国制度规定的那样，参照双方鉴定人的意见科学地提交仲裁也好，反正只应当有一个鉴定人意见。对于这一意见，法官和当事人除了请求鉴定人组长解释之外没有其他任何权力。

通过这种方式，我们还将进一步避免法官对犯罪生物学、犯罪心理学和精神病理学基本常识一无所知的丑事出现。我就听说过一个巡回法庭的庭长告诉陪审团他不明白为什么一个鉴定人“为了得出关于罪犯的头的结论却要检验他的脚”。这个庭长作为一
171 个杰出法官和著名法学家，却像他的同僚一样，一点也不懂得退化理论的原理。当鉴定人说到一个罪犯的耳朵属于异常类型（与莫雷尔和龙勃罗梭的研究一致）时，我听到他说：“那要看帽子是怎样戴的。”

坎特认为精神病问题属于哲学家而不是医生研究的范围。还有一些人荒谬而浅薄地认为精神病人就是不停地咆哮。因此，把全部希望都寄托在笔迹专家身上的法官和陪审员便认为他们没有必要听取精神病专家的意见。

但是，必须承认，这一愚蠢的想法在一定程度上是由于受认为应当对精神不健全的罪犯宣告无罪或免予起诉的古典派理论的影响而对公共安全的合理担心造成的。通过更广泛的传播精神病理学的基本原理，或者适用绝不会导致危险而又荒谬地对已证明有精神病的犯人宣告无罪的实证理论，无疑将会消除这种想法。

在搜集证据的第一阶段，我们可以承认被告人的法律请求，尤其是为了使问题的两方面相吻合，但并不至于将预审完全公开，进行个人夸张。这一阶段结束之后，我们便进入了刑事诉讼程序的

第二阶段即公开对证据进行辩驳的阶段。 172

起诉方（公诉或自诉）和辩护方都要遵守辩论原则。因为我对这些辩论原则研究得不深，所以我只能提出一点必要的改革，那就是由法定官员公开辩论的原则。这种法定官员过去在意大利某些省里曾经有过，被冠之以“穷人辩护士”的头衔。他们应当与检察官享有同样的权利，并且取代完全无效的法定辩护制度。

当我们依靠熟悉犯罪人类学的专家建立起科学的证据规则时，当我们消除所有有关对罪犯的道义责任进行精确测量的文字争论时，在对证据进行实际辩驳中，全部争论都将成为对罪犯个人情况、主要犯罪动机、他所属的人类学类型、应当根据其生理和心理特点所采取的最好的社会防卫形式的争论。

刑事审判的实际结论是在第三个阶段即确认证据阶段取得的。

就我们而言，刑事审判仅仅具有一种对作为可能的罪犯的被告人及其行为进行主观和客观的综合调查的性质。因此，我们当
然要求法官具有一定科学知识，而且并不仅仅是常识的直觉。 173

但是，由于陪审团的评议，出于难以舍弃的政治考虑，肯定是秘密进行，因此我们只能坚持对司法体制进行彻底改革，通过改革司法体制来建立刑事审判的科学原则。在实证派产生初期，正是加罗法洛极力主张民事和刑事法官应当完全分开，后者应当对人类学、统计学和犯罪社会学比对无助于审判罪犯的罗马法和法律史等更精通。

精通民法的法学家最不适于做刑事法官，因为他们通常只是根据他们对人类抽象行为的研究来看待司法方面的问题，还因为

民法大都忽视个人的身体和道德状况。例如，贷款人的道德败坏还是诚实对其借贷的效力没有任何影响。

因此，如果法学家从事刑事审判工作，那么就会完全无视被告人的个人情况及其周围的社会环境，而只注意其行为和所谓的刑罚公正准则。受命审判犯人的法官应当具有在审判之前必须研究犯罪人这样一种思想，并遵守与民事法官制度完全不同的治安法官制度。

174 对法官制度进行这样一种彻底的改革，首先必须从改革大学入手。因为在法学院的课程中首先有必要引进更具活力的社会学和人类学研究的现代成果。对社会学和人类学的研究最终将会给民法的古老准则以新的灵魂。

其次，应当为大学里的法科学生开设一门艾力罗称之为“临床犯罪学”的课程，也就是通过会见囚犯来对他们进行系统的观察。第一届犯罪人类学大会通过了塔德先生关于同意莫里斯科特——菲利提议的下述建议：“大会顺应犯罪人类学的科学趋势，主张监狱当局在对内部纪律和犯人权利予以必要注意的同时，应当允许所有刑法学和法医学教授及其学生（在自己的教授指导下）对犯人进行临床研究。同时，如有可能，还应当以帮助在押犯和释放罪犯协会的名义进行。”

最后，为了保证侦探不仅具有杰出的个人能力，而且还具有一定的犯罪生物学和犯罪心理学知识，应当为警察和监狱看守建立专门的学校。

对于这些保证刑事法官科学能力的改革，我们还必须再增加一些改革以保证其管理的机构能够完全独立。现在，这一机构只

是负责法官的培养和分配。但是，这种独立不能脱离公共舆论之 175
类的各种控制，而是在一定程度上区别于法官人事部门的训练机构。否则，司法当局就会成为另一种形式的令人难以忍受的专制机构。

保证法官独立的最有效的手段是改善法官的生活状况。因为尽管我们承认按月支付的固定工资会使人对工资低一些不太计较，但是除几个高尚的例外情况之外，近来选择法官的情况仍然不令人满意，因为低薪只能吸引那些不能通过自己开业挣更多钱的人。

从总体上看，法官个人品性对政府的质量具有很大影响。如果没有好的法官来实施，最有学术价值和崇高的法典也不会产生多大效果。但是，如果有好的法官来实施，即使法典或法令不太完美也不要紧。

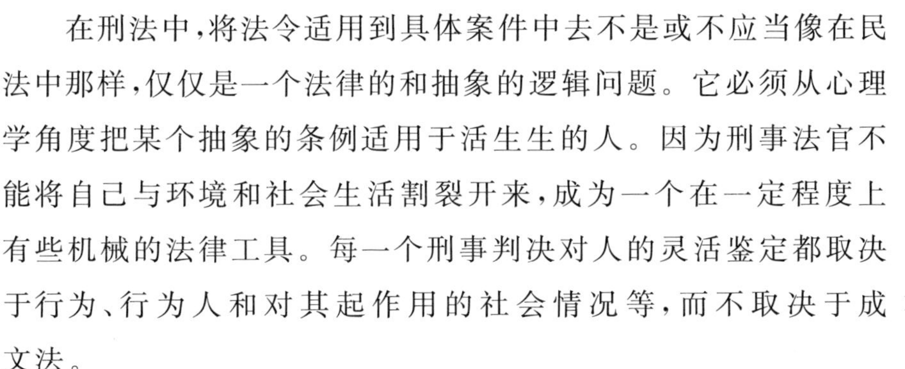

在刑法中，将法令适用到具体案件中去不是或不应当像在民法中那样，仅仅是一个法律的和抽象的逻辑问题。它必须从心理学角度把某个抽象的条例适用于活生生的人。因为刑事法官不能将自己与环境和社会生活割裂开来，成为一个在一定程度上有些机械的法律工具。每一个刑事判决对人的灵活鉴定都取决于行为、行为人和对其起作用的社会情况等，而不取决于成 176
文法。

在此，我们有一个解决法官权力这一古老问题的机会。在这个问题上，我们曾经从一个极端走向另一个极端，从中世纪的专断到培根认为应当尊重法律和法官的格言。按照培根的格言，留给法官的思考余地最小的法律是最好的法律，留给自己的独立判断余地最小的法官是最好的法官。

如果刑事法官的职能像现在这样，总是根据有关未遂、共犯和对抗性犯罪等罪的拜占廷式的等量规则，对被告人的道义责任进行虚幻的定量研究，也就是说，如果法律适用的对象是犯罪而不是罪犯，那么法官的权力应当限制在法律条文规定的应当判处多少年、多少月和多少天监禁的数量范围之内，就像中国法律非常精确地规定竹棍的长短和粗细一样（在这天朝[*]刑罚制度中具有像我们的单身牢房一样的声望）。

但另一方面，如果刑事审判应当是对被告人和被降到次要地位的犯罪——从刑罚角度看罪犯应当被提到前面——的一次生理心理学的审查，那么刑法典显然应当被限制在关于防卫和社会制裁方式以及每个重罪和轻罪的构成要素这样几个基本规则的范围
177 之内，而法官则应当在科学的和实证的审判资料允许的范围内具有更大的自由，因此他可以运用人类学知识来审判他面前的被告人。

不过，法官在刑事诉讼程序方面的权力也不可能不受任何限制。对于被起诉的公民来说，诉讼程序是防止司法错误和意外事件的实际保证，但是应当将它与那种导致证人或鉴定人起誓时用词不当或书记员的签名上遗留墨渍等最荒唐的蠢事产生的空洞并且迷信的程式严格区别开来。

* 指封建时代的中国。——译者注

第三节　陪审团

关于罪犯和犯罪——不仅是引起审判的一种行为而且还是一种自然和社会现象——的科学知识，是进行各项司法裁决改革所根据的基本原理，还是谴责陪审团制度的一种根据。意大利古典学派中的最教条的人物之一布鲁萨预言，地方法庭里“技术成分”的不断下降会导致民众影响不断介入司法领域，但与此相反，实证派则始终断定陪审团在对重罪和普通轻罪的审判中难免要衰落下去。①

西奥多·朱弗罗伊在听完卡米内尼在比萨大学做的一次关于 178
反对陪审团的演讲之后说：“你们捍卫逻辑，却残杀自由。”

除了自由是否可以违背逻辑这一问题之外，陪审团事实上也总是具有明显的政治性质。这就是为什么会有人为这一不受犯罪社会学家欢迎的司法制度进行慷慨激昂辩护的原因。

---

① 卡拉拉，尽管公开拥护陪审团制度，但却在1870年的一封私人信函（于其纪念碑揭幕典礼时在卢卡出版）中写道：“1841年，我在《托斯卡法理学年刊》上发表的一篇文章中表明了我对陪审团制度的意见，那就是陪审团正在使刑事司法变成彩票，正义正在被剥去外壳而装上骰子盒。我看这是陪审团的致命缺陷。其他任何缺陷都可能通过好的法律来避免，但这一缺陷是和陪审团制度相连的。甚至于在治安法官中，我们也可以发现有严厉的也有仁慈的。不过，他们基本上是按照法律论据作出判决的。而且，一个人总是对审判结果具有一定程度的预见。但是，陪审团所做的预测都是严厉并且不可靠的。他们凭情感和一些比情感更含混和更易变的东西来作出裁决。对一个律师来说，在有陪审团参加审判的情况下，技巧比知识更有用。我曾经不得不为一个在咖啡馆中杀死妻子情夫的男人辩护。我反对未婚者做陪审员，要求由已婚者来担任。此后，我确信我会成功，结果真的成功了。陪审团这一实际的重要缺陷是任何立法措施都不能补救的。”卡拉拉的这段话很有意思。

到 18 世纪末，出现了一种要求治安法官独立作出判决的立法倾向。但是，不相信贵族统治和社会等级制度的法国大革命反对这一倾向，热情地相信人民具有至高无上的权力并且无所不知，因此创立了陪审团制度。法国大革命的政治秩序是根据古典派理论作出的，但在司法秩序上却采取了这一来自英格兰的制度。陪审
179 团在雅典共和国和罗马时还没有产生，但在中世纪却被“野蛮人”作为一种帮助人民摆脱司法专制的工具而设置了。过去常说陪审团实现了人民主权，并且用人民的常识和良好愿望代替了当他们被等级歧视所践踏时法学家的冷酷的教条主义。从这一点上说，陪审团制度与当时认为胜利果实不能无条件地交给他人的思想倾向非常一致。这是表明哲学思想、政治制度和司法体制之间具有密切联系的又一个例证。

被引进大陆国家的陪审团制度，尽管伯哥斯于 1789 午 8 月 14 日向立宪会议提交的报告说它已经经过改良，但仍然只不过是英格兰制度的一种仿造品。由于它的政治性质很有吸引力，因此直到今天还有许多人支持它，尽管它在各国实行的效果并不令人满意。

不过，由于陪审团是一项法律制度，因此我们必须从政治和法律两方面来考虑它的优缺点，并且接受优点突出或者缺点显著这二者之一所强加给我们的结论。

从政治方面看，陪审团制度无疑体现了人民主权，因为它承认法律权不仅来源于人民，而且还应当由人民直接行使。

180 其次，陪审团制度还可以成为一项防止公民的政治自由权遭受政府滥用权力之侵害的保证。如果没有陪审团，当少数法官在一定程度上受政府控制时，很容易出现政府滥用权力的情况。

此外，陪审团制度还是一种肯定公民平等意识的方式，因为每一个公民明天都可能成为与他地位相同者的法官。同时，陪审团制度还可以成为一种用实际法律知识进行政治教育的手段。不过，众所周知，有了这种实际的法律知识，即使犯罪案件的证据不如其他正直诉讼中的证据确凿，陪审官也可以了解各种犯罪的细节，并且还可能受到犯罪的道德传染。但是，从政治观点上看，陪审官具有一定的法律知识可以唤起公民的责任（常常被当作一种强制的和麻烦的负担）感。

但是，我们可以就陪审团制度的这些政治优点做几点评论。

首先，对人民主权的承认被各国立法都不得不规定的对陪审团名单和职能的限制缩小到了最低限度。

权力的来源不同是陪审官和法官之间的根本区别。陪审官成为一个法官仅仅因为他是一个公民，而法官成为一个法官却是由于人民的选举或国家元首的任命。因此，每一个具有民事和政治
权利并达到一定年龄的人，按照习惯的精神，对每一个民事和刑事 181
问题，无论其多么重要，都有权进行裁决，而且不仅作出最后判决，还要进行审判。不过，不仅古代公民大会形式的裁决在现代的大国里是不可能的，而且人民无所不知的信念也不能排除陪审团原则中的各种限制。因此，陪审团的政治原则如果没有误解、限制和贬低就不能实现。

其次，甚至在英格兰这样一个陪审团可以自愿地在裁决中发表自己的见解、苛评和改革建议的国家里，陪审团也总是要受法官的指导，而且数量最多的轻微案件不需要陪审团参加审理，所有决定都由显然无权审理重罪的治安法官作出。

至于陪审团的其他政治优点，经验已经告诉我们陪审团通常是更有害而不是更有益于自由。

首先，在大陆国家，陪审团只不过是某些人大笔一挥就人为地在法律体制中设立的一种制度，而不是像在英格兰那样，与这种或那种社会体制具有极其重要的联系或一般的源生关系。古典派也反对通过热情的模仿和政治均衡强加于我们的陪审团制度。如果
182 陪审团制度在大陆国家消亡了，这只能说明它不能在这些国家的种族类型、风俗习惯以及自然和社会环境中找到足够的生存条件，就像盎格鲁-撒克逊人虽然经过许多历史演变却依然存在下来那样。

而且，即使陪审团有时能够防止政府滥用权力，但它自身却常常不能摆脱自己的情感或几乎所有陪审官都属于其中一员的社会阶层（当代的中产阶级）的影响。众所周知，陪审团对因侵犯财产罪而被起诉的被告显然比对因侵犯人身罪，尤其是因憎恨、复仇等动机而犯罪的被告更严厉，因为每个陪审官都认为自己也有可能成为盗窃或图财害命的对象，相反却不会担心自己成为仇杀、伤害和贪污公共财产罪的被害者。更何况就像麦卡威利所说的，人们宁愿从血管中向外流血而不愿从兜儿里向外掏钱。

此外，能够抵制政府压力的同一个陪审团，却不能抵制来自公民的压力——无论是直接的还是间接的，尤其是在个人秘密投票的情况下更是如此。当然，其中无疑也会有高尚的例外，但社会是由一般道德水准构成的，而且也只能指望社会达到一般道德水准。①

① 在都柏林，审判伯克和费雷德里克·卡文迪什勋爵时，陪审团的名单非常难列，因为没有人愿意使自己成为狂热的复仇的对象。

而且，当人们一直认为，用朱弗罗伊的话说，陪审团是自由的
前哨，或用卡拉拉的话说，陪审团是自由的必要补充时，我们必须 183
指出，如果陪审团制度是专制政府设立的，它就不可能成为自由的前哨或必要的补充。但是，当人民的自由权在国家政治体制中具有更有效的保证的时候，陪审团就是一种形式，没有任何实际意义。

总之，政府专制，陪审团不足以保护自由（就像亨利八世到詹姆斯二世的英格兰那样），就像米特麦尔说的：“在当局腐败、法官胆小怕事时，陪审团无助于保护自由。”反之，政府开明，法官也独立，陪审团便没有必要了，尤其是作为我已经指出的法官独立获得保证时就更没有必要了。

历史告诉我们，专制政府绝不会设立陪审团。例如，在意大利北部，拿破仑于 1815 年取消过陪审团；在那不纳勒，波旁王朝于 1820 年取消过陪审团；在伦巴第，奥地利于 1849 年取消过陪审团；今天，俄国对一般犯罪允许陪审团参加审理，但对政治犯罪却不允许陪审团参加审理。

因此，陪审团作为一种政治和自由制度，只要当它有用时就被莫名其妙地取消，但当它被承认时却又没用。这使我们想起了国民警卫队的命运。

但是，即使在英格兰，陪审团也主要被认为是一项法律制度。如果这样，它的主要任务是进行道德判断和个人确信。

我们知道，法律总是具有一定程度的粗糙和不足，因为它必须 184
在基于过去的同时着眼未来，否则就不能预见未来可能发生的全部情况。现代社会变化之疾之大使刑法即使经常修改也赶不上它的速度。例如，就像在巴伐利亚和法国那样。巴伐利亚在一个世

纪之内就制定了三部刑法典，法国的特别法每天积累在欧洲最古老的法典的原文上面。

陪审团，通过作出在一定程度上与古代衡平法相适应的道德判断，可以用不受成文法影响的裁决来纠正苛法的倾向。另外，陪审团总是遵循其个人的确信、灵感的启示、良心的声音和纯粹的直觉，而不遵循专业法律工作者所遵循的那些严格的人为准则。

我不否认陪审团的这些性质，但我怀疑它们是一种法律制度中存在的严重并且危险的缺陷，而并非具有有益的性质。

首先，我认为与劳动分工的自然规律相适应的个人能力与社会职能的差异规律不应当被陪审团制度破坏。司法机构的职责首先是遵循和适用成文法。因为我们一旦承认法官（无论是民间的还是专业的）可以修改法律，那么就会失去所有的自由保证，个人
185 的权力就成了无限的了。就像我上面已经说过的，只有当对法官的能力和独立具有实际的保证时，我们才承认法官在一般法律准则之内并且在一种上级纪律机构管理之下的权力。

但是，陪审团的这种脱离了各种合理规则的无限制的权力（由于不说明其裁决的动机并且不能控制），是把可以改进法律或者至少将公众对某些犯罪的看法反映给立法者的双刃剑。但是，它也会触犯法律和个人自由，因此我们要为陪审团能够取得的但用其他公共舆论也可以取得的这种微薄利益付出非常昂贵的代价。总之，就像边沁所说的，以合法的方式纠正立法缺陷总比以违法的方式来纠正要好。

至于私下定罪，我们乐意承认没有任何法定证据体系是可以接受的。用审理案件的法官的信念去代替法律的合法、人为保证

是一回事，用本能或感情的盲目、简单的激励去代替基于辩论的定罪和审理时对收集到的证据所进行的严格检查完全是另一回事。

即使撇开我们认为有必要对每一个被告人都进行生理心理学试验的技术方面的观念不论，社会正义也显然不能通过一个漫不经心的陪审官一瞬间的未经思考的印象来实现。如果刑事审判只 186
是简单地宣告某一行为是好是坏，那么个人的道德观念就足够了。但是，因为刑事审判是一个确定证据和检验客观和主观事实的过程，所以单凭道德观念还不够，每一次的审判还都必须运用才智。

陪审团的裁决除了具有本能的盲目性之外，还很不负责任。

毫无疑问，如果立法者要求法官只是回答“是”或“不是”，那么陪审团或许将会像治安法官一样合适。但是，我们认为立法者要求的不是卡米内尼称之为“民事法官的方式”的那种不加解释的裁决，而应当代之以根据理由作出并且能够调节的裁决，尤其是在实证刑事诉讼制度下更是如此。实证刑事诉讼制度要求法官精通人类学和犯罪社会学知识，要求法官作出的判决为根据罪犯的个性和犯罪特征矫正他们提供必要的参考。

但是，陪审团不仅没有人们归结于它的那些特征，而且还有一个它本身就可以被用来谴责这项法律制度的致命缺陷。

首先，我们很难明白，人们随便选举的 12 个陪审官为什么就能够真正代表实际上常常反对他们的裁决的民众的意识。无论如何，陪审团的基本观念就是，单单它属于人民这一事实就赋予它进行审判的权力。而且，由于再举行古代的那种公民大会已不可能， 187
因此陪审团的实质就是仅凭机会就决定了哪些陪审官来实际行使这一人民权力。

关于陪审团的上述两个观念显然违背了社会职能应当尽可能选择最有才智的人来行使这一集体和个人生活的共同准则。

因此，在日常生活中，我们要求每一个劳动者都从事他能够更好地完成的工作。例如，没有人会梦想让一个鞋匠来修理他的表。但是，我们却要求我们偶然碰到的任何人，无论是杂货商还是一个终生都未见过刑事审判的画家或领取抚恤金的人来从事刑事审判工作。

我们的法令不规则与某些陪审官的无能力是一致的。因为我们显然不能将一部专门的刑事诉讼法典规定的严格程序强加给一个初次进入刑事法庭的人。而且，法律通过简单地宣布陪审团必须不考虑其裁决的后果而作出决定又提高了这种荒谬的程度！“当陪审官参考刑法典，顾虑其裁决可能给被告人造成的后果时，他就不能履行其最高职责”(《法国刑事诉讼法典》第 342 条)。

那就等于说，刑事审判应当无视正义的基本原则，因为依照这一原则，每个人都应该考虑其行为的可能后果。而且，刑法要求陪
188 审团证明他们的盲目性，即在裁决时没有考虑犯人或没有考虑其裁决给犯人造成的后果，可惜这不可能。

陪审团制度的鼓吹者们不可能不了解这些原则的荒谬，他们在日常实践中只不过是不得不无视它而已。

对于陪审团的组成，通过合格的人员名单，抽签选择，对检察官和辩护方有选择地排除某些陪审官等进行了限制。不过，所有这些权宜之计(有些是必需的)只能保证陪审官具有一种大体假定的能力，因为它们对于排除那些道德低下或智力低下的人担任陪审官只能起一种消极作用。但是，这种法官必备的专门的实际能力，并不能通过这些最终否定了陪审团原则的限制得到保证。

而且，即使陪审团总是由具有足够能力的人组成，它仍然会被下述两个不可避免的心理学论据所驳倒。

首先，几个具有杰出能力的人的聚合绝不能成为集体能力的保证，因为在心理学中，个人的聚合远远不等于他们的品质的结合。就像在化学中，两种气体的化合可以成为液体一样，在心理学 189
中，具有良好意识的人的聚合也可以变成一个缺乏良好意识的集体。这是一种心理纷扰现象。由于这一纷扰现象，个人的素质中的最差和最愚蠢的部分（比例最大，也最起作用）左右了好一些的素质，就像规律左右例外那样。这就解释了下述古老的说法：“参议员是好人，但是参议院却是一头有害的动物。”

而且，这一聚合性劣质（不是指退化）的事实在陪审团、会议等临时集合起来的场合中比在法官和鉴定人等有组织的常设集体中可能要常见得多。

其次，即使陪审团由能力一般的人组成，它也不能在其司法职能中遵循智力发展的最好规则。

其实，人类智力——无论是个人的还是集体的——都经历常识、理性和科学三个阶段。这三个阶段在本质上并没有多大区别，但在复杂程度上却大不相同。一般能力（不是指专门能力）的个人的聚合体在决定时显然只能遵循常识原则，或者最多有时作为例外遵循理性规则——也就是在一定程度上仍然受某种本能所支配的思维习惯。但是，这种由能力一般的人组成的聚合体将永远不会了解更高一层的科学规则，尽管了解这一规则对于判断犯罪和罪犯很必要。

190 至于陪审团的行为不规则，孟德斯鸠曾建议，“我们应当只向民众裁判提供一个单纯的客体，一个事实，一个单纯的事实”。按照这一建议，正式区分对事实的裁决和对适用法律的裁决能够防止上述弊端。

海格伦克因此将应当像导致其产生的演绎推理一样不可分割的法律问题分成两部分。如果不详细说明海格伦克这一观点，坎伯塞里斯在参议院说把事实与法律分开是一种谬论显然也是完全正确的。

总之，不仅在要求法官除了犯罪的法律概念之外还应当掌握一些关于罪犯的人类学和社会学知识的实证刑事诉讼制度之下，而且甚至在今天，如果有人说陪审团关心犯罪——用宾丁的话说，关心法律事实而不仅仅是物质事实，而法官却关心刑罚，那么这种说法只会比以前更正确。因此，在巡回法庭，判决的分离不是事实与法律的分离，而只是犯罪与刑罚的分离。

有些人和贝卡里亚一样，认为“对鉴别事实来说，一般理性比科学更好，常识比最好的智力更好，一般训练比科学训练更好”。即使承认事实可以与法律相分离，逻辑和经验也已证明这种说法是错误的。

191 相反，刑事审判不仅注重对事实的直觉，而且尤其注重对事实的评论性再现和心理学估价。在民法中，事实实际上是次要的。当事人双方尽管对适用于某一事实的法律有争议，但对事实的解释却是一致的。但是，在刑事司法中，事实是基本要素。它不仅对承认或确定某一细节是必要的，而且我们还必须从个人和社会两层面研究其原因和结果，而不考虑从批评和证据角度评价大量的重要情节有许多困难。因此，就像艾力罗在一次刑事审判中所说的，有关事实的裁决比有关法律的裁决更难做。此外，日常实践迄今为止积累了许多在一定程度上具有诽谤性质的有关陪审团不能鉴别事实的证据，在此不必详述。

为了给陪审团这一问题下结论，还需要再讲讲它的缺陷。陪审团的缺陷是在一定程度上侥幸适用这一可以适用于任何社会制度的原则所产生的在一定程度上说是不可避免的结果。但是，从另一种观点来看，陪审团的缺陷也是心理学和社会学规律带来的必然结果。

就科学而言，事实与一般法有关。不过，对常识来说，某一事实的现实是唯一被关切的事件。因此，被孤立的事实所支配的陪
审团必然倾向于在情感的引导下（这在南方种族中尤为突出）同情 192
罪犯，而全然忘记了犯罪和犯罪被害人。当人们对犯罪事实感到吃惊时，他们希望对罪犯实行“即决裁判”的情感就非常强烈。但当在犯罪过去几个月之后，人们垂头丧气地走进巡回法庭时，就会完全改变其观点。因此，我们的审判是在一种缺乏热情和半盲目的状态下进行的。

感情因素对陪审团思想的支配作用还表现在不能矫正的法庭辩论方面，在法庭辩论时，不需要法律和社会学的研究成果及其他专门知识，唯一需要的是演说家的巧嘴和动情的演说。于是，我们听到一个律师对陪审团说：“在感情已经进入其中的审判中，我们必须依靠感情来裁决。”因此，在巡回法庭中便会产生科学退化并被错误地运用，并由此产生完全错误的结果。

此外，陪审团的裁决不能表明一时冲动的个人确信的总和。

不仅在陪审团在法庭辩论结束时会受到各种影响的国家里是这样，而且甚至在要求全体陪审官一致和在审判期间禁止陪审团与外界接触的英格兰也是这样。因为在每一个案件中，陪审团在休息室中总难免会受到最有迷惑力的或最受人尊敬的陪审官的影响。因此，我们甚至于会提出一些要求陪审团公开评议的不负责
193 任的建议。

为了弥补陪审团的这些缺陷，其拥护者们对职业法官提出了批评，认为审判重罪和轻罪的习惯难免会使法官倾向于认为每一个罪犯都有罪，而且甚至于在那些明显无罪的案件中也排除无罪推定。

这一批评确实有心理学依据，因为从自觉转向不自觉、智力和性情两极分化都是我们根据力量经济学这一生物学法则所观察到的一般事实。但这还不足以使我们喜欢陪审团胜过喜欢法官。

除了法官的智力习惯可以用我所提出的改革中所包括的更好的法官选举制度来抵制之外，据观察，这一无罪推定，就像我们所看到的，并不像有些人要我们相信的那么绝对适用，尤其是当在预审中已经进行了一系列调查并取得了一系列证据后再进行审理时。

另外，通过法庭公开议决可以限制和纠正法官的这一倾向。而且，几乎全部影响很大并被常常重复的司法错误的例子都可以追溯到追究式的秘密裁判时代。这里有一个与此有关的有趣的历史问题，那就是通过损害每个个人的权利保证的追究式审判与中世纪意大利共和国政治制度的共存。

194 这就是为什么宣告无罪和承认可减轻情节的数量甚至于在轻罪法庭也总是很显著的原因。在意大利，轻罪法庭和巡回法庭中

这两项数字在案件总数中所占的比例差不多。

我们必须牢记，在现代刑事诉讼制度之下，缺乏的不是个人权利的保证，如说明判决理由、废除不能重新考虑的刑罚、上诉撤销和改判等，这些在我们所主张的实证制度下仍然将会起作用。

对法官提出的上述心理学批评的一个逻辑结论，是即使在轻罪法庭也要设置陪审团，尽管我们在巡回法庭设置它的经验并不特别令人振奋，以至于没有多少人主张在轻罪法庭也设置它。

但是，根据社会学的最实际的资料，我们可以对陪审团提出一条重要批评。

自然进化法则证明，植物和动物有机体的变化，如果不是有机体内力与外部环境缓慢并逐渐作用的结果，没有任何一种是有益的和持久的。因此，一个已经不再履行自己功能的器官很容易萎缩。而且，如果没有一种与其相应的功能需要它履行的话，也不可能产生一个新器官。

关于器官变化的说法也适用于社会机构。根据这一点来认真研究陪审团时，我们发现它完全是由立法者大笔一挥就被移植到 195
大陆国家的司法制度中的，尽管它与大陆国家法律制度之间并不存在着像与英格兰法律制度之间的那种长期的、自然的和有机的联系。陪审团甚至于从那些它以前曾经存在过的大陆国家消失了，因为它没有在种族特征和社会体制中找到适合于它生存的环境。英格兰通过其与陪审团相关（半特麦尔说）的制度和原则所构成的自然基础提供了这种环境。

由于陪审团是为了政治目的而被移植到欧洲大陆国家的，因而就如斯宾塞所说，它成了社会体制中与其他国家机构没有任何有机联系的一种人为的羊皮纸。例如在法国，甚至于经过了一个世纪的连续试验，它还是不适应法国的环境。①

至于一个器官只有一种功能的其他生物社会学规律，我认为陪审团和地方法庭在英格兰都得到了发展并且结合得很好，这只
196 不过是一个器官结合的例子。但是，在大陆国家，陪审团被人为地加在地方法庭之中，这却是一个实实在在的非自然生长的例子。

而且，如果说陪审团作为从同质向异质的进化，表示一种程度更高的社会进化，那么我们必须区分近于进化的变异和那些相反属于分解征兆的变异之间的不同。劳动分工——生理的或社会的——是真正进化的变异，但动物机体中的疾病或社会机制中的叛乱所引起的变异则是在一定程度上扩大的开始。

陪审团属于社会病理学研究的范围，因为它实际上与职能专门化规律相矛盾。按照职能专门化规律，每一个适应既定任务的机构都不会再适应其他任务。只有在低级有机体中，同一个组织或器官才有完成不同任务的功能。但是，在脊椎动物中，胃只能起消化作用，肺只能起充氧作用。同样，在原始社会，每个人都是士兵、猎手和农夫，等等。但是，随着社会的进步，每个人都有其专门

① 就审理普通重罪和轻罪的陪审团而言，欧洲法律规定的情况如下：英格兰、苏格兰、爱尔兰和瑞士在巡回法庭和初审法庭设置了陪审团；法国、意大利、莱茵河西的奥地利、伊斯特拉、达尔马提亚、莱茵－普鲁士、阿尔萨斯－洛林、巴伐利亚、波希米亚、加里西亚、比利时、罗马尼亚、希腊、葡萄牙、俄国和马耳他只设置刑事审判陪审团；西班牙曾中止过，但1888年又恢复了；普鲁士、萨克森、巴登、维尔特伯格在审理轻罪和治安案件时设置刑事陪审团和助理法官（和法官共审的公民团体）；丹麦、瑞典和芬兰设置了助理法官；荷兰、挪威、匈牙利、斯拉沃尼亚、波兰、塞尔维亚和土耳其既没有设陪审团，也没有设助理法官。

职能，而不再适应其他劳动。在陪审团制度下，我们将非常复杂的司法职能随便赋予任何一个前来碰运气的人。这个人或许能够成为一个出色的工人或艺术家，但却不但现在不能完成其司法职能，而且将来也不会取得完成这一职能的有益经验。因此，这无疑又回到了社会职能混杂的原始状态。

在现代社会中，任何一个公民都被赋予一种超出其专门能力 197
之外的职能，那就是选举义务。但是，事实远非如此。公民权并不要求每个公民都完成判断和再现某一行为及其做这样一种困难和复杂的工作。它对被选举的人的实际职能并没有直接的影响，相反却是选举者对他不能做他选举的人所做的工作的一种供认。公民权只不过是社会有机体中的生理因素同化的一种基本功能。在动物有机体中，这一功能由活细胞的聚合来完成，在社会中由并非白痴或罪犯的个人的聚合（具有的社会能量最小）来完成。

刑事司法却远远不同。它是一种专门并且非常崇高的职能，与公民权这样一种一般职能没有任何共同之处。卡拉拉认为允许人民参与立法机构的立法活动但又阻止他们参与司法机构的司法活动相互矛盾。我不同意卡拉拉的这一观点。首先，人民在立法职能中只不过承担非常间接的工作，甚至于在公民投票很有效的国家也是如此，因为我认为人民只有一种对他们并没有制定，也没有专门能力去制定的法律说“同意”或者“不同意”的简单并且几乎
是消极的功能。因此，卡拉拉的观点只能导致人民像选举立法者 198
那样选举法官，由人民控制被选上的法官的司法活动。这无疑具有理论上的好处，尽管我认为这样做会有许多实际困难，尤其是在那些由于几世纪的专制或政治和行政指导和集权之后而很衰弱，

并没有强烈的道德感和政治活动的国家。

另外，就像历史学和社会学已证明的那样，陪审团是一项倒退的制度，因为它代表着中世纪凭本能进行刑事司法的阶段。它确实有一些好处（在不幸之中总会有某种万幸），尤其是它对古典派的最终结果产生影响——例如对屡次盗窃或在他人煽动下进行谋杀施加一种难以抵制的强力——的时候。而且，在接受了实证派的某些结论——如宣告情感犯和政治犯无罪或对惯犯加重处罚等——之后，它有时也关心刑法的必要改革。

但是，从上述观点中可能得出的唯一结论是，在采取改革措施保证法官的权力和独立之后，应当取消陪审团对一般犯罪的审判。

同时，由于建立一个新的社会机构比撤销一个旧的社会机构更容易，因此有必要说明应当先对陪审团进行主要的最急迫的改
199 革，以便消除其日益加重并且越来越多的缺陷。

古典派对普通刑事犯罪和政治犯罪之间所做的理论区分不太确切，因为所谓的政治犯罪或者不是犯罪（当限于表示某种思想时），或者是那些具有情感犯特征的人由于崇高的社会激情而犯的普通刑事罪。换句话说，他们只不过是“准罪犯”，要不然就是普通罪犯以某种公众思想为借口而犯的普通刑事罪。我认为我们应当按照罪犯的主要动机及其行为的社会意义和其所处的历史阶段来区分普通刑事罪犯和政治罪犯，而不是区别犯罪。同时，如果我们的刑法规定这样一种区分方法的话，我认为保留陪审团参与审理政治犯罪以及那些与出版和社会有关的犯罪案件是很有必要的。因为即使陪审团在这些案件的审理中有可能会受阶级利益和偏见的影响（如在审理劳资纠纷引起的犯罪时），其产生的危险也仍然将会比由并非完全独立于行政当局的法官独自审理所产生的危险要小。行政当局不过是统治阶级的世俗武器，因此它将政治秩序的利益和偏见与支配陪审团审理案件的经济和道德秩序的利益和偏见相联系。

对普通犯罪来说，不让陪审团审理那些已经认罪的罪犯是必要的。根据控告进行审判的实质就是与刑罚有关的辩论是一件私 200
人事情这一原则。当一方当事人从辩论中退出时，这一原则就没有理由再存在了。因此，英格兰法官不相信犯人的有罪供认。但在追究式审判中又把罪犯的供认当作主要证据。我觉得在这种案件中苏格兰制度比英格兰制度更可取。在英格兰，法官通过讯问罪犯他是有罪还是无罪而开始审判。当罪犯供认有罪时，法官不需要陪审团的裁决就可以作出判决。相反，在苏格兰，尽管罪犯供认有罪，但检察官仍然可以提供自己的证据，并要求陪审团作出裁决。通过这种方式，不仅能够避免荒唐地宣告那些供认有罪的罪犯无罪（像在意大利、法国及其他地方那样），而且还能够避免罪犯中供认不实者无辜受惩罚。

进一步说，就像艾力罗先生所主张的，陪审团应当详细说明可以提出疑问的每一个减轻情节。

甚至不对他们提出这样的问题，陪审官也有权主动寻求一种比起诉要求的刑罚在某种意义上更轻一些的措施。

但是，我们同时不能否认这些都只不过是辩解性质的，仅在一定程度上有些效果。

因此，实证学派的唯一结论是，在保留陪审团参与审理政治犯罪和违反社会秩序的犯罪的同时，我们应当在完成关于保证法官 201

的独立和权力的改革之后不久就取消陪审团对一般犯罪的审理。

第四节　现行监狱制度的失败

我们需要进一步证明，在一定程度上根据我们能够测量罪犯道义责任的假设以及在一定程度上根据罪犯一般都可以改造并因而设立监禁和独居制度的幻想而建立起来的现代刑罚制度，绝对不能保护社会免遭犯罪的侵害。

古典派最著名的代表之一霍尔岑朵夫曾经坦率地承认“监狱制度失败了”。在意大利，也有论述“镇压无效”的著作；在德国，有人认为“现行刑法无力防止犯罪”。因此，采取措施防止这种失败的必要性便愈发迫切。我们必须着手，或者是通过立法改革（我们尽量使之有效，但经常是由于反对既定监狱制度而引起的），或者是通过宣传科学的方式。国际刑法协会是实现后者的最有效的途径。1891 年，它在成立两年以后就已经拥有近 600 名来自不同国家的成员。而且，它在章程的第二段公开支持实证理论，尽管有几个成员具有不同程度的保留。

根据古典派刑法理论和古典派监狱规则建立起来的刑法制度
202 具有以下缺陷：确定荒谬的道义责任标准；完全无视或忽视罪犯的生理心理学类型；一方面裁决与判决之间有空隙，另一方面判决与执行之间又有空隙，结果便会滥用宽赦；监狱中犯人退化和相互交往造成的实际后果严重；造成数以百万计的人被处以愚蠢和荒谬的短期监禁；造成累犯难以抑制地增加。

因此，就像普林斯先生所注意到的，由于现代司法完全非人格化，欧洲的法庭允许其判决落到不幸的轻微罪犯头上，就像水龙头允许水一滴一滴地落到地上一样。

在意大利，从 1880—1889 年的 10 年中，不算罚金和警察拘禁，执政官共判处 587938 人各种刑期的监禁，轻罪法庭共判处 465130 人各种刑期的监禁。这就是说，这 10 年中因犯轻罪而被判处监禁的案件超过了 100 万起。

此外，执政官、轻罪法庭和巡回法庭三者在上述 10 年中作出的各种刑罚判决不少于 323 万人。

至于累犯，不必重复其每年增长的类似数字，就足以使我们回
忆起我在中央法律司法统计委员会时曾引起我注意的令人吃惊的 203
事实。也就是说，1887 年因简单杀人罪而被定罪的犯人中，有 224 人或者**因为同一犯罪**（63 人），或者因为刑法典同一节中提到的犯罪（181 人）已经被定过罪。甚至在那些因为特定过失杀人而被定罪的犯人中，也有 78 人或者**因为同一犯罪**（8 人），或者因为类似性质的犯罪已经被定过罪。

对法国的数字我们觉得同样吃惊，因为这些数字不是与特殊环境或某个国家特有的环境有关，而是与古典派刑法和监狱理论造成的结果有关。

在法国，1879—1888 年这 10 年中被轻罪法庭判处监禁和被警察局拘禁的总数是 167.5 万人，轻罪法庭判处 6 天以下监禁的就有 11.3 万人。

此外，被巡回法庭、轻罪法庭和治安法庭判处各种刑罚的数量在上述 10 年中达到了 644 万人的巨大数字。

这意味着现行刑事司法是一部庞大的机器，吞食并吐出大量

的人。这些人轮番失去生命、荣誉、道德感和健康，因而留下不能消除的创伤，流入不断增加的职业犯罪和累犯的队伍中去，一般没有希望复原。①

那么，毋庸置疑，用一个与犯罪的主要原因相适应的，对社会
204 防卫更有效的，同时减轻对被处理的人所造成的无端损害的刑罚
制度来代替现行刑罚制度是十分紧迫的。

除了龙勃罗梭和我在本书第 2 版中提出的不全面的改革之外，实证学派在《加罗法洛犯罪学》中又提出了一个“合乎理性的刑罚制度”，有必要概述一下：

1. 谋杀犯

将犯下述罪的人送进犯罪精神病院或处死刑：

(1)因贪婪或其他个人欲望而谋杀；

(2)非因受被害者触犯而谋杀；

(3)因残忍而谋杀；

2. 犯暴力或冲动性罪的人

将犯下述两种罪的成年犯从被害者或其家庭居住的街道迁走：

(1)因被某种残酷的伤害行为触犯而突发的暴力伤害；

(2)正当防卫杀人。

将因雪耻而杀人(孤立的或地方性的)的成年犯流放至某一海
205 岛、殖民地或农村监督管制(期限从 5 年到 10 年不定)。

① 累犯及其被审判的数量，英格兰与意大利和法国一样多。参见作者在 1892 年《十九世纪》和 1894 年《双周评论》上发表的文章。

对犯下述罪的成年犯适用赔偿损失和罚金。对能负担得起的要重一些，并且可以用扣工资或强制劳动作为替代措施。如果拒绝则处以监禁：

(1)在争吵时伤害身体；

(2)轻微的和暂时的共谋；

(3)殴打、威胁、诽谤和侮辱。

将犯下述罪的成年犯送犯罪精神病院(对癔病或癫痫病患者适用)或监督流放5—10年：

(1)故意伤害或毁容、伤人肢体；

(2)强奸和暴力强奸；

(3)限制他人人身自由。

将犯不可饶恕的暴力罪和强奸罪的青少年犯送进犯罪精神病院(对那些具有先天性遗传倾向的人适用)、对再犯流放至拘禁殖民地或非拘禁性的流放。

3.不诚实的犯罪

将犯下述罪的成年犯送犯罪精神病院(如果精神异常或有癫痫病)或流放：

(1)习惯性盗窃或诈骗；

(2)习惯性纵火；

(3)习惯性伪造或敲诈勒索。

对犯下述罪的成年犯实行集体劳动(期限不定)或强制从事某一职业直至赔偿全部损失为止：

(1)偶发性盗窃或诈骗；

(2)偶发性伪造或敲诈勒索；

(3)偶发性纵火。

对犯下述罪的成年犯处以革除公职、停止行使公民权、罚金或责令赔偿：

(1)挪用公款、贪污；

(2)出卖职权；

(3)滥用权力。

对未造成人身伤害的纵火、报复性毁坏财产的成年罪犯责令其赔偿损失(也可选择监禁)、送犯罪精神病院(对精神变态者)、流放(对累犯)。

对由于渎职而导致破产的成年犯，责令其赔偿、禁止经商或革除公职。

对使用伪币、伪造股票和证券以及假冒他人姓名和作伪证的成年犯，适用监禁(不定期)、罚金、革除公职和赔偿损失。

对重婚、贿赂或隐瞒婴儿出生的成年犯适用流放(不定期)。

将犯盗窃和诈骗等罪的青少年犯流放到农业殖民地(不定期)。

4.对犯暴动、反对或不服从当局等罪的人适用监禁(不定期)。

206 换句话说，加罗法洛提出的镇压制度如下：

绝对消除罪犯{死刑

相对消除罪犯{
- 犯罪精神病院
- 不剥夺自由的流放
- 永久性流放
- 有期限的流放
- 流放至农业殖民地
- 从某一街道迁出

赔偿损失 罚金（交国家） 赔偿被害者	付钱 从工资中扣除 在不监禁的情况下强制劳动

对某些罪行（伪造、暴动）适用定期监禁；或者作为赔偿或强制劳动的替代措施禁止从事某些职业和革除公职。

李斯特先生也同意实证派的观点，认为有必要对刑罚制度进行彻底改革，尽管他有一些保留。他提出了一个方案，但由于没有充分考虑到各种罪犯（他仅仅把罪犯分成惯犯和偶犯两种），因此还需要完善，尤其是与加罗法洛提出的那一颇为合理的方案相比。李斯特先生提出的方案如下：

罚金刑

与罪犯的财产相适应 ——不能用监禁代替， 但允许用非监禁性的 强制劳动来折抵	对轻微罪行（可以用监禁代替） 对违法行为（非监禁性的）

附条件判决

对被判处监禁的初犯， 担保或不担保三年	对应被判处监禁的轻微罪行

监禁（不定期，规定最长和最短期限） 207

单独监禁——6 周至 2 年

拘留所（单独拘禁 1 年，然后逐渐放松）	2 至 15 年（警察对被判释放的犯 人进行监督和帮助）或者终身

作为其他刑罚的辅助措施的赔偿(总是作为一种民事责任)。

但是,我认为在制定可行的和详细的在一定程度上又比较完善的方案之前,有必要根据能够使我们建立起实证社会防卫制度的犯罪的人类学的、自然的和社会的资料,确立一些基本标准。

在我看来,可以将上述基本标准归纳成下列三类:(1)不确定罪犯隔离时间;(2)具有公共和社会性质的强制赔偿;(3)对各种罪犯都适用防卫措施。

1.对于任何一起犯罪,刑罚问题都不应当仅仅配给罪犯与其道德责任相应剂量的药,而应当被限定为根据实际情况(违法及其造成的损害)和罪犯个人情况(罪犯的人类学类型),视其是否被认为可以回归社会,确定是否有必要将罪犯永久、长期或短期地隔离,或者是否强制他严格赔偿他所造成的损失就足够了。

208 在这一点上存在着尖锐的矛盾。在方法上互不相同(而且与法官的判决不协调,甚至于常常与法律术语不协调)的现行刑罚方案,都是根据定期刑罚(被分割成千百份可能的剂量)原则制定的,并且更关注犯罪而不是罪犯。另一方面,我们则将实证刑罚制度建立在对罪犯实行不定期隔离原则的基础之上。这一原则认为,刑罚不应当是对犯罪的报应,而应当是社会用以防卫罪犯威胁的手段这样一种理论的必然结果。

不定期原则并不是新提出的,实证派理论只不过是使之系统化并富有活力罢了。用天或周来计量对罪犯处刑的正义观念与不定期刑原则过于相悖,以致使不定期刑原则不能接受任何根据古典派理论进行的系统审判。各国中只有一个孤立地被作为例外适用不定期隔离的例子，那就是英格兰在“女王陛下高兴时”将精神病犯在专门的收容所中隔离起来了。然而，个人自由（因被不定期隔离而受到侵害）又是英格兰人民非常尊重的。

法律的基本原则是根据社会存在的需要作出限制。因此，根据社会存在的需要所进行的不定期隔离与终身隔离一样，显然绝对不与这一法律原则抵触。甚至古典学派建议把它作为一种赔偿 209
或调整的模式。

确实，如果我们对最重的累犯加重刑罚，那么这种加重应当与累犯的次数成比例，直到像在中世纪的法律之下那样判处终身隔离或流放甚至于死刑为止，这是合乎逻辑的。因此，有些古典派学者通过尽管不切实际却合乎逻辑的拒绝承认逐渐加重的方法，开始反对任何程度的加重，甚至于对最重的累犯也是如此。

进一步说，如果法学家同意当罪犯具有改过的迹象时允许他在服完判决确定的监禁期限之前附条件地享有自由，那么其纯抽象逻辑的自然结果便是对那些并不改过反而仍然具有很大危险的罪犯延长监禁期限。

在其他学科的学者中，奥托兰、戴维西斯·德·庞提斯和罗德都承认这一点，尽管他们仅是针对累犯而言。在犯罪学家中，亨克·斯特尔兹、雷克曼、英尔、格鲁斯、冯·斯塔维、冯·利希滕伯格、戈廷、克劳斯、阿伦斯、卢卡斯·博纳维尔、康弗提等都承认这一点。在监狱学家中，杜佩修克斯、费拉斯、汤姆森、穆瑟、迪兹、瓦伦泰尼和德·艾林戈都承认这一点。

经过这一初期阶段之后，不定期隔离原则作为刑罚制度的基础为德斯派因所拥护，并由几个德国学者发展了。这几个德国人

210 特别强调根据古典派理论建立起来的刑罚制度的不利，尽管他们有些过分，如米特斯塔特主张恢复残酷的笞刑。

肉刑确实会取得一定的效果，尤其是适用于天生犯罪人这样的顽固罪犯时，因此有人拥护它。例如，卢卡齐先生在写《监狱卫生学》时说，他如果看到在孩子的道德感形成之前有益地运用体罚教育孩子的“母系统治方式”将会很高兴。而且，如果笞刑令人厌烦的话，可以求助于电刑。电刑能够使人产生痛苦，但对健康没有损害，也不会令人厌恶。同样，贝恩说，愉快与痛苦的生理学理论与奖惩理论有密切的关系。而且，因为刑罚应当是痛苦的，只要不损害罪犯的健康（监禁对健康很可能有害）就行，所以我们可以使用电刑。电击通过其神奇的力量对被击者产生恐吓作用，但并不令人厌恶。此外，英格兰劳役刑法律后果调查委员会在其报告中宣称：“在英格兰的监狱里，惩戒性肉刑（从前是鞭笞，后来是桦枝笞）只适用于最危险的罪行。有证据表明这些肉刑在多数情况下产生了好的效果。”

然而，肉刑作为镇压的主要形式，即使用不太残忍的方式执
211 行，那也是过分地违背了人道精神，从而不可能再出现于任何刑法典中。同时，冷水浴、电击等形式的肉刑允许作为惩戒性措施适用，主要是因为不管法律允许与否，监狱都难免使用肉刑。当法律没有规定时，监狱就会滥用，就像1878年斯德哥尔摩监狱大会所指出的那样。

我同意柯切海姆的观点，克雷普村博士提出的不定期监禁方式更切实际，更有希望。如果刑罚的尺度是事先规定好的，那么就会像维勒特说的那样，法官就像“这样一个医生，他在进行表面的诊断之后，就给病人开处方，并指定病人在哪一天出院，而不管病人当时的健康情况如何”。如果病人在医生指定的日期之前就治好病，他也必须留在医院；当医生指定的日期到来时，不管病人的病是否治好了，他也必须出院。

在第二届犯罪人类学大会上，西马尔在其《论附条件释放》一文中也得出了同样的结论。

不定期隔离的概念是 1867 年瑞士监狱改革协会针对顽固犯人提出的，此后得到了很大发展。尤其是在英格兰和美国，自伦敦监狱大会（1872 年）对辛辛那提全国监狱大会前一年批准的不定期刑问题进行讨论之后，这一理论得到了更大的发展。

1880 年，加罗法洛先生和我都赞成只对顽固的累犯适用不定 212
期隔离。冯·哈梅尔先生在罗马监狱大会（1885 年）上的发言也鲜明地支持这种观点。阿姆斯特丹一位雄辩的犯罪学家在讲到“应当允许法官在适用刑罚时自行决断”这一问题时，对不可改造的惯犯、可改造的惯犯和偶犯作了简要的区别。“对不可改造的惯犯来说，应当根据法律规定的某些情节和法官经过进一步调查之后作出的决定，处以终身监禁；对可改造的惯犯，他在服完第一次刑之后如果又犯了重罪，则根据法律规定的情节，处以不定期隔离；如果又犯了轻罪，则根据法律规定的情节以及法官在进一步调查之后所作出的决定，处以不定期刑罚；对偶犯，法官必须根据法律规定的最高限度和最低限度判处刑罚。”

罗马监狱大会当然不会接受不定期刑原则。不仅如此，而且还仍然向古典派的趋向发展。它决定：“法律应当规定刑罚的最高限度和最低限度。法官在任何情况下也不能超越最高限度，但法官认为犯罪具有某些法律未预见到的减轻情节时却可以低于最低限度。”

213 只是在最近几年.由于短期监禁遭到反对的缘故，不定期隔离的原则才得到发展并为许多学者所接受，尽管塔拉克、沃尔伯格、拉梅赞和冯·杰戈曼等人仍然在进行苍白无力的反对。

除在理论上得到讨论之外，不定期隔离原则还被美国以“不确定(刑期的)判决”的方式适用了。埃米瑞(纽约)矫正院根据专门的生理和精神卫生规则对青少年犯实施了不定期监禁制度。亚特兰大监狱大会(1887 年)、布法罗监狱大会(1888 年)和纳什维尔监狱大会(1889 年)批准的这一原则，在纽约州、马萨诸塞州、宾夕法尼亚州、明尼苏达州和俄亥俄州的监狱里也得到了适用。

李斯特先生认为，刑罚的不确定性是相对的，也就是说由法官在判决中确定最低限度和最高限度。由监狱长、检察官、审理本案的法官和政府任命的两个成员(维勒特和冯·哈梅尔主张以此代替通过判决的法院)组成的行刑监督专门委员会，应当在对罪犯及其经历进行调查之后决定刑罚的实际期限。因此，这些委员会便能够即时(附条件或无条件地)释放或宣告延长刑罚，尤其是对惯犯。

214 这些委员会还可以从事监狱问题的研究和对释放罪犯的帮助。

但是，我认为李斯特先生的这一建议，只有在那些已经成立了监督委员会或行刑委员会的国家才能够接受。现在，这些委员会仅仅考虑监狱管理和仁慈。其实，应当有犯罪人类学家参加这些委员会并在其中发挥作用。正如我所提议的，他们参与所有初步的犯罪调查。至于在判决中决定最高刑和最低刑，我觉得这是不实际的。现有的这些委员会可能觉得必须撇开他们，这恰恰违背了不定期隔离的原则。就这种规定而言，背离现行刑罚制度将不太明显。但我看这一理由似乎没有任何说服力。因为我们的原则与传统理论及立法和司法传统是尖锐对立的，像李斯特讲的那样，有选择地通过一些限制性规定，不会排除任何困难，而且还将会破坏新制度的优势。

换句话说，当犯罪行为和犯罪人的情况表明赔偿损失不足以成为社会防卫的一种手段时，法官只能在判决中宣告将罪犯放在精神病院、为顽固犯设置的监狱和为偶犯设置的机构（如监禁地等）中不定期监禁。

连续性的步骤将会使这一判决的执行确定。这些步骤将不会像现在这样与治安法官的活动相分离，也不再是在其不知情的情况下采取，而将成为其工作的一个连续过程。由行政管理人员、犯罪人类学家、治安法官和检察官与被告方代表组成的行刑监督常设委员会将会使现在几乎从判决之日起就必定将罪犯抛在一边不管的情况，不再可能出现。法官除了看到有人代表他之外，与判决的执行没有任何联系。赦免、附条件释放或服完全部刑期与否目前都是依据盲目的法官程序决定。今后，这些委员会将起到巨大的作用，因为它们一方面意味着保护社会免遭轻率地释放最危险罪犯的危害，另一方面又将保护危险较小的罪犯免遭被认为是过分的和不必要的监禁的危害。

与不定期隔离原则类似的是附条件释放制度。这一进步的监狱制度据说产生于爱尔兰，现在已经几乎被所有欧洲国家接受了。

但是，定期刑制度之下的附条件释放对罪犯的种类不加区别，这在理论上是矛盾的，在实践上是无效的。现在，它实际上只是根据对
216 所谓罪犯的"善行"的不可靠的考查来机械地而且几乎不考虑罪犯个性而实施的。按照英格兰调查委员会在1863年的说法，对罪犯所谓"善行"的考查"只具有查明罪犯缺乏严重违纪行为这样的消极作用"。

人们将会明白，附条件释放，如果在不定期隔离的实证制度下实行，那将只有在对罪犯进行生理心理学的检查之后才能批准，而不能像现在这样只是对有关文件作些官方审查之后就批准。因此，对它的否决，也将不会像现在这样，几乎完全是根据犯罪的严重性，而是根据罪犯的重新适应社会性来决定。所以，对犯了重罪的精神病犯和天生犯罪人不适用这一措施是必要的。

附条件释放现在是在警察的专门监督下执行，但这对狡猾的罪犯无效，却对也被监督排除在能够重新适应正常生活之人的范围之外的偶犯有害。与不定期隔离制度相比，任何专门监督都是无益的。进一步说，专门监督这一责任迫使警察注意数百名附条件释放的罪犯却忽视数千名尚未查明的罪犯，因而分散警察的注意力。

同样，至于帮助释放罪犯的团体，尽管其演说很动情，动机也
217 很好，但仍然是慈善而无效的。原因是它们忘记考虑罪犯的类型不同，而且习惯于对所有释放罪犯都予以无私的帮助，而不管这些罪犯是否可以矫正。此外，绝不能忘记，当有数百万诚实的工人比释放罪犯还不幸的时候，不应当夸大对这些犯罪分子的帮助。尽管罪犯帮助团体对此很伤感，但我认为如果一个工头选择一个诚

实的工人而不选择一个释放罪犯来补其车间的空额，这不管怎么说都是合理的。

同时，如果这些团体只关心偶犯，而且尤其是青少年犯，并做一些有助于训练未来法官和辩护律师的犯罪研究，那它们会取得良好的效果。

2.社会防御犯罪实证派体系的第二个基本原则是赔偿损失原则。实证派一直结合具有激进性质的理论和实践的改革对这一原则进行讨论。

赔偿犯罪被害者所遭受的损失可以从以下三点考虑：(1)作为罪犯对被害者应尽的责任；(2)作为对犯了轻罪的偶犯所处监禁刑的替代措施；(3)作为国家为被害人利益同时也为社会防卫的间接但却很大的利益所实施的一种职能。

实证派肯定后两项改革——第二项是加罗法洛和帕格里亚提 218
出的；第三项是我提出的，它更激进，一直受到古典派和折衷派的更强烈的反对。

我在一篇题为《论刑罚作为一种社会功能的合理性》的论文中写道："没有人告诉我们民事赔偿不是刑事责任的一部分。在付一定数额的钱作为罚金和付一定数额的钱作为赔偿之间，我看不出有什么真正的区别。不仅如此，我认为将民事措施与刑事措施绝对分开是一个错误，因为它们在预防某些反社会行为这一防卫目的上应当是一致的。"此外，在对社会防卫措施（预防、赔偿、镇压和消除措施）分类时，我讲到了赔偿措施："我们提出的改革，并非仅仅旨在理论上，因为实际上可以说在大多数案件中已经确认了这一赔偿责任。但是，我们不应当将民事措施与刑事措施截然分开，而应当共同适用这种措施，甚至需要有专门的法规强制刑事法官确定损失数额，以避免由民事法官重新审理而造成的拖延和不幸。而且，即使当被害人由于不知道或害怕而没有提起诉讼时，也应当强制检察官正式要求判处罪犯赔偿他所造成的损失。我们还将发
219 现，对严格赔偿损失的担心对犯了过失罪的富人会起到刺激其勤勉努力的作用，而对穷人我们可以用使其为被害者劳动来代替赔偿损失。”

此后不久，加罗法洛写道：“根据我们这一学派的观点，对许多轻微罪行，尤其是轻微侵犯人身罪，用赔偿被害人损失的有效手段来代替处以几天监禁的方法很有益。当赔偿损失不是像现在这样作为一种法律后果，一种可以根据民事诉讼规则主张的权利，而成为被告人的一种不能逃脱的责任时，它便可以成为一种真正的刑罚替代措施。”

在全部实证派学者中，加罗法洛最强烈地主张这些观点，并在各项改革诉讼制度的建议中详细论述了这些观点。

1885 年在罗马召开的第一届犯罪人类学大会采纳了菲利、菲奥雷蒂和维尼赞先生提出的改革措施。菲奥雷蒂在大会上做了演讲：“由于大会确信，规定民事赔偿不仅对被害者，而且对预防和镇压性的社会防卫的直接利益具有重要意义，因此大会认为，立法通过将赔偿损失作为一种社会功能赋予国家官员——在审判时赋予检察官、在判决时赋予法官、在最终进行监狱劳动和决定附条件释
220 放时赋予监狱官员，能够及时制定最得当的措施，防止损害他人及其同伙和教唆者的产生。”自此之后，这项原则进一步向前发展了。

古典派认为赔偿不法行为造成的损失仅仅是罪犯的一种民事

的和私人的责任(就像由于违反合同而产生的责任一样),因此便与公共赔偿的刑事判决具有本质的区别。古典派对赔偿损失的这一原则在日常司法实践中就难免会使赔偿被完全忘却。犯罪被害者知道要想取得赔偿就不得不诉诸法庭,又担心为此要付民事诉讼费,便被迫放弃索赔的希望,因此,便会与罪犯做某些大度让步的妥协,或者进行私人报复,并且不再信赖社会司法的补偿作用。

在科学领域中,即使刑法学家将赔偿问题转给民法学家去研究,但民法专家反过来也会使它被人忘却,因为他们认为它属于刑法和刑事诉讼的问题。

只有通过实证学派的彻底改革,这一法律惯例才能获得新的生机和活力。

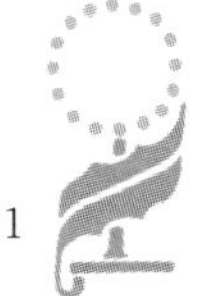

但是,我不打算在此从头论述保证赔偿更有效和更严格的诉 221
讼形式,例如,即使被害人从未提起诉讼,检察官也应当代表官方要求并强制执行赔偿;法官在每一份刑事判决中都要确定损失;及时扣押和索取罪犯的财物以避免他假装没有赔偿能力;从有偿付能力的被告人的薪金或工资中扣除全部或部分金额;对无力支付者实行强迫劳动;从罪犯在监狱中劳动所得的报酬中提出一定比例来赔偿被害者;将是否已经赔偿全部或大部分损失作为赦免和附条件释放的一个必要条件;建立罚金国库以便预付赔偿金给被害人家庭;确定罪犯继承人具有赔偿责任等。

上述所有提议与意大利新刑法典第 37 条形成了鲜明的对比。这一条除了不必要地、令人啼笑皆非地、不严肃地宣称“刑事判决不妨碍被害人要求恢复原状和赔偿的权利”之外,对保证被害人行使这一权利未做任何规定。

我只想强调原则问题，也就是我们赋予作为一种社会职能的赔偿的公共性质。在我们看来，将罪犯对其犯罪所造成损失的赔偿责任与违反合同而产生的赔偿责任相提并论完全是不道德的。

222 犯罪，就像它意味着社会将会以不定期隔离罪犯的方式作出反应一样，当行为严重而且行为人危险时，也应当意味着社会可以用要求罪犯赔偿（必要时可以附加于隔离之上，或者当行为不太严重并且行为人也不太危险时单独适用）的方式作出反应。对于偶犯所犯的轻微罪行，严格的赔偿一方面可以避免适用短期监禁的缺陷，另一方面将比在保证提供食物和住所的国家监狱中待上几天或几周更有效、更合理。

赔偿自然可以采取两种形式：付给国家的罚金或赔偿和付给犯罪被害人的赔偿。

还可以加上一点，国家应当对被害人的权利负责，并且使被害人的权利及时得到满足，尤其是对暴力犯罪，国家还应当收取法定费用。

刑罚的发展明显地证明了这一点。起初，对犯罪的制裁完全是私人的事；然后，它表现为金钱赔偿这一更加软弱的形式；后来，便将赔偿的一部分交给国家（至今仍然完全保留着这一形式），而只从赔偿中提出一部分作为付给被害人的可怜的抚恤金。因此，
223 将赔偿由刑事司法初级阶段的赔偿个人损失改为犯罪的法律和社会后果的一种公共职能，与这一刑罚的发展过程最一致不过了。

古典派关于这一刑罚的原则及其产生的实际结果就像一部诙谐的喜剧，而不像一项司法制度。只有习惯的力量才能阻止世界表现出其全部诙谐。

总之，公民纳税以维持国家的公共事业，公共安全是其中的一个重要组成部分。实际上国家每年都花费数以百万计的货币单位用以维护公共安全这一社会职能。然而，罪犯每犯一件罪行都会引出一场可笑的喜剧。对不能防止犯罪和更好地保护公民应当负责的国家逮捕罪犯（如果能够逮捕的话，有 70% 的查明的犯罪都没有受到惩罚）。然而，当被告人被提交给国家时，国家只关心永恒正义的崇高利益，而不考虑犯罪被害者，把索取赔偿看成是他们的一般私人利益，留待另外的司法活动来解决。最后，国家为了永恒的正义，逼着罪犯以向国库交付罚金的形式对国家防卫制度进行赔偿，而这一防卫制度却连侵犯私人财产这样一些犯罪都不能防止。

因此，对犯罪不能预防而只能对其中的一小部分进行镇压并
因而不能完成其首要职责（公民为此向国家纳税）的国家对所有这 224
些活动都要索价。此外，国家在 10 年里判处 150 万名罪犯监禁，为此我们又要同一部分公民负担犯人的食宿费用，而这部分公民既得不到国家的保护，又得不到因犯罪对其所造成的损失的赔偿！而且，这一切都是以永恒报应的名义进行的。

这种“司法”方式必须彻底改革。国家必须赔偿个人因国家不能预防的犯罪给其造成的损失（就像在公害中所承认的那样），然后再从罪犯那儿把这笔钱追回来。

此外，我们要保证严格赔偿损失，因为一方面国家要像收税那样开动无情的财政机器，另一方面社会利益一致原则不仅在不利于个人时，而且在有利于个人时也应当承认并切实适用，因为我们认为，如果个人应当永远对其所犯的罪行负责，那么当他是犯罪的受害者时,他也应当永远得到犯罪给他造成的损失的赔偿。

总之,就像不定期隔离——除了保证其实施监禁和拘留的专门程序规则之外——是实证派提出的社会防卫制度的一个原则一样,作为一种社会职能的赔偿,除了保证其实施的程序规则之外,是实证派提出的社会防卫制度的第二个基本原则。

225 实证派提出的这两个基本原则,如果不按照实证社会防卫制度——即对各种犯罪采取不同的防范措施——的一般规则进行实际运用,仍将是不完善的。

古典派在犯罪和监狱问题上的倾向与此明显对立,因为他们的基本思想是所有最新现行刑法典都提出的“刑罚均衡”原则。

如果在古典派看来,罪犯只不过是一种普通和抽象的类型,那么矫正的区别自然便可归纳为“犯罪的量”与“刑罚的量”的相适应。此外,当刑罚种类不同,产生痛苦和所起矫正作用的力量程度不相似时,调配刑罚剂量自然便更困难。因此,这一思想便是首先由立法,然后再由法官在一定的剂量内调配某一种犯罪应当判处的刑罚。

反对教条主义的均衡倾向的零散呼声,即使古典派学者也到处都可以听到,但是影响不大。达林格先生在伦敦监狱大会上(会议记录 1872 年第 327 页)提出了这个问题:“罪犯的道德分类是否应当成为监禁制度(无论是群居还是独居)的主要基础呢?”他自己肯定了这一点,但并没有引起广泛讨论,甚至于在后来的斯德哥尔
226 摩大会(1878 年)、罗马大会(1885 年)和圣彼得斯堡大会(1889 年)上都未被提交大会讨论。相反,斯德哥尔摩大会决定:“将轻微和专门刑罚只对某些轻微的违法行为或者对那些未表现出行为者

的退化性的行为适用，对每个监狱系统来说都有必要接受最大限度地从法律上对监禁刑的同化。除刑期之外不区分而且应当承认释放所带来的后果。”①

对实证派学者来说，甚至于监禁“刑罚的均衡性”也是荒谬的，因为它忽视了罪犯种类不同这一重要事实。

犯罪祸患与其救治措施之间必须统一起来，因为就像杜迈尼尔所说的：“罪犯是一个在一定程度上可以医治的道德（我愿意再加上生理）病人，我们必须对他适用医学的主要原则。我们必须对不同的疾病适用不同的治疗方法。”

但是，在这一点上，我们必须避免走向两个极端：刑罚的均衡性和在美国监狱学者中特别时髦的所谓刑罚的个别化。在对罪犯的个性以及导致其犯罪的环境进行生理的和心理的调查研究之后，对每个罪犯都适用专门的矫正措施很理想，但是如果罪犯的数量很大而且管理人员不具备足够的犯罪生物学和犯罪心理学知 227
识，这便是不实际的。一个监狱长怎么能使四五百个犯人的矫正都适合其个性呢？而且，将罪犯个人倾向的特征降低到最小限度的单独监禁制度（用常规和沉默的一致性把罪犯等同起来）不就使观察和了解每个罪犯的特性以便使惩罚个别化不可能实现了吗？我们该到哪里去寻找懂得怎样去履行这项困难职责的监狱长和看守人呢？当监狱长具有德迈茨、克罗夫顿、斯帕格里亚迪或鲁卡威齐尼科夫的心理学常识时，矫正或刑罚场所的情况就很好；当他违

① 会议记录第138—170页、第551—557页、第561—563页。但是，一个更具实证倾向的监狱学家（贝尔特拉尼·斯卡里亚）始终坚持“罪犯分类作为刑罚和监狱制度的基础更有益或者说很有科学必要性”。

反心理学规律时，矫正或刑罚场所就会失去活力。这一事实显然表明成功的全部秘密就在一个明智的熟悉心理学而不是单身囚房的微弱效力的监狱长的思想。

就像好的法官执行一部不完善的法典比愚蠢的法官执行一部“不朽的”法典要好一样，一种有独创性而且协调的监狱制度如果没有相应的管理人员来执行也没有价值。

因为主要由于财政原因引起的管理人员的问题一直很严重，我认为我们应当用同样有效而且更容易实行的分类制度来代替不切实际的刑罚个别化观念。不容否认，犯罪人类学家对罪犯的分
228 类并不一致。但是，我已经指出各种分类之间的区别只不过是形式上的和次要的，而且，同意我对罪犯分类的人也日益增多。

在研究我们怎样才能根据对罪犯的人类学分类建立起实证社会防卫制度之前，我们必须牢记两个对所有这类提议都普遍适用的规则。

首先，必须注意隔离不是或者不仍然是(因为现在很常见)懒惰的犯罪人群体的避难所，而是一种剥夺。

已决犯监狱——古典派监狱学家对未决犯囚房和已决犯囚房不加区别——不应当很舒适，以至于引起诚实的人和住在农舍中耕种的贫苦农民或住在阁楼中的憔悴的工人的忌妒(莫大的非正义和轻率的行为)。

其次，对所有监禁的罪犯(生病者除外)都应当实行强制劳动。囚犯不仅应当像现在这样，向国家付其所用的烟酒钱，而且还应当付衣食住的费用，其余劳动所得应当用以赔偿被害者。

古典派学者如佩西纳宣称“被迫采取剥夺自由作为刑事镇压

和报复的基本手段的国家，承担了不仅向其惩罚的犯人提供物质 229
生活费用而且还要满足其知识和道德需要的全部义务”。因此，国家扶养懒惰者占多数的被说成“被判处艰苦劳役”的人，犯罪在满足了罪犯的需要之后，又进一步保证了其免费食宿，将负担转移给诚实的公民。

无论是从道德上还是法律上讲，我都不同意犯罪可以免除罪犯在犯罪之前曾一直承担而且所有诚实的人也为此受许多苦的日常生活用品的负担。古典派理论的这些结果的讽刺意味实际上再明显不过了。一个人尽管贫穷和不幸，但只要他保持诚实，国家就不努力保证其以劳动谋生的手段。国家甚至禁止有人提醒社会，每个人只要活着就有权利活下去。而且，由于工作是人类谋生的唯一手段，因此每个人都有权利工作以便生存下去，就像每个人都承担义务一样。

但是，任何人，只要一犯罪，国家就认为它有义务给他最好的照顾，保证他住宿舒服，食品丰盛，劳动轻微（如果不允许他懒惰的话）！而且，所有这一切都是在永恒的因果报应的名义之下进行的。

还可以加上一点，我们的建议是解决经常出现的经济竞争（通 230
过商品的价格）和道德竞争（用工作的规律性）问题的唯一方法。监狱劳动与自由的和诚实的劳动之间的这种竞争是不公正地进行的。其实，因为犯人只能继续懒惰或者去工作，所以监狱显然必须使他们工作。但是，他们必须在与自由劳动竞争不太激烈的行业上工作。而且，如果罪犯向国家付食宿衣物费，其余的报酬赔偿被害者的话，那么国家应当付给罪犯与自由劳动者同样的工资。

我很想将下述在全世界都适用的格言刻在监狱大门上："不劳动者不得食。"

第五节　犯罪精神病院

自从乔吉特和布赖尔雷·德·布伊斯蒙特医生等提出建立犯罪精神病院的主张以来，赞成这一主张的书出版了一整套。原来还到处都可以听到一些反对或保留的意见，但现在几乎全都消失了。

英格兰早在 1786 年就采纳了建立犯罪精神病院的建议。伯利恒收容院于 1815 年接收了犯罪精神病人。布罗德莫尔精神病院于 1863 年建立。爱尔兰的邓德拉（1850 年）、苏格兰的珀斯（1858 年）、纽约（1874 年）及加拿大（1877 年）也分别出现了类似的精神病院。

尽管法国在比塞特对治疗精神病犯人进行试验之后，在盖隆
231 监狱为精神病犯人单独安排了一间边房，但直到今天，欧洲大陆也没有一所正规的犯罪精神病院。荷兰将精神病犯人集中在布拉邦特的博斯马伦收容院；德国在沃尔德海姆、布鲁克塞尔、哈雷和汉堡的刑罚机构中都设置了专门的精神病犯人牢房；意大利于 1876 年在阿维萨累犯监狱里设置专门的精神病犯人牢房之后，又将托斯卡纳区蒙特鲁普的阿姆布鲁亚纳监狱改成专门收容精神病犯人和因精神不健全而接受观察的罪犯的收容院。意大利新刑法典，尽管没有公开承认应当为那些因精神病而被宣告无罪的犯人建立收容院，但采取了折衷主义的办法，赋予法官一种当释放精神病犯

人有危险时可以将其转给有关机构的权力(第 46 条)。在蒙特鲁普收容院里,对因精神病而被宣告无罪的罪犯也要羁押。这开始是由于观察需要,后来是根据某个能够根据家庭或有关当局的请求撤销其决定的首席法官的专门决定而进行。

“巴黎监狱总协会”就有关精神病犯人的现行立法情况所做的调查表明,在法国、德国、奥匈帝国、克罗地亚、比利时、葡萄牙和瑞典,因精神病而被宣告无罪的罪犯已经脱离了司法当局的控制,转由行政当局进行更正规和更有效的管理。在英格兰、荷兰、丹麦、 232
西班牙和俄国则相反,司法机关有权甚至有义务决定精神病犯是由普通精神病院还是犯罪精神病院收押或收容。

在反对社会对精神病犯人的这项防卫措施的意见中,我对应当予以考虑的经费问题不予理会,因为即使从财政观点上看,我也认为,在对防范具有犯罪倾向的精神病人没有任何保证的现行制度之下,对其予以管理的费用比这些人造成的损失要大得多。我对有些人针对残暴情景(被说成与这种罪犯的交往密不可分)提出的其他一些批评,也同样置之不理,因为经验已经表明,在精神病院中,在具有专业知识并能够防止残暴行为爆发的管理人员的指导下,根据罪犯的倾向性对其进行分类,所以认为犯罪精神病院难以避免犯人暴行的预言是没有根据的。另一方面,在普通收容院中,几个精神病犯人就足以使其秩序难以维持,而其中难以避免的精神病犯人的骚扰还将对其他病人产生不良影响。

有关精神病院的最严重和最常见的困难恰恰在于是否符合社会防卫职能的原则。

首先,危险行为的实施者要么是一个精神病人,要么是一个罪

犯。如果他是一个精神病人,便与刑事司法毫无关系,法布雷特、门德尔等都这么说;他的行为不构成犯罪,因为他不能控制自己,
233 那么他应当进普通精神病院,对他采取像对其他每一个危险精神病人一样的专门措施。否则,如果他是一个罪犯,那么他就与精神病院无关,就应当进监狱。

但是,在这个二难推理中存在着一个谬误,因为它遗漏了中间情况和类型,即有些人同时是有精神病的和犯罪的。在这种中间情况下,有些人即使是精神病人,其逻辑结果也不能排除特别精神病院,那么具有犯罪倾向的犯罪精神病人就应当进入专门为他们这类精神病人准备的特别精神病院。因为,我们不断看到按照同样的规则隔离普通精神病人和犯罪精神病人的管理机构难免在后者犯罪之后不久,其心理失调甚至对犯罪行为的回忆还未消失时就将其释放。结果,这些犯罪精神病人在刚刚暴露了病态倾向,离开精神病院不久就又实施了其他暴力行为。[①]

对此有人可能会回答,在普通精神病院设置专门病房(这也能
234 消除家庭对自己的平静无害的病人与犯了谋杀和暴力罪的精神病人的接触的反感)就足够了。但是,经验已经表明,这种专门病房的效果不好,因为用同一些管理人员来满足普通精神病人和犯罪精神病人的不同治疗和训练的需要是很困难的。

法布雷特说:“一个罪犯,当他被证明有精神病时,就不应当再

① 卢尼尔先生在1881年写作《癫痫病人及其治疗方法和护理》时说:“法国已知有33000名癫痫病人,只有5200人在私立或公立的精神病院里接受治疗,而其余的28000人都留在家中。”根据这个数字可以推断尚有28000名处于自由状态的癫痫病人很可能犯罪。

把他当作罪犯，而应当只收回他享有的一般权利。”

但是，如果一个精神病人由于实施了杀人、放火、暴行等犯罪行为的事实使他区别于其他非犯罪精神病人，显然不能“只”对他适用对无害精神病人适用的那一种治疗措施。

实际上，这种观点是适应许多正在逐渐被科学所淘汰的下面这样一种假设提出的：精神病是一种应当得到治疗的无意识的不幸，而犯罪是一种有意识的应当得到报应的错误。另外，犯罪作为个人异常状况和自然及社会环境相互作用的结果，无论罪犯是否兼有明显的精神病的临床状态，对于社会防卫来说显然都总是一个问题。

如果说一个精神病人不能仅仅因为他杀了人或偷了东西就被不定期或者永远关在一个精神病院里，那么对于有关犯罪精神病院的第二种反对观点可以作出同样的回答。 235

曼西尼是上议院议长，同时也是一个杰出的刑事辩护律师。他在回答下议院议员里吉关于建立犯罪精神病院的质询时巧妙地表述了古典派的思想：“我不明白根据陪审团认为被告人有精神病而不负刑事责任的裁决而依照法律必须宣告被告人无罪的同一个法庭，怎么还能又宣告将同一个被告人在精神病院里强制隔离一定时期……是因为他犯了罪吗？但这是不确实的，因为一个不知道自己在干什么并因此而被法庭宣告无罪和不负刑事责任的人不可能犯了罪，没有任何理由来剥夺他行使和享受其他像他一样患了病的不幸的人并未被剥夺的那种自由。”

毫无疑问，没有什么话能比这更清楚地说明古典派关于犯罪和刑罚的理论了，但同样也没有任何学派能够对社会防卫犯罪表现得这么不关心了，因为从古典派的道德和法律观点来看，患有精神病的谋杀犯并“没有犯罪”。但是，死人的尸体及其被精神病人的行为杀死之后遗留下来的家庭是存在的，这更没有疑问。而且，“法律认为无罪”的这一杀人者很可能再次对其他无辜的被害者实
236 施罪行。

至于在精神病院隔离的期限不定，最好记住，从个人权利的观点来说，当“陛下愿意时”可以根据它将精神病犯人交付精神病院的程序来源于曾经产生了“人身保护令”——普通公民紧急时的依靠——的英格兰。此外，根据对各种罪犯都规定这一基本规则的理由对精神病犯进行不定期隔离，这并不难理解。因此，就可能产生一个是否允许适用实证派的基本原则的问题。但是不能否认无论在理论上或是实践上这些原则都是不容置疑的。犯罪是一种像精神病一样自然的现象——社会存在使有组织社会不得不防护自己免遭各种个人反社会行为的侵害——唯一的困难是使自卫的方式和期限适合于行为的方式和强度（动机、情节和后果）。因此，考虑到这种行为者个人的特殊情况，不定期隔离在这一专门机构中是不可避免的。

社会防卫受到高度重视，以至于绝大多数古典派犯罪学家现在都接受了设置犯罪精神病院的提议，尽管这与其教条主义的道德责任理论明显矛盾。有些不妥协的古典派学者，根据道德责任
237 理论，过去反对，现在依然反对建立犯罪精神病院。这就解释了为什么意大利新刑法典尽管目标进步了，但在 1889 年却没有勇气公开采纳设置犯罪精神病院的建议，而且最后的正文和部长提出的草案一样，用一种折衷方法来搪塞。由于立法的指导原则含混，这

种折衷方法已经遇到了许多障碍。

根据其纪律程度不同，犯罪精神病院应当分为两种：一种收容那些犯了杀人、放火、强奸等严重和危险罪行的精神病犯；另一种收容那些犯了简单盗窃、暴力威胁和有伤风化等轻罪的精神病犯。对后者隔离的期限应当比对前者短。因此，在英格兰，犯了罪的精神病犯被送往设在布罗德莫尔的国家精神病院，而犯轻微罪行的精神病犯则被送往郡立精神病院。

因此，下述人员应当受到限制：(1)由于精神病而被宣告无罪的人或在初审中判处一定期限隔离的罪犯：(2)在服刑期间患精神病的罪犯；(3)在普通精神病院犯了罪的人；(4)经过审判因怀疑有精神病而被置于专门的监房中进行弱智观察的人。

1867 年 12 月 31 日，布罗德莫尔精神病院有 389 名男性和 126 名女性犯罪精神病人；1883 年，有 381 名男性和 132 名女性犯罪精神病人。其分类情况如下：

罪　　型	男	女
谋杀	155	85
谋杀未遂	111	18
弑亲	7	6
盗窃	23	3
放火	24	1
军事犯罪	21	—
自杀未遂	3	—

在德国沃尔德海姆监狱，犯罪精神病人与同类普通罪犯的比
238 例如下：

罪　　型	监狱总人数	精神病所占的比例
杀人和杀人未遂	74	17.6%
谋杀和故意伤害	51	9.8%
在公路上进行暴力抢劫	64	12.5%
放火	219	6.8%
强奸	52	8%
猥亵	299	5.7%
伪证	220	2.7%
军事犯罪	23	21.7%
财产犯罪	5.116	1.9%
其他犯罪	58	0.6%
总计	6.276	2.7%

这就是说：(1)军事犯罪中精神病犯人占的比例很大，这可以说明军事生活的影响，要不然就说明征兵时粗枝大叶，或者两者都对这一事实起作用；(2)在犯比较严重罪行的罪犯中精神病犯人占的比例很大，这在一定程度上是由于暴力犯罪的行为人受到的精神病观测更严格，而且他们接受这种观测的比例也比其他类型的犯人的比例要大。

依我看，英格兰的统计数字也证明的这一事实是主张设置精神病院的观点的最令人信服的论据。

就天生犯罪人而言，正像莫兹利医生所说的，我们如果严格说
来不是与退化的种族，但至少也可以说是与退化的各种各样的人 239
打交道，问题就是尽可能地减少他们的数量。这就会立刻引出另一个基本问题，即当他们犯了非常严重的罪时，死刑是不是社会用以防卫反社会阶层侵害的最合适和最有效的手段。

一个世纪以来，用或许比实证主义的贡献更动情的宣言来区分犯罪学家和腻味公众是一个问题。在罗马举行的第一届犯罪人类学大会上，实证派提出了一个问题，不过没有论述。这个问题最近被意大利新刑法典解决了。这部刑法典是意大利自 1876 年实际上废除死刑（军事犯罪除外）之后国家（1890 年 1 月 1 日）在法律上宣告废除死刑的第一部刑法典。

在古典派学者中和在实证派学者中一样，有人主张废除死刑，也有人主张保留死刑，但对此不一致的程度在两大阵营中却不同。古典派学者几乎全都认为死刑不公正，而实证派学者在认为它公正这一点上是一致的，但有几个人怀疑它的实际效果。

依我看，死刑是自然的产物，而且在宇宙发展的任何阶段都起作用。它不违背正义，因为当另一个人的死绝对必要时，死刑就是合法的，就像无论是个人，还是社会进行合法的正当防卫都是合法
的一样，贝卡里亚和卡拉拉等主张取消死刑的古典派学者也都承 240
认这一点。

宇宙进化的规律向我们表明，任何一种生命的进化都是通过最不适应生存竞争的种类的死亡而不断淘汰的结果。这种淘汰，在人类中和在低级动物中一样，可以是自然的，也可以是人为的。死刑不违背人类社会应当通过消除反社会的和不适应社会的个人

的方式来进行人为的淘汰这一自然法则。

但是，我们不应当完全赞同这些结论，因为任何问题都具有相对性，而且实证研究不同于逻辑研究，不承认简单的、严厉的解决方法。通过研究肯定会发现，如果将人为淘汰的观点毫无保留并且在社会和个人的利益和权利之间不加以必要平衡地引入社会学领域，尽管它本身是正确的，但却会导致过分的结论。如果绝对地理解这一概念，那么极端斯巴达式地消灭所有生来就发育不全或带有难以治愈的疾病以及由于白痴或精神病而具有反社会倾向的儿童不但是合法的，而且甚至是必需的。

另一方面，承认死刑作为一种例外的极端措施并不等于承认它在正常社会生活中是必需的。现在，在正常情况下，社会无疑可以用终身隔离或流放而不用死刑来保护自己。至于罪犯逃跑，由
241 于其数量很少，不足以成为证明这两种制度失败的主要证据。

当我们不是根据我们自己作为一般人对死刑的印象平静地从理论上研究它，而是运用作为这种刑罚的唯一真实的观察结论的犯罪心理学资料来研究它时，其预防和威慑效果就很值得怀疑了。每一个犯罪的人，不是在犯罪时没有想到其他任何事情而只为突然的情感所左右，就是冷静地有预谋地实施其犯罪行为，而且他决定实施其犯罪行为完全不是根据死刑与终身监禁之间的含糊区别，而是只根据一种不受惩罚的愿望。这种情况在那些主要心理特征是过分缺乏预见和缺乏道德感的天生犯罪人中尤其多见。

如果罪犯告诉我们他怕死，这仅仅意味着他只是暂时担心死刑，但这种担心不足以阻止他犯罪，因为由于同一心理倾向，他在此只受犯罪的刺激。

有人说，当罪犯被审判和定罪时，他比担心终身监禁更担心死刑，但被判死刑后自杀和那些由于生理和心理麻木直到上了断头台还仍然嘲笑死刑的人除外。如果这是事实，审判他们并宣告他们死刑仍然很有必要。

但是，统计资料实际上已经表明，严重罪行的周期性变化与判处和执行死刑的数量无关，因为它是由完全不同的原因决定的。242 在托斯卡纳地区，已有一个世纪没有适用过死刑，但它仍然是严重罪行数量最少的地区之一；在法国，尽管一般犯罪和罪犯的数量增加了，但有关谋杀、投毒、弑亲和杀人的控告却从 1826 年的 560 起下降到 1888 年的 430 起，而执行死刑的数量在同期也从 197 次减少到 9 次。

死刑是一种简单的万灵药，远远不能解决像严重犯罪这样复杂的问题。杀掉不能改造的罪犯和天生犯罪人的思想很容易产生。迪德罗特在其给兰多斯的信中坚持说这是否定自由意志的必然结果："人与人之间的主要区别是什么呢？是做好事还是做坏事。做坏事的人应当被消除而不仅仅是被惩罚。"但是，与这种过分简单的观念相比，我们必须注意经验和其他社会生活的物质和道德环境，以期实现必要的平衡和完善。

我不想进一步论述死刑，因为从知识的观点来看，它迄今已经成了一个枯竭的问题，并且已经导致了偏爱和反对两种成见。而且，这两种成见与死刑执行方式的关系比与死刑本身的关系要大。偏爱死刑的人认为，应当完全、迅速和不断地消除那些完全不适应社会和对社会有危险的人。但是，我觉得，如果我们通过死刑取得 243 的唯一实际效果就是"人为淘汰"，那么我们有足够的勇气在所有从这一观点看有必要适用死刑的案件中，也就是对所有犯了严重暴力罪行的天生犯罪人都适用死刑。例如，在意大利，每年必须至少处死 1000 人；在法国，每年应当处死 250 人左右，而不是现在的 7—8 人。

否则，死刑就会被当作仅仅印在法典中的一种无益并且被忽视的威慑手段。如果这样，废除它将会更严肃一些。

因此，有人认为死刑很像那些庄稼人摆在田里的稻草人。那些摆稻草人的庄稼人愚蠢地想象鸟会因为害怕而不敢接近谷物。乍一看，鸟可能有点害怕。但是，过不多久，鸟看那些稻草人不动，也不可能伤害它们，便不再害怕，甚至于在那些稻草人的头顶上落脚。因此，当犯人看到死刑永远不适用或者几乎不适用时，就会像鸟对待稻草人一样。罪犯不是通过法典中的规定，而是通过法律的实际运用来判断法律。

由于包括死刑在内的刑罚的威慑效果对感觉迟钝和缺乏预见的天生犯罪人没有作用，因此靠偶尔执行几次死刑便不能治愈犯
244 罪这种社会疾患。只有通过“人为淘汰”的方法，每年杀掉几百个谋杀犯才会产生明显的效果。但是，这事说起来容易做起来难。我认为，在正常时期，不可能有任何现代文明国家会每天成批地执行死刑判决，而且公众舆论也不能忍受，并且很快就会作出反应。①

---

① 我认为，无论在任何情况下，只要死刑判决一生效，都应当在监狱里用给犯人服毒的方式执行。在北美洲，曾经试用过电刑，但用这种方式执行死刑似乎与用断头台、绞架和步枪执行一样可怕。（参见《纽约法医学杂志》1889 年 3 月和 9 月号）我从霍

我发现，在费拉拉公国于 970—1870 年执行死刑情况的手抄记录中，除了 19 世纪，800 年里共执行了 5627 次死刑（其中盗窃犯 3981 人，杀人犯 1009 人）。仅在费拉拉市，每个世纪就平均执 245
行 700 次死刑。在罗马，根据圣约翰修道院的记录，在 1500—1770 年期间的 270 年里，共有 5280 个死刑犯被处死，仅罗马市每个世纪就平均有 1955 人被处死。现在如果将费拉拉和罗马的人

华德协会 1881 年出版的《死刑概况》中摘出了下述几个欧洲和美国死刑情况的数字：

国家	时间	死刑判决数	执行数
奥地利	1870—1879 年	806	16
法国	1870—1879 年	192	93
西班牙	1868—1877 年	291	126
瑞典	1869—1878 年	32	3
丹麦	1868—1877 年	94	1
巴伐利亚	1870—1879 年	249	7
意大利	1867—1876 年	392	34
北部德国	1869—1878 年	484	1
英格兰	1860—1879 年	665	372
爱尔兰	1860—1879 年	66	36
苏格兰	1860—1879 年	40	15
澳大利亚和新西兰	1870—1879 年	453	123
美国大约每年有 2500 起谋杀案；每年执行 100 个死刑和 100 个私刑。			

在芬兰，1824—1880 年期间没有执行过死刑；在荷兰、葡萄牙、罗马尼亚和意大利，法律废除了死刑；在比利时，实际上废除了死刑；瑞士也废除了死刑，但有几个州由于受几种时常发生的残忍犯罪的影响又恢复了死刑，不过没有执行过；在美国，密执安、威斯康星、罗德岛和缅因等州已经废除了死刑。格兰维尔勋爵于 1880 年 7 月领导有关人员对欧洲和美国的谋杀立法和统计情况进行了一次调查，调查的结果于 1881 年出版（《关于外国法律规定杀人罪的报告》）。

口与意大利全国的人口对比一下，我们就会发现意大利在前几个世纪里执行死刑的数量很大，每年都不少于400次。

这些执行都属于严肃的适用死刑，我们在一定程度上无疑可以认为这种执行是为了通过消除那些如不消除便会增加其犯罪后代的个人的方式而实现社会净化。

总之，如果我们严肃地对待死刑，并且要从中取得它能够实现的效果，那么我们就必须像这样大规模地适用它。要不然，如果它只是作为一种无效的威慑保留在法律中，假若我们想在将其从日常实践中消除之后再从刑法典中废除，那么我们必须更严肃地对待它。我无疑没有勇气要求恢复中世纪消除罪犯的方式，因此我仍然是一个诚服的死刑废除论者，尤其是在意大利这样一个人为的和表面的公众舆论强烈反对死刑的国家里。

246 由于死刑在正常时期不必要，而且对能够生效的那部分人又不能适用，因此只能将它废除。那么，对那些犯了最严重罪行的天生犯罪人，只有两种方式可供选择，那就是终身流放和不定期隔离。

对实证派学者来说，这是唯一的选择，因为我们不能将重点放在霍尔岑朵夫、盖耶等主张废除终身监禁的德国法学家的观点上。卢基尼教授在意大利接受了这一观点。他说罪犯的个人自由应当在行使上受到限制，但并不是作为权利被剥夺了。而且，终身监禁“在一个最重要的人类因素——交往本能上毁坏了罪犯的道德和法律人格”。他还说，刑罚的变动“不应该被过长的期限所耗尽”。

当我们每天见到在合法自卫的情况下行使个人权利时，我们认为在必要的情况下这种个人的权利不能被剥夺；当长期流放成为一种唯一切实有效的刑罚方法时，刑期过长会耗尽刑罚的效力；最具有反社会性的罪犯也具有交往的本能。这些说法是不严肃的。

只有无视犯罪生物学、心理学的基本的和最无可争辩的资料的人，才可能坚持废除终身刑罚，认为这种刑罚“违背刑罚的改造原则，违背刑罚不仅应使罪犯痛苦而且如果可能还应唤起罪犯道 247
德感、帮助罪犯和给罪犯开辟一条使其能够重新回归社会的道路的原则。终身刑罚排除了上述一切可能性”。

对于波尔教授的这些意见，荷兰刑法典的起草者作了回答。回答时先用了“刑罚不使罪犯痛苦不是为了罪犯的利益而是为了社会的利益”这一常识，然后又用了“甚至为了废除死刑并防止出现拥护死刑的反应，我们应该保有对哪怕是少数几个但其释放将会造成危险的罪犯进行监禁的权力”这一反证法。

当已知犯最严重罪、对其保留终身刑罚的天生犯罪人恰恰是那些不能改造的罪犯，并已知归之于这些罪犯的道德感只不过是古典派心理学家将他自己诚实和正常的良心所感觉到的东西归之于罪犯的良心这样一种心理学的谬误时，再考虑终身监禁是否不利于罪犯的改造完全没有意义。

但是，不难理解，要求废除终身监禁（虽然它无效但仍然保留着）只不过是古典派完全为罪犯考虑并且总是要求减轻刑罚这样一种历史倾向的一个例子而已。当古典派从要求废除死刑又过渡到要求废除终身监禁时，它完全不考虑社会的利益。如果不阻止 248
住这种倾向，我们就可能会看到有些古典派学者要求对那些具有良好道德感的不幸的罪犯废除各种刑罚！

因此,问题就在流放和不定期隔离中间。

人们提出了许多赞成和反对流放的理由。而且,20 年前,前监狱总监贝尔特拉尼·斯卡里亚先生与流放刑的鼓吹者们还进行过一场激烈的争论。即使我们不研究论战的细节,像英格兰这样一些先是耗费几亿镑后来又舍弃了这种做法的国家的经验本身无疑就是一个很值得注意的儆戒。

不过,迄今为止,反对流放的人只不过是反对从前实行过的流放,即在遥远的地方建造监狱的做法。贝尔特拉尼·斯卡里亚先生因此建议在本地建造监狱,因为这样开销小而且更有益。但法国实行这一政策的结果并不令人振奋。

但是,对流放刑就像对死刑一样,也有无可非议的存在理由,因为流放是终身的,罪犯几乎没有机会返回,这就构成了社会不被迫通过将罪犯关在监狱中来消除其中最有害的成分的最好方式。

249 此外,英国首先实行了一种简单流放制度,将罪犯移送到一个岛上或一片沙漠中,让其通过劳动谋生,要不然就让其自由地生活在一个野蛮国家里。这些在文明国家只达到半文明程度的罪犯在这些野蛮国家里将代表一定程度上的文明。而且,由于这些罪犯大都是抢劫犯和谋杀犯,在那些当其重新犯罪时会遇到即时而有力的抵抗而不是慢慢的刑事审判机器的国家里,这些罪犯或许还可能成为军事领袖。但是,人们对这一制度也有疑问。

不过,这一问题在意大利是以一种特殊的形式出现的,因为这比将罪犯流放到国内的由于瘴气而不能耕种的土地上去更有益。如果驱散瘴气需要有人作出牺牲,那么牺牲罪犯无疑比牺牲诚实的农民要好。几年之前,主要由于意大利没有殖民地,要将罪犯流

放到海外去非常困难。那时，始终存在着富兰克林在其著名反驳
文章《如果我们将罪犯移植到英格兰，你们会怎么说呢?》中提到的
困难。但是，自从意大利有了自己的殖民地埃里斯里之后，便又有
人提出了流放观点。1890 年 5 月，我在议会上提出了一项提议，
在我们的非洲附属国建立试验性流放地的议案。尽管由于议长忘
记了他曾经在其关于刑法典草案的报告中写过也可以将罪犯监禁
到殖民地而反对这项提案，但仍然有许多人支持我这一提案。此 250
后不久，下议员德・泽比又重提这一建议，被监狱总监贝尔特拉
尼・斯卡里亚先生接受。

同样，普林斯先生表示由于建立了刚果国，他赞成比利时实行流放。

但是，我审慎地认为，流放本身不应当是目的。成年犯流放地应当是自由农业殖民地的先锋。因此，在非洲领地建立流放地必须首先解决下述两个问题。

首先，我们必须搞清这些属地是否能够提供适合的地区用于建立农业殖民地；其次，我们必须考虑将罪犯流放到离家较近的需要开发的地区开销要小一些，而且也防止他们转向敌对阵营，成为与我们作战的野蛮部落的领袖或向导。

我们无论决定将天生犯罪人和惯犯流放到国内还是国外，都有一个隔离方式的问题。

在这一点上，有人提议建立“不可改造的罪犯或顽固罪犯机构”，将犯了严重罪行的天生犯罪人、惯犯和顽固的累犯置于这种机构中终身或不定期监禁。

奎特里特说：“道德疾病，同身体疾病一样，也传染、流行和遗 251

传。在有些家庭中，罪恶也像淋巴结核或肺结核一样传染。大多数罪犯均出自相对为数不多的需要特别监督和隔离的家庭，就像我们需要将怀疑有传染病菌的病人隔离一样。”上述几种人的犯罪倾向的先天性和遗传性完全证实了奎特里特的话。因此，阿里斯托讲到有一个被控告殴打自己父亲的人在法庭上回答：“我父亲殴打我祖父，我祖父过去也经常残忍地殴打他父亲；而且，你看我儿子——还没长大就会勃然大怒并殴打我。”普鲁塔克又加上一句：“恶劣和堕落之人的儿子会再现其父母的品性。”

这是对柏拉图观念的解释。柏拉图“承认孩子不应当因其父母犯罪而受惩罚的原则。但是，如果父亲、祖父和曾祖父都被判处了死刑，那么就应当将其后代流放，因为这种家庭属于一种不可救药的家庭”。卡拉拉宣称这种观点不对，但在我们看来它大体上是正确的。我们可能还记得，当德·梅茨于 1839 年在梅特里建立曾一度驰名但现已衰微（因为这种殖民地成功与否完全取决于其总督是否具有异常优秀的心理品质）的农业流放地时，在 4454 个孩
252 子中，有 871 个（占 20%）是罪犯的孩子。我们非常同意克拉夫顿认为应当把罪犯的孩子送进工业学校或教养院的建议。

在意大利，龙勃罗梭、克西奥、巴里尼、多里尼、塔马西亚、加罗法洛、卡雷里；在法国，德斯派因、拉巴蒂斯特、泰索特、利维雷；在俄国，明兹洛夫；在英格兰，梅；在德国，克雷普林和里连撒尔；在奥地利，瓦尔伯格；在瑞士，吉洛姆；在美国，维内斯和韦兰；在荷兰，冯·哈梅尔；在葡萄牙，卢卡斯，等等，都提议或同意建立一种终身或不定期隔离不能改造的罪犯的专门机构。

这些建议已经大致实现，尤其是在那些由于犯罪学不发达而

在实际改革中遇到的迂腐反对较小的国家里。

因此，我们发现，在麦肖克斯、佩蒂特和米格内里特提出建议，尤其是雷纳克先生表示赞成（接着又出版了几本同类的书）之后，法国通过了1885年的累犯矫正法。

默里·布朗和贝克先生在斯德哥尔摩监狱大会和巴黎监狱总 253
协会上讲到了只在英格兰而未普遍适用于顽固犯的刑罚累加制。在这种制度下，监禁的期限根据每一次再犯的情况而大致规则地延长。在1871年10月举行的社会科学大会上，莫尔德和沃尔顿·皮尔逊就已经提出了这一制度。随后，格拉斯哥警察局长考克斯和考尔在1874年举行的大会上又提出了这一建议。莫瓦特先生指出，印度刑法典采用了这一制度，日本通过一个决定对四次以上累犯的犯罪适用终身监禁的法令，并在实际上实行了这一制度。

加拿大出席斯德哥尔摩监狱大会的代表团证实短期监禁增加了犯罪的数量："许多这种罪犯在第一次服刑之后成了职业犯。对于习惯性职业盗窃犯，除极个别情况之外，都应当判处终身监禁或相当于其余生时间的监禁。"1883年俄国刑法典草案规定："如果证明被告犯了几个罪，而且属于惯犯或职业犯，法院在确定刑罚时，可以加重。"此外，意大利刑法典，尽管谨小慎微，但还是规定对"累犯几次"的罪犯加重刑罚。

不久以前，贝伦格议员在法国又提出了一项"对累犯逐渐加重 254
刑罚"的措施。这一措施于1891年3月26日在"刑罚的减轻与加重"的标题之下成为法律。

因此，甚至古典派犯罪家也很可能最终接受对顽固犯实行不定期隔离的思想，就像他们终究接受了建立犯罪精神病院的思想，尽管这两种思想与古典派的理论相悖。

因此，有人在1889年圣彼得堡监狱大会上第一次提出了这样的问题："是否能够承认有些罪犯是不能改造的？如果可能，又采取什么样的方式来防卫社会免遭这种罪犯的侵害呢？"这个问题提得太好了。就像圣彼得斯堡法学会代表团的一个成员所说的，这个问题的起源一目了然。在列入会议议程的全部问题中，它似乎是唯一一个在新的实证派犯罪人类学理论直接激发下产生的问题。犯罪人类学理论倾向于既对科学又对立法，既对刑法又对刑事诉讼法，既对犯罪的概念又对镇压的模式都进行彻底的改革。犯罪人类学现在已经具有很大影响，其传播范围远远超出了其诞生地——意大利。

这届大会，尽管在表述上有些保守，就像阿雷纳尔夫人像柏拉图似的讲"一个未矫正的罪犯不同于一个不可改造的罪犯"那样，

255 但是仍然作出了下述决议，"从刑罚和监禁的观点来看，说应当不承认有任何绝对不可改造的罪犯"——这纯属迂腐——"但是，既然经验已经表明事实上存在着对刑罚和监禁结合的行动有抵触的罪犯"——这显然是承认有不可改造的罪犯——"和习惯性地以及职业性地重新违反社会法律的人，因此，这届大会一致认为有必要对这些人采取特殊措施"。

同样，国际刑法协会在伯尔尼大会(1890年8月)上用下述词句表述了大多数人的意见："有些罪犯，从其生理和心理状况看，对其适用一般刑罚永远也不能奏效。这种罪犯首先应当包括那些属于退化型或职业性罪犯的顽固累犯。如果可能，应当按照其退化或危险程度对这种罪犯适用专门措施，以便防止他们造成危害并在如果可能时改造他们。”此外，在克里斯蒂亚纳（奥斯陆）大会（1891 年 8 月）上，在冯·哈梅尔对此作出显著贡献之后，协会否决了费利奇用“未矫正”的罪犯代替“不可改造”的罪犯的提法，一致同意冯·哈梅尔的结论：“为了更全面地研究惯犯，尤其是不可
改造的惯犯的特征及有害影响（这种研究是立法所必不可少的），256
协会指示其职员促进各国政府重视详细、精确、统一和适合于进行比较研究的累犯统计资料。对不可改造的惯犯，根据最后的控告进行的审判不能完全确定罪犯的待遇，而应当根据对罪犯本人、对其过去和对其在一定时期内的表现的观察来作出决定。”

现在，有必要研究一下采取什么形式对罪犯进行终身的或不定期的监禁。

就像塔德先生所注意到的，上个世纪在监狱方面取得或产生了两项伟大的改革（但并不是每个国家都采用了）：流放地（流放是其产生的唯一因素）和单人牢房。自从单人牢房从美国传入欧洲（但罗马的圣迈克尔分格式监狱和甘德分格式监狱先于美洲的单人牢房）以来，它已经占据了主导地位。

单人牢房，作为仅对普通监狱和劳役机构毁坏囚犯人生理和心理的产物，可能已经有而且还会有许多支持者，这除了其他原因之外，总是伴随着它的有关虔诚和宗教怜悯精神也是一个重要原因。但它也可以批评。

在同样一些监狱学家当中在隔离问题上还存在着一种逆动。257
不分昼夜的、绝对的、连续的隔离（“单独监禁”）初次得到提倡，甚至给罪犯加上了尽管是善意的但却是奇特的头罩和面具。这几乎是可与在意大利的某些城市为帮助受伤者建立的同情兄弟会相提

并论的中世纪的残余。目前，人们看到这种措施肯定无助于矫正罪犯，随后便放松隔离（但仍然是昼夜执行），允许牧师、地方长官和罪犯帮护协会的代表前来会见罪犯。这称之为“单独监禁”。此后，人们认识到夜间隔离确实必要，然后便出现了奥本制：夜间在单身牢房中隔离，白天在一起劳动，并保持沉默。最后，由于人们发现每一种监狱制度尽管都有三种万灵药（隔离、工作和教诲，尤其是宗教教诲），但累犯仍然增加，因此便明白了使一个人长年累月地在这些可怕的人类蜂巢（边沁使法国制宪会议注意名为“圆形监狱”的这种人类蜂巢了）中过一种特拉彼斯特兄弟会般的修道士生活，在其刑满时将他从监狱里放出来后再将他投入到其肺脏已不适应的各种诱惑的环境之中，并非有益。

然后，“累进制”被推广开来，先是在麦科诺基发明它的所在地
258 英格兰，后来又在用 W. 克罗夫顿爵士赋予一个新名称的爱尔兰。尽管这不禁使人想起木偶公司，但相对来说它仍然是最理想的方式。实际的行为就是渴望心情的总和，因为它确切地总结了以前分别代表累进制不同阶段的各种制度。这种观点证实了赫克尔的话。在上述不同阶段中，先是兄弟般的仁爱时期——将罪犯完全隔离，使其恢复良心、倾听良心的谴责或产生虔诚和恐惧的印象；此后便是奥本制时期——夜间隔离，白天劳动（给予劳动的时候），并且强制保持安静。再接下来是农业殖民地和狱外劳动组成的中间制，这就像一个恢复时期，使罪犯的肺脏逐渐适应自由的强烈空气。W. 克罗夫顿爵士认为这一制度属于英格兰制度。最后是附条件释放制时期，如果罪犯在释放期间及释放后一个时期内不再犯罪，就免除其最后一部分刑罚并认为其已服完全部刑期。

前进或后退到另一个阶段是由一种自动的调节器根据罪犯通过其善行或恶行而取得或失掉分数而确定的。我们可以了解附之于其行为的道德或心理学价值——一种纯否定的价值。

这种累进制、渐进制或称爱尔兰制在欧洲取得了最高地位，因 259
此甚至比利时这个推行单独监禁制的传统国家也重新考虑这种建立在日常生活经验基础之上的累进观念，并在大陆国家中率先（1888 年）采用附有条件的科刑制作为短期监禁和单独监禁的替代措施。

我不否认这种累进制比其他制度好，尽管我们绝不能忘记，几乎所有累犯得到改造和减少的巨大成就（开始确实被认为是由于各种新制度的作用，只是后来才产生了怀疑）在爱尔兰完全是将罪犯大批地——占释放罪犯总数的 46%——移植北美洲的结果。我们也绝不能忘记，这样一种要求管理人员训练有素的制度在爱尔兰这样一个只有几百名罪犯的国家推行起来困难不大，但在意大利或法国这样一些具有数万名罪犯的国家推行起来困难要大得多。同样，在这些国家，除非将其与对罪犯进行生物学和心理学分类的原则结合起来，累进制就得不到落实。因为如果不确定对罪犯进行生物学和心理学分类的原则，我们就不能消除被认为是现行刑法之缺陷的非个别化制度。在这种非个别化制度下，甚至在监狱管理中，我们也把罪犯仅仅看作一个我们可以对其适用独居、苦役和教诲三种传统规则的符号。

但是，我强烈地反对，或者只将其作为辅助措施（甚至对预审 260
后审判前的罪犯的隔离也是如此）接受单独监禁本身。在终身监禁的情况下，这种制度荒谬和不人道到了极点。

就像曼西尼在1876年讨论意大利刑法典草案时所指出的："草案中用以代替死刑的终身苦役刑在剥夺和痛苦的严厉程度上其实不同于其他各种监禁方式。它必须在国内设置的一两所专门监狱中执行。终身苦役是人类所能想象到的最悲惨和最可怕的事情。被社会永远遗弃的这些活人的坟墓不像其他任何监狱。它使罪犯连续监禁在单身牢房中，过一种比死还难以忍受的生活。这种不能不使自由人厌恶的最悲惨的情况将持续10年之久。而且，当为身体虚弱或失去理性而损伤的罪犯不能再承受这种监禁时，也不能人为地迅速解除它。"

看了上面的叙述，我对我谴责独居制为19世纪的癫狂之一并不感到遗憾。

独居制这种无益的、愚蠢的、不人道的、耗费很大的"活人坟墓"，即使意大利新刑法将其缩小到最低期限（议会接受了我的修改意见，规定完全隔离的期限为7年）时，也必须废除它。

261 由上述曼西尼对单独监禁的记述中可以看出，古典派犯罪学家和监狱学家从逻辑上得出了应当废除终身监禁的结论。不过，这样甚至会使得谋杀也可能再犯。因此，我们应当废除的显然不是终身隔离本身，而只是不仅在终身监禁中使用而且在其他各种监禁中也都使用的愚蠢并且有害的单独隔离的方式。

单独监禁是不人道的，因为它在罪犯退化程度最小的案件中抹煞或削弱了那种本来就已经很微弱的社会意识，还因为它不可避免地（由于手淫及运动和空气不足等）会导致癫狂或肺结核。因此，它迫使监狱当局为了避免这些疾病而不公平地为谋杀犯建造非常舒适的单身牢房，而不幸的诚实者却不公正地住在农舍或穷人的阁楼中。精神病治疗发现了一种特殊的精神异常病状，叫作监狱癫狂。

在定期或不定期中，单独监禁对于改造犯人起不到任何作用，这主要是因为，如果不改善社会环境，犯人一离开监狱就又回到导致其犯罪的同一环境之中去，我们再关注犯人也没用。罪犯帮助协会那些在一定程度上说很简单的策略不能提供任何适当的社会预防手段。监狱学家犯的一个主要错误就是将其注意力完全集中 262
在单身牢房上面和单身牢房里面，忘记了犯罪产生的外因。因此，经过一种人们很熟悉的心理过程，单身牢房对监狱学家来说，就像钱对贪婪者一样，不再是一种手段，而是成了目的。

而且，由于作为独居制原始目标的真正的隔离不能实现，因此它是无效的。罪犯在走路时或通过写在租来阅读的书页上的字、敲打监狱墙壁、在沙土上留字或者像米兰马萨斯监狱的犯人所干的那样用下水道作电话接收器，等等，可以找到成千上万种相互交往的方法。在龙勃罗梭的《监狱的羊皮纸》一书中可以发现这方面的明显证据。“公众，甚至于许多博学多闻的人都相信，独居制监狱仅仅由于法律规定沉默和不准活动就使罪犯成了一个没有舌头或手的聋哑人和麻痹病人。但是，由于没有任何有效的法令能够改变这些人的本质，因此尽管所有的法规都禁止，但这种囚犯有机体仍然要说、要动，间或还要伤人或杀人。结果便像人类需要从事为法律所禁止的行为时那样，通过隐蔽的、地下的和秘密的手段进行。”

此外，独居制在适用上是不平等的，因为种族的不同对它具有很大影响，而且它实际上是一种令在自由空气和阳光下更独立的南方种族讨厌的北方民族的专制做法。除此之外，在同一民族的

263 人中，由于罪犯，尤其是偶犯的职业不同，隔离的效果也大不一样。在这一点上，福克、费拉斯和塔德认为我们在监狱管理中应当注意市民与农民的区别，这是完全正确的。①

其次，将独居制作为唯一一种监禁方式采用耗费很大，但意大利刑法典和法国1875年的法律及其他一些地方的刑法典都规定了独居制。

而且，由于建造许许多多的监狱耗资很大，因此说谋杀犯和纵火犯在单身牢房中所享受的舒适与诚实的穷人在收养院、贫民院、城市阁楼、乡村茅舍和一些临时陋室中所遭受的痛苦形成了令人痛心的有害的对比，这是有充分根据的。我在与1885年罗马监狱大会有关的各种单身牢房设计展览会上所注意到的一个最重要的成果，就是它向公众说明独居制对罪犯（无论在审判前后）比对那些尽管不幸但仍然保持诚实的穷人有多么好。②

264 在德国像在法国和意大利一样，立法通过法典和专门法规定对各种监禁处罚都实行独居制，但不幸的是由于耗资巨大，到现在为止还没有实行这一制度。因此，我们根据实际上不存在的监狱制度而制定的刑法更荒谬。而且，因为罪犯在法律中的地位并不

① 不过，关于独居制是否应当根据罪犯的国籍、社会状况和性别不同而不同的问题（自斯德哥尔摩监狱大会以来一直未被提出来）被下述决议解决了：“倘若当局了解罪犯的详细情况时，独居制在实施时可以不分种族、社会状况（就市民或农民而言）或性别，但对青少年犯可以例外。如果将独居制规则也适用于青少年犯，它必须在不损害他们身心健康的情况下实施”。（《会议记录》，1878年，第303、617页）

② 甚至监狱学家也一直关心独居制的巨大耗费，并在罗马监狱大会上提出了下述问题：“根据最近的经验，在建造独居制监狱时如何改进才能使其更简便和更省钱，并且不妨碍正确而明智地适用这一制度的必要条件呢？”会上同意赫伯特先生详细举荐的式样，但这一制度仍然没有改变，只是略微减少了一些生活设施。

像法律写的那样，而是像实际执行的那样，所以结果自然也是有害的。

因此，独居制由于对国家以税收的形式收集而来的资金耗费太大，还由于与自由和诚实劳动者的劳动竞争，使诚实阶层的人很难堪。首先，竞争是精神上的，因为罪犯的日常工作和食宿总是有保证，而诚实的工人却没有这种保证。其次，尽管罪犯的收益总额与自由工人相比数量不大，但是经济竞争在某些地方和某种行业仍然很激烈，而监狱劳动永远也不能补偿国家的开支，因为在单独隔离的情况下显然不能组织重要的赢利性的工业。就是制鞋、木器加工等这样一些小工业也挤垮了监狱周围的同种自由行业，因为自由行业不能与低工资的犯人进行这种不平等的竞争。尽管由于道德的和财政的原因犯人必须工作，但我们显然不能由于这些 265
原因而将独居制作为监狱制度的一种模式。

在监狱里，对罪犯只在夜间隔离就足够了，而只在夜间隔离所要求的建筑比独居制监狱所要求的建筑要简单和节省得多。

对囚犯来说，户外劳动是唯一有益的监狱体制的基础。

尤其是在南部地区和对绝大多数农民罪犯，空气、阳光、运动和田间劳动是并未彻底堕落的罪犯所能够获取的唯一的身体和道德消毒剂，或者至少能够通过使其从事有益健康的、报酬更多的劳动防止不可改造的罪犯完全野蛮化。

在需要开发地区的农业流放地对成年犯——按照罪犯的种类（天生犯罪人、惯犯和偶犯）和所犯罪行的严重程度将其流放到最不益健康至最有益健康的流放地——是最好不过的。对那些不能很好地恢复过社会生活的罪犯，还应当加上到矿区劳动，尤其是当矿山属于国家财产时。至于瘴气和沼气,我认为它们杀死罪犯总比杀死诚实的工人和农民要好得多。

已经开垦的农业流放地对青少年犯最有益。

对于那些根据前面提出的原则使其严格赔偿损失还不够的罪犯来说,这是很理想和典型的流放形式。

266 只要是人口拥挤的地方,就有人类的骚动和腐败。只有户外劳动才能保证身体和道德的健康。而且,如果来自城市的罪犯不适应农业劳动,农业流放地就没有理由不尽可能地自给自足。通过设置工场或车间使得罪犯可以努力从事某一项在其自由时习惯做的行业。对于流浪者、乞丐等无业的城市罪犯来说,由于其肌肉不适应艰苦而又正规的工作,农业流放地仍然也是最合适的,因为它提供阳光和各种职业,就像荷兰、比利时和奥地利等国家的农业殖民地已经证实的那样。

犯人的隔离与精神病的隔离会取得同样的进展。首先,精神病院和监狱都存在着可怕的堕落性交往;其次,精神病院和监狱营房式的生活都是人员众多而又隔离的;最后,对精神病人实行所谓乡村精神病院制度,对于能够从事农业和次要工业的无害白痴甚至可以将其置于自由殖民地之中,就像比利时的格希尔那样。同样,对罪犯来说,农业殖民地的卫生的"自由行动的机会"将代替许多大监狱的有环境影响的营房生活。

至于惯犯,其人类学特性提醒我们必须区别犯罪行为的两个
267 转折点,并因此区别防范他们的两种方法。也就是说,我们必须区别他们第一次犯罪的最初时刻和他们成为惯犯、累犯甚至于不可改造的罪犯的最终时刻。

因此，在他们犯罪生涯的最初时刻，显然应当对其适用我即将提到的防治偶犯的措施。然而，当他们在一定程度上由于监禁的作用从偶犯变成惯犯的时候，就应当对其适用我已经提出的防治天生犯罪人的措施。天生犯罪人由于其退化倾向是天生的而不能改造，惯犯由于其退化倾向是后天获得的而不可以改造，但其反社会的程度以及残忍的程度是一样的。不过，惯犯几乎总是犯盗窃、诈骗、伪造、猥亵等轻罪，而天生犯罪人尽管也可能犯简单盗窃或不太高明的诈骗罪但更常犯谋杀、拦路抢劫、纵火等重罪，这是他们之间的一个区别。因此，他们的隔离规则也必须相应地区别开来。

对于偶犯，社会防卫必须具有预防而不是镇压性质，以免使其因错误的监狱体制变成累犯，并因此继续演变为不能改造的惯犯。

在这种罪犯中，将青年犯和成年犯区别开来特别重要，因为预
防性措施对前者远比后者具有明显的减少犯罪的效果。但是，我 268
们必须用对已经犯了罪或可能犯罪的青少年的生理和心理治疗来代替符合刑法典要求的责任分级。

从把对流浪儿的生理和心理治疗作为最有效的刑罚替代措施着手，到推进对未成年犯的具有改造作用的限制性刑事判决，已经有了一套呼唤全面改革的完整制度。依照这种制度，永远不能对未成年人实行监禁。所以，我们必须废除所谓的教养所。如果不考虑由于乞讨、流浪和其他罪行而被送进教养院的少年对温情的矫正所产生的可笑的和危险的骚乱，那么教养所不能产生任何有益的作用，因为在成群地挤在一起的这类少年中会比在青年犯中更容易产生骚乱和腐蚀。

对这些少年犯来说，可以分别将其寄养在诚实的农民家庭，要不然就将其放在与成年犯纪律不同但仍然是根据夜间独居白天在户外劳动并尽可能不拥挤的原则建立的农业流放地。除上述之外，没有其他任何办法。

对于成年偶犯来说，没有必要再坚持对其实行荒谬并且危险
的短期监禁，无论独居与否。但是，短期监禁却几乎成了唯一的镇
269 压模式。将偶犯监禁几天，他们又大多与惯犯交往，因而不会产生
任何威慑效果，尤其是在荷兰、意大利等国刑法典可笑地规定的一
天或三天的期限之内，而且相反，很可能产生有害影响。由于短期
监禁破坏了司法的严肃性，使得罪犯一点也不再担心刑罚，结果便
会在已经遭受耻辱之后在监狱里受到与惯犯的腐败和有害的交往
的影响而再次犯罪。

其实，短期监禁的消极结果（像害消化不良病或下大雪那样会对自由带来限制）非常显而易见，人们现在几乎一致反对它，尽管它仍然是最现代刑法典的基础。

对于在许多轻罪判决中用其他镇压方式来代替短期监禁，学者和立法者提出可以用限制住所、担保、司法警告、非监禁性强制劳动、附条件中止判决或处罚和附条件放逐等措施。目前，附条件判决很受偏爱。

但是，依我看，这些替代措施和短期监禁都不能对像偶犯这样一大类罪犯有效并广泛地适用。

其实，意大利刑法典规定只适用于初次违法的妇女和少年的
270 限制离开住所也不能产生效果。这种措施对那些因职业关系不得
不留在家中的人和那些能够在家里进行任何形式的消遣的富人没

有用，但对那些必须留在车间、商店和办公室等地方工作才能养家糊口的人却有害。进一步说，这种措施在大城市里很难实行，因为每一个被判这种刑的人或许都需要一个专门的看守才行。

善行保释制，由于它对穷人与富人不同等公平，因而很少适用，以至于只是一种与损害赔偿结合起来使用的例外的和辅助性的措施，甚至在有担保的情况下也是如此。

在意大利旧刑法之下经历了多年，新刑法典又力图恢复的司法警告——有担保或无担保的——也不能被严肃对待。无论是偶犯还是情感犯，他们都具有一定的道德感，公众舆论本身就构成了足够的训诫，不再需要来自法官的道德说教了。否则，罪犯没有道德感，警告就仅仅成了一种无用的形式，无论对罪犯还是对公众都没有任何效果。因此，治安法官实际上很少适用司法警告（不同于警察警告。警察警告是另一种既无效又有害的所谓预防措施）。

我们可以承认非监禁性强制劳动，但不是作为一种主刑，而是 271
作为一种强制严格赔偿损失的方式。我仍然认为这对罪行轻微的偶犯是唯一适当的措施。

对附条件放逐（暂时搬出犯罪的地区）也完全可以这么说。作为一种预防措施和在赔偿是主刑的案件中对被害一方的又一补偿，可以适用附条件放逐。

现在，就剩下附条件判决了。在法官认为初犯者需要这种矫正措施的案件中，法官可以决定暂缓一定时期作出判决或执行判决。此后，如果罪犯表现一直很好，而且未犯新的罪行，判决就自行解除，判刑就被认为不存在了。但是，如果罪犯表现不好，又犯了新的罪行，判决就生效，判决所确定的刑罚就要与新罪所处的刑罚合并执行。

但是，这种附条件中止判决表现为两种极为不同的形式。

在马萨诸塞州的波士顿，从 1870 午开始在未成年人案件中，1878 年在成年人案件中，甚至不考虑犯罪的严重性或罪犯从前的表现就一直中止判决的执行。而且，这个习惯从 1880 年起适用于全州。法官所做的一切就是确定缓刑的期限。波士顿有一种缓刑官，他们的工作就是监督被判这种刑的人。缓刑官的权力很大，其
272 中包括一发现监督对象具有不良行为，甚至不等其实际再犯就取消缓刑，使其改服实刑。这项制度还被新西兰和澳大利亚引进了（1886 年）。

在英格兰，霍华德协会提议设置缓刑制度之后，1887 年通过了一项法令，“允许在某些案件中对初犯适用附条件释放”。这一法律将缓刑和善行担保制度结合起来了。根据这种制度，法官只作出判决，但不宣告刑罚。对于从前曾经犯一次的累犯或应当判处两年监禁刑的初犯不允许适用缓期执行。英格兰没有缓刑官，因为监督是由担保罪犯表现良好的人员和机构进行的。

欧洲大陆国家采取另一种方式。这里没有专门人员的监督和善行担保。法官既作出判决又宣告刑罚。缓期执行并不因为行为不良而只能由于实际再犯而中止。

就其目的不受与刑罚期限（为附条件判决留下了余地）和认定再犯及其他细节有关的各种情况的影响这一点而言，这一制度在法国是由贝伦格议员于 1884 年提出的。但是，比利时在关于“附条件释放和附条件判刑”的法律中第一次采用了它，接下来法国于 1891 年才通过的有关“减轻和加重刑罚”的法律也采用了这一

制度。

在此之前，伦敦监狱大会（1872 年）和罗马监狱大会（1885 年） 273
曾就用艰苦的劳役刑代替非劳役性的单纯监禁或非监禁性的强制劳役或限令离开犯罪地及司法训诫的适当性进行过讨论，但未形成决议。

但是，在霍华德协会于 1881 年采取行动之后，国际刑事立法协会在其于 1889 年在伯尔尼举行的大会上，在根据加罗法洛先生的建议坚持“按照地方情况与不同民族的公众舆论和道德特点来确定刑期”的同时，通过了支持附条件判决的决议。这次提议最引人注意。

圣彼得堡监狱大会讨论了用司法训诫或附条件判决代替短期监禁的问题，但这次会议未形成任何决议，并把附条件判决问题推迟到下届国际监狱大会上讨论（1895 年在巴黎召开）。

在奥地利和德国，也有人提出了几个有关附条件判决问题的法案。

我们还有比利时实施这一制度的统计资料。1888 年法要求议长每年向议会做一次报告。当局就这一问题于 1890 年 5 月 14 日和 1891 年 7 月 7 日起草了两份报告。

从 1888 年法生效之日起，到 1889 年 12 月 31 日止，轻罪法庭
作出的 61787 个判决中，有 8696 个是附条件判决。而且，其中有 274
192 个是对累犯的判决。在治安法庭作出的 222492 个判决中，有 4499 个是附条件判决。而且，其中有 45 个是对累犯的判决。

在这 13195 个附条件判决中，因违反刑法典的重罪和轻罪而被作出附条件判决的有 8485 个，因违反治安条例而被作出这类判

决的有 2286 个，因违反自治法规和地方法规而被作出这类判决的有 447 个，因违反特别法而被作出这类判决的有 1977 个。

法官作出这类判决所依据的重罪和轻罪如下：

罪　　型	轻罪法庭	治安法庭
故意伤害	3339	491
盗　窃　等	1803	206
抗拒和攻击当局	961	67
毁坏围墙和财产	211	56
诈骗和违背信托义务	125	5
诽谤和中伤	113	79
不道德行为	112	10

数量在 100 个以下的轻罪是：辱骂，99 个；猥亵，59 个；恐吓，58 个；伪造，49 个；通奸，48 个；伪造假劣食品，44 个；非法伤害，45 个；非法占有，31 个；非法携带和买卖武器，30 个；破产，26 个；过失杀人，20 个。

1890 年，在轻罪法庭作出的 41330 个判决中，有 36660 个判的是 6 个月以下的监禁，7932 个是附条件判决。而且，有 223 个是对累犯作出的。在治安法庭作出的 121461 个判决中，有 6377 个是附条件判决，有 49 个是对累犯作出的。

各种罪行的比例与上一年度大致相同。

275 这些数字其实不能向我们提供多少有关比利时适用附条件判决的效果的情况，就像我们根据短暂的实验所预料的一样。因此，这一问题仍有待于从理论上解决。

关于马萨诸塞州缓刑制度的统计资料没有更大的启发意义。

根据波士顿缓刑官萨维奇先生的10年（1879—1888年）报告，在萨福克县（包括波士顿），免除执行监禁刑的人数，1879年为322人，1888年为880人；但下一年的官方统计是994人。在10年中，缓刑官调查了27052个监督对象，其中7251人属于缓刑，580人被剥夺了法定权利。

马萨诸塞州适用缓刑制度的原因远远不同于比利时适用附条件判决的原因。因此，在波士顿，1879—1888年的缓刑者中，有3161个被指控初次酗酒，有222个被指控习惯性酗酒，有211个被指控第三次酗酒，有958个被指控盗窃，有764个被指控教唆他人犯罪，有470个被指控故意伤害他人身体，有274个被指控扰乱社会治安和游手好闲，有240个被指控违反户籍法，尤其是非法进入商业建筑。

因此，除了两国的刑事立法和社会生活情况不同之外，波士顿制度主要适用于只是酗酒本身而并未真正构成犯罪的酗酒者。

1889年，波士顿共有1125个缓刑犯，其中已查明的累犯竟有 276
64个（占6%）。我认为我们应当谨慎对待这些累犯。就任何一项新的刑罚或监禁制度或措施而言，我们都总能得到有关其所取得的结果在一定程度上很辉煌的数字。但是，所有这些辉煌结果的命运都是如此，即使不变成一种表明需要其他更实际和更有益的措施的否定因素，也会越来越小。其原因在现在和将来都一样，那就是立法者、法官和监狱管理人员都不具备有关罪犯的知识，他们的活动无论如何也不协调。这解释了立法者采取的那些主要是适用于犯罪而不是罪犯而且也并不深深触及真正的犯罪根本原因的措施的表面特征。因此，人们对某项新措施的幻想几乎不到一个月就注定要破灭。

柯岑海姆和瓦先生认为附条件判决与绝对正义的原则相悖。按照绝对正义原则，每一个罪行都应当受到相应的惩罚。此外，如果短期监禁的效果总是不佳，也不应当废除它，而应当以更适当和更有效的方式执行。我一点也不同意这两位先生的上述两点反对意见。

第一点意见对那些遵从实证原则和方法的人来说意义不大。
277 正如高蒂尔先生所说的，从报应公平这样相互矛盾的前提出发来讨论问题没有任何意义。按照报应公平原则，每一个罪犯都需要一个相应的刑罚——“在世界上要有公正”。而且，社会防卫将要为这种形而上学的退化所害。按照社会防卫原则，不考虑社会利益的司法是不公正的司法。

我认为第二点反对意见的基础不扎实，因为短期监禁刑的不利是固有的和难免的缺陷。这些不利没有得到实际改良的机会，因为从杂居制到绝对独居制、从最硬性的规定到最宽缓的待遇，它们都试过了。通过减轻来改善短期刑罚只能产生间接的影响；但实际的短期监禁是微不足道而且徒劳的。

同时，且不详细论及其他反对意见，尤其是针对比照美国制度（美国制度无疑更好，因为它不放任罪犯自流，而且不仅限于针对单纯的法定累犯）和在欧洲大陆实行的附条件判决制度的批评，我不特别衷心赞成附条件判决制度。我对这一制度缺乏热情（尽管第一印象很好），其原因与这项改革的反对者迄今为止所提出的原因不同。

在本书第1版中，我主张镇压在方式上应当对偶犯轻，对累犯
和惯犯逐渐加重，直到终身隔离。意大利的“第一次的过失可以原 278
谅，第二次的过失应当受到鞭挞”的这一古谚语是对公众舆论的不自觉的肯定。从这一点来看，附条件判决，如果像法国法律规定的那样与对再犯者逐渐加重惩罚的制度结合起来，是最足以引起人们注意的。

但是，考虑到附条件判决从此即将被宣告和执行，它有两个与实际刑罚制度相同的特有缺陷。附条件判决的鼓吹者，大多在古典派与实证派之间保持平衡，也不能消除这两个缺陷。

首先，在古典派集中注意力于犯罪，实证派着重研究罪犯，尤其是罪犯生理和心理特征的同时，附条件判决（和到目前为止已经生效的法律）的鼓吹者在两个学派之间搞平衡。他们对罪犯的研究无疑比对犯罪的研究要深，但只是对一般的、抽象的罪犯而不是对活生生的、具体的罪犯的研究（如查明其属于哪一类型）。《比利时刑法典》第9条规定，当判决确定的刑罚不超过6个月时，即使这一刑期是根据两个以上犯罪而被判定的，也可以作出附条件判决。换句话说，附条件判决在犯人犯几个罪——其实（除少数由同
一行为或同一原因引起几个相互联系的犯罪的情况之外）就是累 279
犯——的情况下也允许适用。由此可见，在大多数情况下，这一法律制度并不只是适用于真正的偶犯，因为真正的偶犯（如情感犯）一般来说只犯一个单独的罪。

因此，附条件判决在欧洲的两个基本情况（轻微违法和非累犯罪犯）并不能完全保证其适用的效果。

由于这一制度要求法官除了考虑犯罪与刑罚的法律限度之外，还必须根据行为与行为人的具体情况来确定是否应当对某一罪犯处以附条件判决，因此附条件判决制度容易使法官只注意罪犯的个人情况。

但是，我们知道，不仅监狱里挤满了被判处短期监禁的罪犯，而且法院里还挤满了被指控犯了轻微罪行的被告。因此，即使撇开法官由于每天都得处理10到20个案子而忽视罪犯的生理和心理特征不论，他们也绝对不可能将注意力集中在法院汇存于幻灯片之中的人身上，而只能通过一个标签将注意力集中在对罪犯的违法行为而不是对罪犯本身应当适用哪一条法律上。因此，法官
280 几乎无意识地作出附条件判决，就像他习惯于对减轻情节做有利解释一样。法国于1832年也采用了这一措施，以便使“刑罚个别化”，即强制法官针对罪犯而不是针对犯罪作出判决。我们曾经提议，构成刑事司法之基础的调查、辩论和确定证据必须旨在并最终实现确定罪犯的生理和心理类型。只要不对刑事诉讼程序进行彻底的改革，就不可能通过法官实际适用这些司法措施来克服刑事司法针对犯罪而不是针对罪犯的机械的非人格化倾向。

因此，尽管附条件判决由于短期监禁被滥用并造成了不良后果而得到发展，尽管它坚持了“第一次的过失可以原谅，第二次的过失应当鞭挞”这一基本原则，但它至今仍然具有一种被折衷地嫁接在古老的古典主义的刑事法律和刑事诉讼程序之上的性质。照这样，尽管它形象诱人（因为它意味着向要求对个人犯罪进行集体防卫的实证社会防卫制度前进了一步），但我看依然会在其被适用之后不久就使鼓吹者认为它将产生可喜的有益结果的预言落空。

此外，恰恰因为它被嫁接到了古典刑事司法这一枯根之上，所以它由于忽视了犯罪的被害者而有另外一个非常严重的缺陷。 281

实际上，附条件判决的鼓吹者坚持赔偿损失是私人事情，因为这些人一方面仁慈地要求严格赔偿，但另一方面却在实践中完全无视它。

因此，被处以附条件判决的罪犯可以获得暂缓执行。实际上，依据法律规定，或者像在意大利那样通过罪犯申请，他可以被免除三个月以下的刑罚或暂缓执行，但谁又想到了其被害者呢？

根据这一观点，我们可以认为附条件判决会把事情搞得比以前更糟，因为在殴打、盗窃和诈骗等案件中，被害者甚至不能从对其侵害者判处的刑罚中得到赔偿。此外，费耶先生认为，即使被附条件执行，也依然是刑罚，而且依然包含着公共机构的指责，同时为累犯储存着一个刑罚，在罪犯的缓刑期限终止之前永远在他头上悬着。费耶这种柏拉图式的评论没有任何意义。

所有这一切都够悦耳的——除累犯之外，这纯粹是为了防止重新犯罪，对初次犯罪的被害者没有给予任何满足。不过，尽管这种评论很悦耳，可惜只是推测的和理论上的。就被害者而言，首要 282
的事情是罪犯逃避了惩罚。

其实，尤其是从预防的观点来看，偶犯值得体谅，但被其侵害的诚实的公民更值得体谅。

因此，尽管我不同意加罗法洛在布鲁塞尔提出的附条件判决应当得到被害者同意的观点，但我认为在犯罪被害者得到赔偿，或者至少在罪犯或国家直接保证赔偿之前，不应当作出附条件判决。

总之，对犯了轻罪的偶犯，在犯罪情况表明他不属于危险类型犯罪人的情况下，我仍然像过去一样认为，赔偿其犯罪造成的损失就足够成为一种防卫措施，不需要再对其判处附条件监禁。

至于犯了重罪的偶犯，当赔偿还不够时，在不太严重的案件中，可以附加判处罪犯暂时迁出犯罪地。但在比较严重的案件中，出于实际的个人考虑，应当将罪犯置于农业流放地进行不定期隔离，劳动和纪律比流放地的天生犯罪人和累犯要轻一些、松一些。

最后一种罪犯是由像爱、荣誉等非反社会性而又可以原谅的情感引起犯罪的情感犯。

283 对这些人来说，刑罚作为一种对犯罪的心理上的反作用力是无效的，因为引起其犯罪的心理条件抵消了一切法律威慑作用。

因此，我认为在情感犯案件中，没有必要将罪犯送进犯罪精神病院进行心理治疗，也没有必要将其监禁起来。在其合法的情感通过犯罪的形式爆发之后，他们马上就会受到真诚的懊悔心理的惩罚，这时再加上要其严格赔偿被害者的损失，就足以惩罚他们了。另外，还可以再加上令其暂时迁出犯罪地和被害者家庭所在地。

然而，绝不能忘记，我是针对那些情感刺激实属异常而且表现出我在第一章中所列举的真正的情感犯所具有的生理和心理特征的那些罪犯而言的。

对于那些只是受到刺激，并未完全表现出上述特征，实际上是为恨、复仇、气愤和野心等社会性的可原谅的情感与反社会性的情感结合而驱使其犯罪的罪犯，我的结论不同。这类罪犯包括为气愤、雪恨或报家族荣誉之仇和维护本人荣誉的愿望以及怀疑通奸等引起的谋杀犯以及为性欲等动机驱使而犯故意伤害或毁容罪的

罪犯。我们可以将其列入偶犯之列，并予以相应的矫正。 284

那么，概括起来说，社会预防和抑制犯罪和罪犯的实证防卫制度是根据对作为一种自然和社会现象的犯罪进行科学研究得出的结论而制定的。

只要各国的实践证明古典派所主张的刑罚和监狱制度不仅因为其迂腐而且由于其结果越来越有害而不适应社会的需要时，实证派所主张的社会防卫制度必然会代替古典派的刑罚和监狱制度。

认识菲利[1]

郭建安

恩里科·菲利(Enrico Ferri)是刑事科学中实证学派的主要代表人物,对犯罪学的发展发挥了极其重要的历史作用。他在刑事科学的许多领域都提出了与当时占据主导地位的古典派针锋相对的观点,如自由意志、刑罚的基础、死刑、陪审团制度、无罪推定、犯罪原因与预防、犯罪人的分类及其对策和监狱改革等。在这些问题中,有许多目前在我国学术界还处于如火如荼的争论之中。他的许多结论及其获得结论的方法或许对我们目前的争论具有很大的启示,甚至近年来最为流行的刑法一体化思想也可以在菲利的"大犯罪社会学观"中和他将上述涉及多个刑事学科的问题放在一本书中论述的做法中找到渊源。[2] 鉴于迄今为止对菲利评价上的混乱,利用这次《犯罪社会学》和《实证派犯罪学》修订再版的机会,译者又一次仔细咀嚼了菲利的这两本书,并根据其书中的观点

① 本文原写于2003年5月,并于2015年5月进行了修订。

② 菲利认为实证派培育了一门关于犯罪及其社会防卫的科学,并称之为犯罪社会学。他主张刑法学是犯罪社会学的一个分支学科,并因此遭到了许多刑法学家的反对。参见索尔森·塞林(Thorsten Sellin):"恩里科·菲利"("Enrico Ferri", in Hermann Mannheim ed., *Pioneers In Criminology*, Second Edition, Montclair, New Jersey, Patterson Smith Publishing Corporation), 1972年。

和其他相关资料再一次对菲利及其刑事科学思想做一解读，以便读者进一步认识菲利其人。

一、菲利的生平[①]

恩里科·菲利于1856年2月25日生于意大利曼图亚省的圣贝内德托一个贫穷的经营盐和烟的小店主家庭。他的早期教育有些零乱，先接受了两年私塾似的教育，而后在曼图亚的一个学校接受了两年教育。在这所学校里，他声称未学到任何东西，并在一次试图跳级的考试中失败了。此后，他转到了另外一所学校并成为一名自行车运动狂热分子，但因为辍学而险些被开除。父亲把菲利从学校领回，威胁要让他从事体力劳动。经过一个星期的悔过，菲利又回到了学校，不久就通过了期终考试，获得了进入曼图亚维吉尔高中的资格。

在维吉尔高中，他开始发现自己的能力。还不到16岁，他便受到以出版《作为实证科学的心理学》而著名的大师罗伯特·阿迪格的影响。从阿迪格的课程中，菲利发现了“决定其一生科学方向的智慧食粮”。在其他几门课程中，他的数学成绩很好，对拉丁文也很感兴趣，但是对希腊语不感兴趣，甚至被迫在期末考试中作弊。

中学毕业之后，菲利进入博洛尼亚大学。在该校学习的三年中，菲利头两年花在课外活动上的精力太多，但选修了法医学和刑

---

① 菲利的生平系根据索尔森·塞林撰写的“恩里科·菲利”（“Enrico Ferri”）一文整理的。

法学课程。刑法学是由古典派刑法学的主要代表人物彼德罗·埃勒诺讲授的。到第三学年，菲利才开始静下心来学习。在此期间，他构思了毕业论文，试图证明现行刑法学中含糊不清的自由意志概念是虚构的，根据这一虚构概念建立的虚假的罪犯道义责任应当让位于社会责任或法律责任的概念。菲利认为，每一个人都应当因其行为向社会负责的原因，是由于他是一个社会成员，而不是由于他能够选择非法行为。这篇论文于1877年成功地通过了答辩，菲利获得了博洛尼亚大学的学士学位。

在向古典派刑法学理论发起首次攻击之后，菲利又到比萨大学学习了一年。在比萨大学，他通过听取讲座认识了传统刑法哲学大师弗朗西丝科·卡拉拉，卡拉拉时任比萨大学刑法学教授。菲利与每个人争辩他的观点，因此获得了“自由意志菲利”的绰号。菲利的理想是成为一名大学教授。为了给自己的教师生涯做准备，菲利在此期间系统地练习自己的演讲技巧，积极锻炼身体。他每天随身携带一些卡片，随机抽取一个题目，大声地独自演讲上一个小时。此外，他还修订了他的学士学位论文，准备出版。到一年结束时，卡拉拉对菲利的“挑衅”既愤怒又欣赏，大叫“菲利不是来向我们学习的，而是来教我们的”。他还允许菲利根据其“新思想”做了一次关于犯罪未遂的讲座。

龙勃罗梭对菲利的影响非常重大。1878年夏季，在菲利22岁时，他的学士学位论文出版了。他寄给了龙勃罗梭一本，龙勃罗梭在回信中对菲利给予了祝贺和鼓励。但是，在与他们共同的朋友菲利普·图拉提谈起这件事时，龙勃罗梭称“菲利实证得还不够!”菲利得知龙勃罗梭对他的这一评价之后感到忿忿不平，他在写给图拉提的信中称:“什么！难道龙勃罗梭建议我,一个法学家,为了足够实证也去测量罪犯的脑袋吗?!”但是,后来菲利认识到,他依然在沿用经院式的、形而上学的方式思考和写作,其论文中的可归责理论与对自由意志的否定不协调,经院式的、形而上学的逻辑推理思维模式是为实证学派所不容的。

当年,因为他出版的论文,菲利获得了去法国从事一年研究的奖学金。在出发之前,他给自己定的任务是,通过对 1826 年以来的司法统计资料的分析来研究法国 50 年间的犯罪趋势和特征。尽管收集资料占用了他的大部分时间,但菲利在法国期间仍然抽时间学习了德语,听了政治理论家拉布莱和自然人类学家特勒法吉斯·德·布劳等人的讲座,还给龙勃罗梭的书写了一篇长篇述评。在法国一年的研究使菲利对实证研究方法有了更充分的认识和更熟练的掌握。尽管他没有完全接受实证主义哲学,但是他不断宣称“实验的”,即通过调查推导的方法是唯一能够创造一个国家聪明地处理犯罪问题的知识的方法。

1879 年春,在离开法国回国之前,菲利申请了罗马高级教育理事会的刑法学讲师资格和龙勃罗梭所在的都灵大学刑事诉讼法讲师资格。菲利在比萨大学学习期间为成为一名教授而做的准备帮了他的大忙。都灵大学的考试委员会要求菲利做一次试讲,他选择了陪审团制度。在试讲中,菲利反对陪审团对普通犯罪的审理,试讲很成功。经过试讲,菲利获取了都灵大学的讲师资格。他试讲的手稿经过整理之后,于 1880 年出版,成为一篇著名的论文。他向罗马高级教育理事会提出的申请遇到了强烈的反对,因为理事会中一名非常有影响的成员反对他的观点。但是,他按要求做了一次关于刑罚替代措施的讲座。在讲座中,他把一个国家为了预防犯罪并因此减少刑罚适用而采取的刑事立法之外的所有社会措施通称为刑罚的替代措施。就是在这次讲座中,菲利第一次提出了犯罪饱和法则。

在都灵大学,菲利完成了对法国犯罪统计资料的分析,写出了一部书稿。他认为,龙勃罗梭的研究主要限于习惯性犯罪人和精神病犯罪人,是犯罪问题中很小的一部分。他主张,犯罪与其他各种人类行为一样,都是多重原因的结果。尽管这些原因实际上总是交织在一个密不可分的网络中,但是基于研究的目的可以将它们分开。犯罪的因素有三个:人类学因素或称个人因素、自然因素或称地理因素、社会因素。

在这项研究中,他选择社会因素进行调查基于两个理由:一是对犯罪现象的调查范围需要拓宽;二是社会因素与社会和立法实践的关系更为密切。即使立法者对人类学因素和自然因素有所了解,也很难通过立法加以改变,而社会因素则能够受到立法的影响,因为它们更易于处理。他的研究结论证实他的选择很明智。通过对法国 50 多年犯罪统计资料的分析,菲利发现法国的犯罪现象呈大幅度的增长。因为人类学因素和自然因素在同一时期没有多大变化,所以法国各类犯罪的普遍增长是由社会环境的变化引起的。

菲利的第一项实证研究便获得了承认。1882 年,其研究结论发表不久,他被司法部长任命为意大利司法和公证统计委员会的成员,任职 10 多年。

在都灵大学,菲利师从龙勃罗梭。他确信,要确立关于犯罪、刑罚和罪犯的原则，首当其冲的是研究罪犯和监狱，因为事实应当先于理论。他作为龙勃罗梭的学生，不断访问监狱、精神病院和实验室。在龙勃罗梭主编的《精神病学档案》创刊号中，菲利投了两篇稿子，一篇是关于刑罚替代措施的，另一篇是关于犯罪人类学和刑法学之间关系的。在后一篇论文中，他首次提出了对犯罪人的分类，即天生犯罪人、精神病犯罪人、激情犯罪人、偶发性犯罪人和习惯性犯罪人的五分法。虽然在都灵大学仅仅待了一年，但是菲利与比他年长 20 岁的龙勃罗梭之间建立起了深厚而持久的友谊。他们相互尊重，彼此大受裨益。菲利对龙勃罗梭的实证方法有了更进一步的认识，龙勃罗梭也从菲利的社会学观点中受到了很大启发。

1880 年，博洛尼亚大学刑法学教授埃勒诺被任命为意大利最高法院法官，其所担任的教授职位出现了空缺。在就任最高法院法官之前，埃勒诺表示希望菲利能够继任他的职位。这样，菲利在获得学士学位 3 年之后又回到他的母校担任了刑法学教授。菲利成为一名大学教授的愿望最终实现了，而且逐渐表现出了他所特有的教师天赋。1880 年 12 月，菲利做了一次关于“刑法和刑事诉讼新视野”的讲座之后，一名在场者将他的讲座描绘成该校校史上具有划时代意义的事件。正是从这次讲座开始，菲利的《犯罪社会学》书稿逐步形成了。

在博洛尼亚大学，菲利开始追求他未来的刑事司法系统应当由了解罪犯的人管理的理想。在刑法教学中，他带领学生去访问刑罚机构和精神病院。1881 年秋，他开始研究卡斯特弗兰克·艾米里亚和佩扎罗监狱中的 699 名罪犯、博洛尼亚精神病院的 301

名精神病人和博洛尼亚当地的711名军人。军人作为控制组的样本,研究方法是个案研究。他从这些机构的档案中收集资料,在监狱的牢房或院子中直接观察每一个罪犯,对每一个罪犯面谈和检查一个半小时。对罪犯的检查一半是生理检查,一半是心理检查。这一研究项目前后持续了3年,菲利根据研究所获得的资料写出了一篇关于杀人与自杀的论文和一部关于杀人的专著。

1882年,菲利离开了博洛尼亚大学,接受了锡耶纳大学的教授职位。在该大学供职的4年是菲利在教学和研究上成果卓著的4年。他写出了《作为社会功能的惩罚的权力》《实证派刑法学》《集体财产与阶级斗争》和《社会正义与犯罪现象》等论著,出版了关于杀人与自杀的专著,再版了他的《新视野》,在1885年举行的国际监狱大会和同时举行的第一届犯罪人类学大会上发表演讲,谴责了独居制。

此后不久,菲利告别了平静的大学氛围。1886年3月,曼图亚省的一大批农民因为与其地主之间发生纠纷而被以煽动内乱罪起诉。他受聘担任了辩护律师。在辩护中,菲利从社会经济方面在法庭上做了精彩的演讲,使得这一大批农民得以被当庭无罪释放。

3个月之后,菲利在30岁时被曼图亚省选举为意大利众议院议员。此后他代表不同的选区连续11次竞选都成功了,连任议员直到1924年。菲利的首次当选纯粹是他个人的胜利,因为他不代表任何党派。在政治上,他的研究结论使其接近了社会主义,但是当时意大利盛行的天真的乌托邦社会主义使他没有做出理性地接受社会主义的选择。他多次向那些宣称社会主义社会将消除犯罪的人们指出，犯罪是一种不可避免的现象；每一个社会，无论性质如何，都有自己的犯罪形态。在封建社会，侵害人身罪是主要的犯罪形式；在资本主义社会，盗窃和诈骗犯罪盛行；到社会主义社会，新的犯罪形态将会产生。他为曼图亚农民所做的著名辩护表明他几乎已经成为一名马克思主义者。他自己在 1925 年重温这篇辩护词时声称，他认为自己为曼图亚农民暴动案辩护时的所作所为已经使他无意识地成为一名马克思主义者。他的辩护词“完全从历史唯物主义出发，以此来证明历史上个人和社会的行为都是个人和集体的根本和决定性的经济状况的产物”。

当选众议员之后，菲利一家搬到罗马居住。菲利于 1884 年与一名佛罗伦萨姑娘卡米尔·瓜奈里结婚。他们的婚姻从各方面看都很美满，两个人养育了两儿一女。

在国会，菲利隶属于激进自由主义派。他放弃了在锡耶纳大学的教授职位，但是在罗马大学以“自由讲师”的身份讲课，撰写关于实证学派及其使命的论文，开始以出庭律师的身份出名，着手在非常贫穷的曼图亚农业工人中组织合作社。1890 年，他应邀接替卡拉拉在比萨大学的职位。但是，他在这一职位上仅仅干了 3 年。一方面基于他对经济决定论的信念，另一方面基于他对其选民的忠诚，菲利于 1893 年参加了由其选民建立的意大利社会主义工党。这一行为使他丢掉了在比萨大学的职位。

此后，菲利一家搬到了费苏里附近的圣多米尼克，在那儿居住了几年。菲利对政治生活越来越狂热。他发现其政党在国会中的势力较弱，便投身到教育群众之中去。他妻子称，在 20 多年的时间里，菲利每年 365 天中有 200 多个夜晚是在火车卧铺上度过的。

菲利成了出色的人民演说家。他就科学、历史、经济、社会学等40多个题目到处演讲。在全意大利,没有一个村子他没有去过。城市人民更是经常听到他的演讲。1896年,当全国社会主义党大会决定创办一份党报《前进报》时,又是菲利外出演讲3周筹集了所需的1万里拉,后来又担任《前进报》的主编。

在国会,菲利的影响越来越大。1899年,他领导阻止了一项政府议案的通过。1903年,他发动了对海军部渎职行为的调查。这一行动使他陷入了诉讼,海军部长以诽谤罪向他提起了刑事诉讼,他甚至被法庭判处了11个月监禁。但是,后来国会成立了一个调查委员会。调查委员会查明,菲利对海军部的指控都属实。他在国会受到了称赞,针对他的判决也被撤销了。

1906年,他应邀继任了罗马大学因派罗梅尼的刑法学教授职位。过去,他几次被其他大学提名为刑法学教授人选,但是都因为他的政治观点和政府在刑法上的保守观点而最终被否决了,尽管他作为"自由讲师"到处做讲座。1895—1903年,菲利每隔一年到布鲁塞尔大学去做一次讲座。1889—1901年,他每隔一年到巴黎高级社会研究学院做一次讲座。他还到荷兰和佛兰德的大学演讲。1908年,菲利到南美洲做巡回演讲,在110天里做了80次演讲,演讲的题目主要是针对一般听众的。这次巡回演讲相当成功,两年之后他又应多所大学的邀请回到南美向专业人士演讲。

为了传播自己的观点,菲利积极参加各种专业国际会议。他几乎参加了所有国际犯罪人类学大会,多次参加国际刑事科学学会(现国际刑法协会)大会,并参加了1885年和1925年的两届国际监狱大会。通过这些国际会议,菲利的观点在国际上也非常著名。

在参与政治和学术活动的同时，菲利还积极推动刑法改革。他于1892年创办了一份法学刊物《实证学派》。这份刊物为实证派学者提供了一个自己的论坛，他们在上面宣传实证派的主张。菲利一直担任该刊的主编（或编委会主任），直到去世。在刑法改革方面，实证派主张，法官要受过良好的训练，而且所有处理犯罪或罪犯的人都应当专业化。

1912年，菲利在罗马建立了一个应用刑法和刑事诉讼学院，吸引了许多学生，甚至还有一些来自国外的学生。

1919年，意大利司法部长、菲利的中学同学莫塔拉邀请菲利出任起草一部新刑法典草案的委员会的主席，该委员会起草的刑法典草案拟代替1889年旧刑法典。委员会应当由各个学派的代表组成，但是由于议员辞职等原因，到最后绝大多数成员都是具有实证派倾向的。1921年，菲利主持起草的刑法典草案出炉。尽管在起草委员会中具有实证派倾向的成员占了绝大多数，但是草案中依然包含了一些古典派与实证派观点之间的相互妥协。这份草案受到了热烈的欢迎，被翻译成了包括英语在内的多种文本，人们都期待着它在国会获得通过。

但是，人们的希望最终落空了。第一次世界大战之后，法西斯在意大利取得了政权。新政权不再用菲利主持起草的刑法典草案，而是组建了一个新的起草委员会，菲利也是其中的一个成员。但是，菲利此时的政治热情已大大减弱，他因为社会主义工党“既不知道如何发动革命，也不想承担掌权的责任”，便退出了该党。1924年，他又拒绝连任，从而辞去了众议员职务。新的刑法典起草委员会于1927年提出了一份草案,1930年获得了通过。对于这一刑法典,菲利在理论上反对其中的许多概念,他认为该刑法典带有新古典派的中庸色彩。但是,作为“一个实际的人”,他从其中看到意大利向着正确方向迈出的一步。对于法西斯主义,他认为就刑事司法而言有些价值,因为它符合菲利的一贯观点,肯定国家权力,反对极端个人主义。1929年3月,在逝世前一个月,菲利被提名为参议员,但他一直未做出答复。

菲利毕生追求科学和理想,取得了非凡的成就。他22岁就出版了专著,被公认为实证派刑事科学的领袖。菲利还是一个非常成功的出庭律师和当时意大利最著名的法庭辩论家、国会议员、社会主义报纸的主编、公共演说家、大学教授、许多倍受尊敬的学术著作的作者和一份影响巨大的杂志的创办者。他举办了2300多场学术讲座、600多场公共讲座,发表了数千场政治演说,涉及的题目有40多个。

他把自己的生活安排得井井有条,整个上午(从7点至12点半)都用来写作,下午阅读专业文献、做笔记和写信,晚上8点之前结束一天的工作,吃完晚饭就上床睡觉。他非常有节制,从不抽烟,坚持体育锻炼和体力劳动。夏季,他通常带全家到意大利各地去度假,在度假中他尽可能摆脱所有工作来休息。8月至9月,他外出旅行参加各种国际会议。他不喜欢歌剧和音乐会,因为那会打搅他的睡眠。

菲利于1929年4月12日逝世,“犯罪学史上一位最多彩和最具影响的人物消失了”。菲利在晚年将其主要观点做了系统的整理,在逝世的前一年以《刑法原理》为题出版发行。在《刑法原理》

中，他阐述的主要观点如下：

意志自由的概念将在刑法中失去地位；

社会防卫是刑事司法的目的；

犯罪的原因包括三因素；

犯罪人分为五类；

刑罚替代措施是间接社会防卫的手段；

犯罪的动机而不是客观性质是刑罚的基础；

建立农业刑罚殖民地来代替单独监禁制度；

以不定期刑代替定期刑；

建立犯罪精神病院；

废除陪审团制度；

强调对被害人的赔偿应当作为公法中的一种刑罚；

研究犯罪必须研究罪犯。

其他学者在此之外还列举了他另外一些观点，如对“天生犯罪人”术语的界定；以法律责任代替道义责任等。这些观点在后面的部分都将做详细阐述。

二、菲利的政治倾向

分析菲利的政治倾向是一个很有意思的问题。在西方，有些学者将其称之为马克思主义者，菲利自己也这么认为；还有一些学者认为其认同法西斯主义，甚至与法西斯主义结盟。在我国，很少有人注意菲利的政治倾向，多数学者只关心他的学术观点。但是，在改革开放之前和改革开放之初，也有学者通过分析菲利的学术观点对他进行政治剖析和批判。例如：有学者将菲利的犯罪原因三因素论归结为“犯罪被动理论”，认为“如果说客观上在揭露资本主义制度本身就是犯罪的渊薮，不无一定道理，但用它来了解观察社会主义社会的犯罪，将近于荒谬了”。还认为菲利对变态罪犯做出的退化型与进化型的区分，虽有历史进步意义，但是“实质上仍然是不准‘新人类思想的先驱者’越资产阶级法律规定的雷池一步”，还推导出菲利犯罪原因三因素说中的社会因素“为资产阶级辩护的本质昭然若揭”。[①] 还有学者称菲利的“犯罪饱和论”是对马克思主义犯罪观的反动。[②]

通过对菲利的著作和其生平所为的研究，可以肯定菲利在政治上是站在其所处的时代前沿的，而且是一名不完全彻底的马克思主义者。他认同马克思主义理论，向往马克思主义描绘的社会主义制度，但是反对包括马克思主义所倡导的暴力革命在内的一切暴力手段。然而，在晚年退出意大利社会主义工党时，他自述的理由又是工党“既不知道如何发动革命，也不想承担掌权的责任”。由于所掌握的资料有限，笔者难以据此得出他晚年改变了自己反对暴力革命观念的结论，也难以得出他因为自己对社会主义制度信仰消退而退党的结论。一些西方犯罪学学者也将其当作马克思主义者。[③] 从笔者所掌握的资料来看，以下几个方面还可以略显菲利的政治倾向。

---

① 周密：《论证犯罪学》，群众出版社1991年版，第96页。

② 康树华：《犯罪学——历史·现状·未来》，群众出版社1998年版，第235页。

③ 如索尔森·塞林。在与笔者的交往中，澳籍香港大学犯罪学家罗德里克·布罗德赫斯特(Roderic Broadhurst)博士也这么认为，并表示愿意将其他有关马克思主义犯罪学的著作寄给笔者。

首先，他反对资本主义制度。他谴责资本主义赖以存在的基础——“自由竞争”。他指出：“我们的文明中显然存在着引起犯罪的经济因素，自由竞争规律实际上是一种变相的同类相食，其法则即‘你死我活’。在有限的职业中，工人的竞争就等于有些人就业是建立在他人失业的基础上的，这是一种变相的人吃人的形式。竞争者虽不像原始人那样相互蚕食，却是通过诽谤、推荐、保护、金钱等手段搞垮对方，以保证最善交易者的地位，而使最诚实、最有才能及最具有自尊心的人沦于饥饿的痛苦之中。”①

他也谴责资本主义现代工业的弊端。他认为：“现代工业违反自然规律，妨害人类的天然作息。因为蒸汽机日夜工作，永不停息，所以太阳落山已不再是工人休息的信号，而是下一班工作的开始。这不仅适用于成年人，而且也适用于那些处于身体发育阶段的未成年人，因为他们的肌肉力量也能为资本家生产利润。而且，这还适用于在神圣的妊娠期内的母亲，她已变成了工业机械中的一个齿轮。你将会发现，把孩子留在家中，任其在污秽的生活环境中自生自长，那他这段历史必将被记录在犯罪统计册之中，这就是我们所谓人类文明的耻辱。”②

他还谴责资本主义的统治阶级对反对资本主义制度的所谓政治犯进行残酷镇压。他指出：“统治阶级已失去敏锐的目光，因此欲为过去的政治谋杀犯树碑立传，以宣扬自己的胜利，但却像对待其他普通罪犯一样，判处那些一心致力于革命理想的人，把新人类

① 〔意〕恩里科·菲利：《实证派犯罪学》，郭建安译，中国人民公安大学出版社2004年版，第170页。

② 同上书，第140页。

理想的先驱者投入监牢，就像俄国把叛逆者托尔斯泰逐出教会一样。”①

他对当时资本主义社会不断增长的犯罪现象的分析，特别是其提出的犯罪饱和理论与马克思主义的分析有着惊人的相似。恩格斯在考察了资本主义社会的犯罪现象之后指出：“犯罪按照特殊的规律性在年年增长着，一定的原因按照特殊的规律性在产生一定的犯罪行为。工厂制度流行的结果就是犯罪数量到处在增加……这种规律性证明犯罪也受竞争支配，证明社会产生了犯罪的需求，这个需求要由相应的供给来满足；它证明由于一些人被捕、放逐或处死刑所形成的空隙，立刻就会有其他的人来补充，正如人口一减少立刻就会有新来的人来补充一样。”②

他根据其犯罪原因三因素理论得出的所谓“犯罪被动论”，其实也可以从马克思主义经典作家的著作中发现类似的论述。恩格斯在提出上述论断的同一篇文章中指出：“穷困让工人在几条道路上选择：慢慢地饿死，立刻自杀，或者随便在什么地方见到他们所需要的东西，只要可能就拿走，干脆说，就是偷。如果大多数的人宁愿偷东西而不愿饿死或自杀，那我们是不应该奇怪的。当然，工人中间也有许多人很讲道德，即使弄得山穷水尽也不愿去偷，而这些也就是饿死或自杀的人。”③

---

① 〔意〕恩里科·菲利：《实证派犯罪学》，郭建安译，中国人民公安大学出版社2004年版，第173—174页。

② 恩格斯：《英国工人阶级状况》，载《马克思恩格斯全集》，第一卷，第623—624页。

③ 同上。

其次，菲利认同达尔文、斯宾塞的理论，运用马克思主义历史唯物论分析犯罪原因，明确表现出崇尚社会主义社会的倾向。他指出："达尔文于1856年出来总结了一个世纪以来的研究成果，以科学的名义打破了人类为万物之王和中心的堂堂幻想。为了回击黑暗势力的攻击和诽谤，他论证了人不是万物之王，而只是动物进化过程中最后的一个阶段而已，自然界充满着永恒的活力，因此动物、植物以及矿物从不可目睹的微生物演变成最高形态——人类。""人类中心说的幻想，在科学的成就面前，不得不逐渐破灭，达尔文的理论如今已经深深根植于我们的思想之中。""地球中心说和人类中心说已经消失，而阶级永恒不变的幻想依然存在。""以哥白尼、伽利略和达尔文的理论为基础建立起来的科学，在理论上都以社会主义作为人类社会的最终归宿。社会主义只不过是经济和社会制度的一种自然的和物质的变迁。"①

根据他的犯罪原因理论和犯罪饱和理论，他明确提出，到社会主义社会，绝大多数犯罪会减少，尽管与社会主义社会相适应的犯罪形态还会存在。"我们不相信，在最近或遥远的将来，人类能够消灭全部犯罪。甚至于我们盼望的建立在友谊及社会正义基础之上的社会主义社会本身，也不能天真地绝对深信，犯罪、精神病及自杀将会从地球上全部消失。但是，我们坚信，犯罪、精神病和自杀的某些特定形式将会消失，除了由于创伤及自然等因素的影响而产生的、少见的偶发形式之外，其他任何形式的犯罪、精神病及

① 〔意〕恩里科·菲利：《实证派犯罪学》，郭建安译，中国人民公安大学出版社2004年版，第147—149页。

自杀都将完全消失。”[①]

从今天的情形来看，他对社会主义社会犯罪的预测仍然有失客观，与其同代的许多马克思主义者一样，包含了很大的理想主义成分。

最后，菲利为建立其理想中的社会主义社会做了尝试。他参与重建了意大利社会主义工党，并多次为该党筹款，担任该党中央机关报《前进报》的主编。作为国会内反对党的领袖，他带头阻止过政府提案的通过，发起调查海军当局的渎职行为，就科学、历史、经济、社会等40多个题目向民众演讲，以历史唯物主义的观念教育和发动公众。

至于他晚年与法西斯主义统治的关系，他自己的表述是：从法西斯政权所采纳的刑法草案中看到意大利朝正确的方向迈出了一步，法西斯主义中有一些刑事司法价值，那就是肯定国家权力，反对古典派所倡导的极端个人主义。但是，从理论上讲，他反对其中的许多观念。这很难证明菲利认同法西斯主义、甚至与法西斯主义结盟。事实上，新上台的法西斯政权摈弃了他主持起草的刑法草案，另起炉灶搭了新班子从事这件事。而且，在法西斯主义执政之后，菲利就拒绝连任已经担任了长达38年之久的众议员，对于参议员的提名，他也始终未做答复。从法西斯政权和菲利的这些所作所为看，很难得出菲利认同法西斯主义的结论。

---

① 〔意〕恩里科·菲利：《实证派犯罪学》，郭建安译，中国人民公安大学出版社2004年版，第202页。

三、菲利的刑事科学思想

如在开头所述，菲利对刑事科学的研究思路体现的是刑事一体化思想，因此他涉猎的领域很广，基本上是把犯罪学、刑法学、刑事诉讼法学和监狱学中当时具有争议的问题都放在一起进行研究，并代表实证派提出了主张，其中包括刑事科学的目的、自由意志、犯罪原因、犯罪预防、犯罪人分类及其对策、无罪推定、死刑制度、陪审团制度、监狱改革等。

(一)主张刑事科学的目的在于解决实际的犯罪问题

菲利主张，刑事科学的目的在于解决实际的犯罪问题，而不仅仅为了如何更恰当地处罚犯罪。在阐述实证派犯罪学产生的历史背景时，他指出："犯罪的祸患与现代文明的繁荣形成了一个阴暗而惨痛的对比。由于生理学和自然科学的巨大进步，人类在19世纪取得了战胜死亡和传染病的重大胜利。但是，另一方面，正当传染病逐渐消失之际，我们却看到道德疾病在我们所谓的文明社会中大量增长；当有了运用实验方法消除各种病因的科学医治手段之后而使得伤寒、天花、霍乱等疾病大大减少时，另一方面我们却看到精神病、自杀和犯罪这三种令人痛心的社会疾病在不断地增长。那么很显然，尽管不是专门但是主要研究这些社会疾病现象的科学感到，有必要发明一种更加准确地诊断这些社会道德疾病的方法，以便进行某种有效和更加人道的治疗，从而在同精神病、自杀和犯罪这三种阴暗现象的斗争中，取得更大的胜利。"实证派犯罪学便是为了适应这一需要而产生的。因为"在意大利，当古典派犯罪学理论发展到顶峰时，这个国家却同时存在着过去从未见

过的数量极大的犯罪行为的不光彩状况，这确实是一种令人惊异的对比。”[①]“由于意大利人对研究犯罪学有着特殊的兴趣，因此实证派犯罪学源于我们意大利并不是偶然的。同时，它的诞生也应归结于我国的特殊环境，这种特殊环境即一方面犯罪学理论非常发达，而另一方面实际上犯罪行为又不断增长，这便形成了一个强烈而令人惊异的对比。”[②]

菲利申明，实证派犯罪学首先研究犯罪的自然起源，然后研究其法律后果，以便通过社会和法律手段提供对导致犯罪产生的原因发挥最大影响的各种救治措施。对于当时依然占主导地位的古典派的批评，菲利声称不用辩驳，因为“我们使用两种不同的语言。对我们来说，实证方法是获取知识的钥匙；对他们来说，从逻辑推理和传统观念中可以得出一切。在他们看来，事实应当让位于演绎；在我们看来，事实应当居于支配地位，任何推理都应当从事实开始。在他们看来，科学只需要纸、笔和墨水，其余都来自装满书籍的大脑；在我们看来，科学需要耗费很长时间逐个审查事实，并对它们进行评估，找出它们的共同点，从中分析出中心思想。对他们来说，演绎或故事足以推翻通过各种观察和分析而积累的无数事实”。

具体来说，实证派刑事科学包括以下几个方面：(1)通过人类学、心理学和犯罪精神病学对作为个体事实的犯罪(罪犯的身体和心理状况)进行科学研究；(2)通过犯罪统计学、专题研究和比较种

① 〔意〕恩里科·菲利：《实证派犯罪学》，郭建安译，中国人民公安大学出版社2004年版，第121—122页。

② 同上书，第126页。

族学对作为社会事实的犯罪(自然和社会环境状况)进行科学研究;(3)这些科学研究的目的是将预防性质和镇压性质的社会防卫措施系统化。预防性质的社会防卫措施,既可以是通过刑罚替代措施实施的间接的或遥远的手段,也可以是通过警察实施的直接的或最近的手段。①

在《实证派犯罪学》和《犯罪社会学》中,菲利反复谴责古典派所进行的经院式的、形而上学的研究,一直强调刑事科学的研究目的是为了解决实际的犯罪问题。

(二)反对古典学派的自由意志学说

众所周知,实证派刑事科学是作为古典派的对立面而产生的。但是,作为一个历史唯物主义者,菲利还是充分肯定古典派的历史地位的。从其著作中可以看出,菲利不但充分肯定古典派犯罪学的历史进步意义,而且承认一些古典派犯罪学家对实证派犯罪学的产生起到了很大的推动作用。在谈到对实证派犯罪学的产生起到承上启下作用的具体人物时,菲利历数了弗朗西丝科·卡拉拉、恩里科·佩西纳、基奥凡尼·博维奥、基奥毕铁、弗莱罗、康福铁、蒂索克斯、弗朗基里、马里奥·帕加诺等一大批古典派犯罪学家的名字。②

在谈到贝卡里亚时,菲利称:“那不勒斯科学学会在犯罪学研究上保持了19世纪意大利人心中的名声,外国学者都不得不承认犯罪学是我们的专长。事实上,除了两大本水平较高的研究罗马

① 参见“恩里科·菲利”一文。

② 〔意〕恩里科·菲利:《实证派犯罪学》,郭建安译,中国人民公安大学出版社2004年版,第123—134页。

法典的著作以及研究犯罪学的应用犯罪学家之外，切萨雷·贝卡里亚的小册子揭开了犯罪学发展史上的光辉一页。”而且，菲利还特意指出，1764年，贝卡里亚出版其《论犯罪与刑罚》时，出版日期和地点都是伪造的，因为这本书反映出作者渴望法国大革命高潮的到来。在书中，贝卡里亚猛烈抨击中世纪刑法的野蛮，坚决反对刑讯逼供和死刑，并因此被保守势力称之为“人类正义和道德的破坏者”，还被谴责为“强盗和杀人犯的保护伞”。“在古典派犯罪学创立的伟大历史时期，贝卡里亚也为其时代以一个世纪之后用来反对我们的理由所抨击。”

在谈到古典派犯罪学的历史作用时，菲利称，在古典派犯罪学家的推动之下，死刑在一些国家已被废除，刑讯逼供、没收财产和肉刑也被取消。[①] 他甚至说：“一个实证派学者如果认识不到其前辈在此辉煌而又令人厌烦的领域内进行了反对无知的斗争，并给后人留下了不可磨灭的历史足迹，则足以证明其目光短浅。因此，实证派犯罪学的追随者对古典派犯罪学表示了最诚挚的敬意。”[②]

菲利认为，实证派犯罪学与古典派犯罪学在很大程度上有继承的关系。“古典派犯罪学的历史使命在于减轻刑罚。”“古典派犯罪学实际的辉煌业绩在于宣传了废除中世纪最野蛮的刑罚，如死刑、严刑拷打和肢体刑等酷刑。现在，我们将接过古典派犯罪学的现实的和科学的使命，担负起一种更为高尚而又富有成效的任

① 〔意〕恩里科·菲利：《实证派犯罪学》，郭建安译，中国人民公安大学出版社2004年版，第129—133页。

② 同上书，第122页。

务——在减轻刑罚的同时减少犯罪。”[①]

但是，菲利及其实证派犯罪学同人彻底否定古典派犯罪学的理论基础——自由意志学说。菲利指出：“古典派犯罪学和一般公民均认为犯罪含有道德上的罪过，因为犯罪者背弃道德正轨而走上犯罪歧途均为个人自由意志所选择，因此应该以相应的刑罚对其进行制裁，这是迄今为止最流行的犯罪观念。人的自由意志的观念（因果关系是其中唯一不可思议的因素）引出一个假定，即一个人可以在善恶之间自由选择。但是，当用现代实证研究方法武装起来的近代心理学否认了自由意志的存在，并证明人的任何行为均系人格与人所处的环境相互作用的结果时，你还怎么相信自由意志的存在呢？”[②]

对于自由意志的否定，菲利是从科学对精神病的认识和治疗历史开始的，认为实证派犯罪学所经历的道路与精神病学所经历的历史一样。在那不勒斯大学演讲时，菲利指出：“各位可以从萨瓦的达奎恩、法国的佩内尔、英国的哈西·塔克的著作中发现同一例证，他们试图发动一场治疗精神病的革命。我们对这段插曲颇感兴趣，因为它是实证派犯罪学发展道路上的一个极好的例证。精神病同样被认为应当受到谴责是因为精神病患者的行为。19世纪初，赫恩斯医生仍然认为精神病是发病者的道德罪过，因为‘除非背弃了善良和敬畏上帝的正轨，没有人会发疯。’”

“按照这种假设，精神病患者就要被关进可怕的地牢、戴上锁

① 〔意〕恩里科·菲利：《实证派犯罪学》，郭建安译，中国人民公安大学出版社2004年版，第186页。

② 同上书，第131—132页。

链、遭到刑讯和拷打，因为精神病患者的精神错乱行为是出于患者自身的过错。

佩内尔当时发表了其革命思想，主张精神病并非道德过失，而是像其他疾病一样，也是一种疾病。这种观点现在看来已经很平常了，但在当时则足以使全世界对这个问题改变态度。看来，佩内尔所提出的革新观点俨然就要把整个世界和人类社会之基础打翻。巴士底狱风暴发生前两年，佩内尔进入撒勒佩特里尔的疗养院，做出了解放锁链束缚下的精神病患者的勇敢举动。他用实践来证明，当解除了精神病患者的锁链时，患者变得更为安静，而不是做出疯狂捣乱和破坏性的举动。佩内尔、恰鲁基等人的这一伟大革新，改变了公众对精神病的态度。以前视精神病为道德罪过，而今因科学之昌明，公众的意识也不得不承认这一事实，即精神病和其他病症一样是一种疾病；一个人患上精神病，并不是他自己愿意那样，而是遗传以及生活环境影响的结果，是在环境的压力下形成精神病的基础，而后变成了精神病人。

实证派犯罪学以医治罪犯的观点完成了与上述几位科学家为医治精神病患者所完成的同样伟大的革新。”[①]

时至今日，我们仔细想一想，人类对犯罪的认识确实应当与对精神病的认识一致。然而，可惜的是，我们对精神病的认识已经超越了菲利所处的时代的认识，而一般公民和绝大多数立法者、司法者的认识还始终停留在菲利及其实证学派所否定的自由意志学说

① 〔意〕恩里科·菲利：《实证派犯罪学》，郭建安译，中国人民公安大学出版社2004年版，第130—131页。

上。在研究时,从理论上分析犯罪是各方面的原因(仍然未超出菲利的三因素说)相互作用、相互影响的结果,而在实际的处理上仍然以自由意志论为基础,在制定犯罪对策时仍然依赖以自由意志论为基础而建立起来的剥夺和威慑手段。

"实证派犯罪学主张,犯罪人犯罪并非出于自愿;一个人要成为罪犯,就必须使自己永久地或暂时地置身于一种个人的、自然的和道德的状态之下,并生活在从内部和外部促使他走向犯罪的那种因果关系链条的环境之中。"[①]

菲利从许多方面来证明自由意志论的荒谬。首先,一些古典派犯罪学家的经典著作中关于部分意志自由的观点本身就是对古典派犯罪学意志自由主张的否定。如古典派犯罪学大师马里奥·帕加诺曾经写道:"一个人应对其所犯的罪行负责;如果在其犯罪之际,只有 1/2 的意志自由,应当负 1/2 的责任;如果只有 1/3 的意志自由,则只负 1/3 的责任。"[②]古典派犯罪学的传统自由意志论是基于个人有完全的意志自由这样的假设来建立的。如果个人在一些情形下只有 1/2 或 1/3 的意志自由,那就不是古典派犯罪学所主张的自由意志理论。

其实,古典派犯罪学的自由意志论在历史上是起到了巨大进步作用的。在古典派犯罪学产生之前的中世纪,犯罪被看成是由超人类的力量所决定的,因为宇宙万物都是由神的意志所决定的。犯罪人之所以犯罪是因为他违背了上帝,魔鬼附在了他的身体上。

① 〔意〕恩里科·菲利:《实证派犯罪学》,郭建安译,中国人民公安大学出版社 2004 年版,第 132 页。

② 同上书,第 134 页。

这也就是犯罪学史上所谓的魔鬼附体说。因此，一个人是否犯了罪，要通过神意裁判来决定，对犯罪人的处罚也要根据神的意志来进行，结果出现了种种残酷、不人道的刑讯和刑罚手段。相对于犯罪是由超个人的力量所决定的这样一种流行了多少个世纪的论调，自由意志论主张犯罪是由个人的意志而不是超人的力量所决定的，是认识论上的一大进步。古典派的自由意志论主张："凡是杀了人或盗窃的，只能由拥有无上权力的裁判者来确定他是否出于自愿。"[①]相对于中世纪由神意来裁判嫌疑人是否犯罪来说，这也是一种巨大的历史进步。从更大的意义上讲，是古典派犯罪学自由意志论的产生才使人类结束了借助神学解释犯罪的历史。但是，随着科学的发展，实证派犯罪学认识到，人并没有绝对的自由意志，个人犯罪与否的选择也并不是完全由个人意志所决定的，相反是由菲利所称的个人、自然和社会三个方面的因素所决定的。上述来自古典派内部的所谓部分意志自由说，在一定程度上符合实证派否定自由意志论的主张。

其次，在当时以自由意志论为基础的刑事立法中出现了自然意志与自由意志并行的矛盾情形。"在 1890 年的刑法典中，著名的第 45 条试图要把刑事责任建立在简单意志（simple will）的基础之上，排除自由意志（free will）。"菲利认为，关于刑事责任的这种规定，"是自由意志的陈旧理论与否认自由意志的实证派结论之间相互妥协的产物。"但是，这种折衷方式"是不能解决任何问题

① 〔意〕恩里科·菲利：《实证派犯罪学》，郭建安译，中国人民公安大学出版社 2004 年版，第 133 页。

的。因为在同一部刑法典中还规定，有过失行为的罪犯同样也要受到惩罚，所以过失杀人和过失伤害也与故意杀人和故意伤害的行为一样，都要处以监禁。我们听说，在有些案件中，也许行为人本来不愿意出现这种结果。但结果又确实为其行为所致。例如："一个猎人隔着障碍物射击，打死或打伤了他人。"这种情形可以被古典派解释为，猎人最初射击的行为是自愿的，"因此仍然要负刑事责任"。但是，"对于消极行为引起的过失犯罪应如何规定呢？"例如：火车站的值班员，由于"一时疲倦，或因工作时间过长而筋疲力尽，失去应变能力，或因其他原因，忘记搬动开关，以致发生交通事故，造成人员伤亡，能说其最初的行为是自愿的吗？绝对不能！因为他并未打算做任何行为，实际上也未做任何事情。"[①]

此外，1832 年，法国采取了一项刑法改革措施，规定了减轻情节。菲利认为，这种减轻情节实际上也是对自由意志的否定，从反面说明了行为人的意志并不是完全自由的。[②]

菲利还列举了另外一个非常形象的例子来否定自由意志的存在。"例如：你已决定和学友开个玩笑，并且这样做了。但他对此很不友好，使你感到吃惊，因为这与他的习惯和你的预料正好相反。过了一会儿，当你得知他昨天早晨收到家中传来的噩耗而不适宜开玩笑时，你就会说：'如果事先知道这样，我绝不会与他开玩笑的。'那就等于说，你的意志天平倾向于'不'的动机时，则决定不

① 〔意〕恩里科·菲利：《实证派犯罪学》，郭建安译，中国人民公安大学出版社 2004 年版，第 134—136 页。

② 同上书，第 139 页。

为之;但因你不知道学友心境不佳而处于反常状态时,你则决定为之。'我若知道,绝不会如此'这句话,足以代表我们的内部意识,从而就否定了自由意志的存在。"[①]菲利认为:"自由意志的幻想来自我们的内在意识。它的产生完全是由于我们不认识在我们作出决定时反映在我们心理上的各种动机以及各种内部和外部的条件。"[②]

对于自由意志论产生的原因,菲利认为在于当时普遍存在的地球中心说和人类主宰说的神学和哲学基础。而且,在神学和哲学基础之外,还隐藏着一层政治基础,那就是根据地球中心说和人类主宰说而建立起来的社会秩序是不能改变的。"翻开西塞罗的《职务篇》和但丁的《神曲》,诸位可以发现,他们认为地球是宇宙万物的中心,无数行星围绕地球运行,人是万物之王。"[③]对此,菲利也从神学和科学两个方面进行了反驳。在神学方面,他指出自由意志与上帝万能的这一基本神学理念就不相容。在科学方面,哥白尼和伽利略关于地球围绕太阳旋转的发现粉碎了地球中心说。达尔文的进化论又推翻了人类主宰的幻想。

(三)提出犯罪原因三要素相互作用论

在否定古典派犯罪学的自由意志论即人的选择决定其犯罪与否的基础上,菲利提出了自己的犯罪原因观即著名的三要素相互作用论。

---

① 〔意〕恩里科·菲利:《实证派犯罪学》,郭建安译,中国人民公安大学出版社2004年版,第144页。

② 同上书,第141—142页

③ 同上书,第146页。

1.三要素的概念

菲利主张,"在从法律现象的角度对犯罪进行研究之前,必须首先研究各国重复出现的犯罪的原因。这都是一些自然的原因,我曾经把它们分为人类学的、自然的和社会的原因三类。"①

(1)人类学因素

人类学因素"是犯罪的首要条件",由以下三个方面构成:

一是罪犯的生理状况,包括颅骨异常、脑异常、主要器官异常、感觉能力异常、反应能力异常及文身等生理特征;

二是罪犯的心理状况,包括智力和情感异常,尤其是道德情感异常以及罪犯文字和行话等;

三是罪犯的个人状况,包括种族、年龄、性别等生物学状况和公民地位、职业、住所、社会阶层、训练、教育等社会生物学状况。②

菲利认为,"我们每个人在出生时都受到一定生理及心理方面的遗传,并在生活中具体表现出来。这就构成了人类活动的个性因素,或在一生中保持正常状态,或趋向于犯罪或精神失常。""人类学因素是一种病理学上的状态,即刑法第46条和第47条所提及的犯罪人的人格。不过,除精神病之外,罪犯人格方面尚有数十种其他生理和心理学的状态,法官可以用减轻情节来囊括,但科学则极希望对此做彻底的调查研究。"③

① 〔意〕恩里科·菲利:《实证派犯罪学》,郭建安译,中国人民公安大学出版社2004年版,158—159页。

② 参见〔意〕恩里科·菲利:《犯罪社会学》,郭建安译,中国人民公安大学出版社2004年版,第143—144页。

③ 〔意〕恩里科·菲利:《实证派犯罪学》,郭建安译,中国人民公安大学出版社2004年版,第160—162页。

根据菲利的解释,谋杀犯和盗窃犯的头形和头部组织学特征比正常人的头形低劣。而且,对被处决的罪犯进行尸体解剖的结果表明,所有这些罪犯都有大脑受到损害的迹象。根据仪器检验的结果,罪犯都有一定程度的感觉迟钝。

罪犯在心理上表现出的异常特征包括无道德感和缺乏预见这样两种心理变态。无道德感是指行为人在犯罪之前对犯罪的意图和实施不反感,在犯罪之后也不懊悔。缺乏预见是由于基本感觉能力低下导致智力低下而造成的。最后,菲利把罪犯心理概括为:"由于那些带有孩童和野蛮人特征的不平衡冲动的作用,罪犯在抵御犯罪倾向和诱惑方面有缺陷。"①

此外,人类学因素所包括的种族特性对于犯罪的影响也很大。"尽管种族影响不足以解释为民族及个人犯罪的唯一因素,但在研究民族及个人特性时仍不能忽视。例如:研究意大利的杀人罪,尽管很难从促使犯罪产生的其他情况及状态中单独抽出一种因素来,但确有许多受种族影响而杀人的案件。如果忽视种族因素对犯罪的影响,就如同否认日光的存在一样。"菲利以意大利的犯罪趋势为例分析了种族因素对犯罪的影响。"在意大利,有两种几乎完全相反的犯罪趋势。由于热血和肌肉导致的犯罪的强度由北向南逐渐增大,而财产犯罪则由南向北逐渐增加。""在南部,财产犯罪并不太多,而暴力犯罪则司空见惯。另外,在南部也有一些暴力犯罪为数较少的地方,这除了用种族特性的影响,别无其他任何方

① 参见〔意〕恩里科·菲利:《犯罪社会学》,郭建安译,中国人民公安大学出版社2004年版,第106页。

式进行解释。”菲利认为，“贝内文托省暴力案件较少的原因在于伦巴第血统的混杂状况，因为自17世纪以来贝内文托公国一直有伦巴第人流入。”伦巴第血统的人暴力犯罪的倾向不大。“此外，在西部和南部西西里各省境内具有大量撒拉逊人血统，这也可以解释成此地暴力犯罪发案率高的原因。”白肤金发黑眼的撒拉逊人的性格比较残酷和残忍。[1]

在《犯罪社会学》一书中，菲利还特别澄清了龙勃罗梭已经改正，但是依然招致批评的两个错误。“龙勃罗梭的著作开始就犯了两个错误：一是无论如何都给予头骨学和人体测量学资料与心理学资料相比显然不适当的重要性；二是在其《犯罪人论》第1版和第2版中混淆了一个阶层中的所有犯罪人。在后几版中，龙勃罗梭运用我首先进行的对各种人类学状态的犯罪人研究的资料，消除了这些错误。但是，这并没有能够避免有些人对犯罪人类学的批评。批评者们千篇一律而又古老的理由是‘不可能根据头颅的形状来区别罪犯和诚实的人’，或不可能根据不同的头盖骨来确定人的责任。”[2]这两个错误也一直是人们对实证犯罪学派进行抨击的口实。尽管龙勃罗梭自己后来已经改正了这两个错误，但是在我国仅仅根据间接资料对龙勃罗梭和犯罪人类学派的批评仍然不断。

菲利认为，人类学方面的因素仅适用于惯犯和天生犯罪人。

① 〔意〕恩里科·菲利：《实证派犯罪学》，郭建安译，中国人民公安大学出版社2004年版，第162—165页。

② 参见〔意〕恩里科·菲利：《犯罪社会学》，郭建安译，中国人民公安大学出版社2004年版，第101页。

他声称："通过对犯罪人类学著作的研究，特别是通过从生理学和心理学角度对大量精神错乱和智力正常的罪犯的直接的、连续不断的观察，我长期以来一直确信，犯罪人类学资料并非完全适用于所有犯罪人。这些资料仅限于一定数量的、可以称其为先天性的、不可改造的和习惯性的罪犯之类的人。"①

(2)自然因素

按照菲利的说法，犯罪的自然因素是我们生活于其中，但并未予以注意的自然环境。其中包括："气候、土壤状况、昼夜的相对长度、四季、平均温度和气象情况及农业状况。"②

菲利从三个方面论证了自然环境对犯罪的影响。

一是自然因素对经济状况的影响很大。恶劣的自然环境可能导致贫穷，而"贫穷是人体及灵魂的最剧烈的毒药，是一切不人道和反社会情感产生的根源。哪里有贫穷，哪里就不可能有爱和友情"。

二是自然因素直接作用于个人，对个人的行为产生影响。菲利指出："自然环境通过神经系统对我们的身体运动有很大影响。刮北风与刮南风会使我们感觉到身体状况不同。加里波第在潘帕斯大草原时曾注意到，当潘帕斯冷风吹来时，同伴们就变得暴躁、容易争吵。潘帕斯冷风停止时，他们的行为就改变了。

三是季节对犯罪的变化具有明显的影响。菲利指出，"犯罪统计学的伟大创始人奎特里特和盖里发现，犯罪行为随季节的变化

① 参见〔意〕恩里科·菲利：《犯罪社会学》，郭建安译，中国人民公安大学出版社2004年版，第107页。

② 同上书，第144页。

而变化。冬天发生的性犯罪要比春天和夏天少。对此，我以前这么认为，今天还这么认为，如果冬天的财产犯罪增加，那是气候和社会因素综合作用的结果。”“但是，寒冷的冬天本身就减少性犯罪和暴力犯罪。”而且，“暴力犯罪在温暖的月份比在冬日里增加的变化规律也适用于囚犯。统计资料表明，犯人违反纪律事件在炎热的季节发生得最多。由于监狱的社会生活四季相同，社会因素并不对其产生影响，因此可以说，这是一个气候影响犯罪的实际例证。此外，夏季精神病患者中精神病及癫痫症发病率比冬季高的事实也证明了这一点。”①

(3)社会因素

菲利将社会因素概括为“任何足以使人类社会生活不诚实、不完满的社会条件。”其中包括人口密集、移民情况、公共舆论、习俗和宗教、家庭状况、教育制度、农业和工业生产和分配状况，以及政治、财政和商业生活、酗酒情况、公共管理、司法、警察、一般立法情况、民事和刑事法律制度等。

在社会因素中，菲利特别强调贫穷对犯罪的影响。从宏观上，他认为，“分析一下意大利每年判处的 30 万名罪犯，其中 18 万人犯的是轻微罪行，12 万人犯的是严重罪行。你很容易就能看出他们之中大部分人主要是由于社会环境造成的，而为这种社会环境觅一补救措施应当并不困难。”②

---

① 〔意〕恩里科·菲利:《实证派犯罪学》，郭建安译，中国人民公安大学出版社 2004 年版，第 166—169 页。

② 同上书，第 169 页。

从微观上,他仔细分析了贫穷如何影响人的情感和道德,进而可能导致犯罪。“当一个工人从烟雾弥漫的工厂回到家里,与艰苦奋斗了半个世纪的白发老母会面时,虽然感到疲劳,但每日的三餐有了着落,心中尚有表示感情的余地,便殷勤地邀其老母共进晚餐。但是,同样一个工人处于同样的环境之下,如果被贫穷和失业困扰,其家庭道德气氛的变化将如同昼夜一样分明。工人失业,空手回到家中,妻子不知如何哺育子女,便因家庭生活困苦抱怨丈夫。丈夫多次被拒之于就业事务所门外,深感不能就业,昔日在家中的尊严也难保全。因此,全家感情松懈,家庭成员不睦。其母见儿子举止暴躁,缺乏情爱,便深感儿子为贫穷所毒害,或许正像魔鬼一样看着他,心里在说:‘在家中多一张嘴吃饭,还不如墓地上多一个坟头呢!’”“一个人由于不断加剧的贫穷而动摇其道德信念并有可能去侵犯财产或侵犯人身罪,是可以理解的。”

菲利还阐述了贫穷之外的政治、道德及文化生活中的不安定等其他社会因素,特别是富裕对犯罪的影响。“在财富增长的情形下,经济因素也发挥滋生犯罪的作用。确实,今天的社会是由19世纪的人类黄金时代——资产阶级文明阶段过渡而来的下降阶段,财富本身就是犯罪的一个原因。因为富者不从事体力和脑力劳动,便会陷于闲荡和腐化的漩涡之中。他们沉溺于赌博、金钱之争,日常生活已受到毒害。尽管这些富人可以逃避刑罚,但他们却使自己陷于缺乏道德情操的伪善生活之中。这种生活导致嬉戏式犯罪的产生。在赌博中进行欺诈,是这些寄生虫命中注定的。为了消磨时间,他们或置身于靠运气取胜的赌场,或进行通奸活动。

由于精神空虚，即使在良友之间亦行此道。”[①]

2.三要素之间的关系

在分析这三个因素之间的关系时，菲利首先提出，任何犯罪都是这三种因素综合作用的结果。“犯罪的自然根源就在于三类原因即人类学因素（生理及心理因素）、自然因素和社会因素的相互作用和结合。”[②]

他认为：“任何一种犯罪，无论是谁犯的，也无论是什么情况下犯的，都不能认为它不是行为人自由意志的选择就是自然原因的必然结果。”“除非认为犯罪是特定生理和心理构成在特定自然和社会环境中作用的结果，不能对犯罪作出任何其他科学的解释。实际上，对人或动物的其他任何行为来说都是如此。”[③]

“无论哪种犯罪，从最轻微的到最残忍的，都不外乎是犯罪者的生理状态，其所处的自然条件和其出生、生活或工作于其中的社会环境三种因素相互作用的结果。如果在一开始就将这三种原因分开，那是徒劳的。但现在仍然有人坚持犯罪可以由某一方面的原因如社会原因所致。就我个人而言，我在实证派犯罪学创立之时就反对这种观点，今天仍然反对。”

“客观而系统的观察已经表明，尽管社会环境的影响存在于多数案件，尤其是一些轻微案件之中，这是铁的事实。但是，仅此一

① 〔意〕恩里科·菲利：《实证派犯罪学》，郭建安译，中国人民公安大学出版社2004年版，第170—171页。

② 同上书，第170页。

③ 参见〔意〕恩里科·菲利：《犯罪社会学》，郭建安译，中国人民公安大学出版社2004年版，第145页。

种原因，尚不足以解释为犯罪的起因，不能仅用社会环境影响进行解释的犯罪比比皆是。如果你认为贫穷的一般状况是犯罪的唯一根源，那么就很难解释，为什么在贫困中生活的人，从出生一直到死，只有10%—20%的人成了罪犯，而其余80%的人或是陷于体质衰弱，或是成为无害的精神病患者，或是自杀而不犯任何罪行。如果贫穷是决定犯罪的唯一原因，贫穷者则应该100%地成为罪犯。如果仅有20%的人犯罪，10%的人自杀，10%的人成为精神病患者，剩下60%的人仍然在其所处的社会环境中安分守己，那么单单贫穷尚不足以解释犯罪，我们必须再加上人类学及自然方面的因素。只有用这三种自然因素的影响，才能解释犯罪行为。”①

其次，菲利认为，这三个要素本身之间存在着互为因果的关系。他声称：“我们必须认识到原因与结果的区别只是相对的，因为每一个结果都有其原因，每一个原因也都有其结果。因此，如果不幸——物质的和精神的——是变态的原因，那么像生物学上的异常这样的变态本身也是不幸的一个原因。而且，如果从这个意义上讲，这个问题就像关于先有蛋后有鸡，还是先有鸡后有蛋这样一个著名的拜占廷式的争论一样，完全是形而上学的。”②

“当犯罪地理学表明某省的犯罪程度和数量不是由生物学状况（种族等）和自然状况（气候、土壤等），而是由社会和经济状况（农业和工业状况等）决定时，我能对此作出一个简单的回答。因

① 〔意〕恩里科·菲利：《实证派犯罪学》，郭建安译，中国人民公安大学出版社2004年版，第159—160页。

② 参见〔意〕恩里科·菲利：《犯罪社会学》，郭建安译，中国人民公安大学出版社2004年版，第148—149页。

为即使撇开统计学的证据不论，如果某省的社会环境（对犯罪具有不容置疑的影响）实际上是犯罪的绝对的和唯一的原因，那么我们仍然可以问，这个省的社会环境本身是不是其居民的精力和智力等种族特性与在一定程度上适宜的气候和土壤的结果呢。”①

“所有这些一般事实都将证明，犯罪与其各种因素的聚合体之间存在着紧密的内在联系。”②

最后，菲利提出，这三个要素在不同类型的犯罪中所发挥的影响不同。“人类学因素、自然因素和社会环境的相对作用随着每一种违法行为的心理学和社会学特征不同而不同。”③

“人类学、自然及社会三方面因素的影响大小，在每一个案件中各不相同。单单在盗窃案件中，社会因素的影响远比人类学因素的影响要大。但在谋杀案件中，人类学因素的影响则比社会因素的影响要大得多。在所有案件中，我们都必须根据犯罪人的情况进行判断。”④

“如果我们研究侵犯人身、侵犯财产和侵犯个人贞洁这三大类犯罪，那么各种决定因素，尤其是生物学因素和社会环境对杀人、盗窃和猥亵奸污罪的产生具有明显不同的作用。在每一种犯罪中，这三种自然因素的作用都是如此。

社会环境，尤其是经济状况对盗窃罪的产生具有不可否认的

---

① 参见〔意〕恩里科・菲利：《犯罪社会学》，郭建安译，中国人民公安大学出版社2004年版，第149页。

② 同上书，第162页。

③ 同上书，第147页。

④ 〔意〕恩里科・菲利：《实证派犯罪学》，郭建安译，中国人民公安大学出版社2004年版，第160页。

作用，但对杀人和猥亵奸污罪的产生所起的作用则要小得多。同样，三种犯罪原因在每一种犯罪中所起的作用都因犯罪的种类不同而大不相同。

就杀人和偶然杀人来说，偶然杀人在很大程度上是社会环境（赌博、酗酒、公共舆论等）的结果，而杀人则更倾向于由于行为人的残忍、无道德感和因生理变态导致的精神病理学状况而产生。

同样，有些猥亵奸污和乱伦等罪，在很大程度上是大批人被迫居住在不通空气或阳光、父母子女像牲畜一般男女混居这样一种社会环境的产物。这样的社会环境使人的正常羞耻感淡漠，甚至于完全消失。此外，还有一些主要由于行为人的生物学状况（在明显的性疾病或不太明显的生物学异常的状况下）而引起强奸犯罪的例子。

其次，就盗窃来说，偶发性简单盗窃主要是社会和经济状况的影响造成的，但在暴力盗窃中，特别是以抢劫为目的的凶杀（通常为‘那些绅士打扮的扒手’蓄意所犯）这样一些案件中，这一影响与行为人的生理和心理构成的影响相比要小得多。

这一观察结论也同样适用于自然环境的影响。例如：如果说侵犯财产罪在冬天有规律的增长……仅仅是气候通过社会和经济状况的影响而间接作用的结果，那么激情犯罪和猥亵奸污罪在气温最高的月份和年份里的增加也只不过是气候影响的直接结果，甚至于对那些通过其生物学状况对这些影响可以起到微弱抵御作用的人来说，也是如此。”①

① 参见〔意〕恩里科·菲利：《犯罪社会学》，郭建安译，中国人民公安大学出版社2004年版，第147—148页。

菲利把犯罪的周期性变化主要归咎于社会因素的影响。“即使在像年龄和性别等对犯罪的影响以及在一定程度上显著的反社会的变态倾向这样一些人类学因素中能够发现的变化,也同样取决于像被遗弃婴儿的保护、妇女参加非家务性质的商业和工业生活、预防和镇压措施等这样一些社会因素。此外,由于社会因素对偶犯和惯犯都有一种特别重要的影响,而这些犯罪从整体上看又是数量最多的,因此我们显然应当把犯罪的周期性变化归结为社会因素的作用。事实确实如此,就像我们现在将要看到的,最严重的犯罪,尤其是侵犯人身罪,恰恰因为它们多半为天生犯罪行为而表现出来的周期性变化,往往比那些程度轻微但数量众多的侵犯财产罪、妨害公共秩序罪和更带有偶然性的侵犯人身罪的变化要稳定并且更有规律。其实,作为犯罪界的微生物,后面这些犯罪是社会环境更直接的结果。”①

菲利发现,在他所处的时代,他所研究的国家中有一个最显著的一般现象,就是最严重的犯罪稳定不变,比较轻微的犯罪持续增长。这与菲利的上述认识是一致的,最严重的犯罪都是侵犯人身性质的犯罪,往往是天生犯罪人和精神病犯罪人从事的,受社会因素的影响不大;而轻微犯罪都是侵犯财产性质的犯罪,多为偶犯所为,受社会环境的影响较大。如经济危机和政治危机明显导致侵犯财产罪增加。②

在论述犯罪的周期性变化时,菲利还谴责了犯罪统计政治化

① 参见〔意〕恩里科·菲利:《犯罪社会学》,郭建安译,中国人民公安大学出版社2004年版,第150—151页。

② 同上书,第151—153页。

的倾向。“古典派的拥护者清晰地看到……为了支持或攻击某一个部门就否认或肯定犯罪的增长。”龙勃罗梭、菲利、加罗法洛等犯罪学家都认为,1880 年之后意大利的犯罪在增长,而官方统计报告和中央司法统计委员会成员对 1873 年以后的犯罪进行调查时,却得出了除个别年度之外犯罪趋于下降的趋势。

菲利把这种做法称之为“社会人为化”偏见。“这种偏见使人们认为国家状况——道德的和经济的——主要是由这个或那个政府的行为决定的,而不是由基本不为政府和政客所影响而且并非政府和政客力所能及的自然因素决定的。”①他声称:“欧洲每个国家犯罪的一般增加,除了不同法典的人为因素之外,都是由其他原因决定的。各种自然和社会环境中最一般和最持久的原因是每个国家的人口每年都在增长。人口的增长,再加上人口密集,使得人们相互之间的实际的和法律的联系增多,结果便增加了犯罪的主观和客观因素。”②

菲利抨击的这种犯罪统计政治化的倾向至今依然在许多国家存在,而且严重束缚和制约着科学地制定预防犯罪的目标和对策,实际上导致犯罪进一步增长。

3.犯罪饱和论

根据以上对犯罪原因的分析,菲利推导出了其著名的“犯罪饱和论”:每一个国家客观上都存在促使犯罪产生和变化的这三类因素,但是这三类因素又是不断变化的,这些因素的变化将引起犯罪

① 参见〔意〕恩里科·菲利:《犯罪社会学》,郭建安译,中国人民公安大学出版社 2004 年版,第 153 页。

② 同上书,第 161 页。

现象的变化。因此,"每一个社会都有其应有的犯罪……其质和量是与每一个社会集体的发展相适应的。"他认为,"艾米特莉特的古老格言是可以坚信的:'犯罪也有年终平衡,其增多与减少比国民经济的收支还带有规律性。'"①

"就像我们发现一定数量的水在一定的温度之下就溶解为一定数量的化学物质但并非原子的增减一样,在一定的自然和社会环境之下,我们会发现一定数量的犯罪。"

"每一年度犯罪的多少显然都是由不同的自然和社会环境,按照犯罪饱和法则……与行为人的遗传倾向和偶然中动相结合而决定的。""自然的和社会的环境,借助于行为人先天遗传的和后天获得的个性倾向及其他偶然的刺激,必然决定一个国家某一时期的犯罪在质和量上的程度。"

"通过一本犯罪统计表,我就能够根据犯罪的波动情况从主要方面重新勾画出这一个国家的历史状况。在这方面,心理验证再次证实犯罪饱和法则是一条真理。"②

此外,菲利声称,在一般情况下,各国的犯罪都按照饱和法则变化。但是,在社会环境异常的情况下,还会发生超饱和现象。他指出:"我们发现,在化学中除正常饱和之外,增加液体的温度会导致一种异常的超饱和状态。在犯罪社会学中也是如此,除了正常饱和之外,由于社会环境的异常,我们有时也发现一种犯罪的超饱

① 〔意〕恩里科·菲利:《实证派犯罪学》,郭建安译,中国人民公安大学出版社2004年版,第183—184页。

② 参见〔意〕恩里科·菲利:《犯罪社会学》,郭建安译,中国人民公安大学出版社2004年版,第163—164页、第216页。

和状态。”[1]

菲利辩称，爱尔兰和俄国的政治和社会犯罪以及美国选举过程中的犯罪都是犯罪超饱和状态的例证。[2] 他还详细分析了法国在19世纪中叶发生的包庇犯罪和盗窃粮食罪的情况，以证明犯罪超饱和状态的存在。在1850—1853年3年间，法国发生了239起包庇犯罪，而在1826—1887年这40年中，平均每年才发生10多起；在1847年的饥荒年间，法国1年发生了42起盗窃粮食案，而在正常年景的50年里，也只不过发生75起。然而，在粮食昂贵或冬季严寒的年代中，许多人为了在监狱里维持生计而犯偷窃或其他轻微罪行，其他类侵犯财产罪却在饥荒年间有所下降，因此成为犯罪统计学上的一个悖论。

此外，在1847年这个饥荒年里，法国的侵犯财产罪以前所未有的速度增长，“唯独家庭佣人所犯的盗窃罪和不忠行为或违背信任的罪行下降了，因为佣人们担心在这种困难时期被主人解雇，失去生活保障而推迟了违法行为。”

而且，还有证据表明，“在饥荒和粮食昂贵这样的经济危机时期，从司法机关脱逃的案件也减少了，‘因为盗窃犯和流浪者为了逃脱监狱外面使其备受痛苦的灾难而情愿被捕。’”

菲利指出，由于犯罪超饱和现象的存在，不能认为犯罪具有机械的规律性。一些犯罪学家扩大了犯罪饱和法则的规律性，机械地坚持：“犯罪预算是一种比其他预算支付得更为精确的年税。”而

---

① 参见〔意〕恩里科·菲利：《犯罪社会学》，郭建安译，中国人民公安大学出版社2004年版，第164页。

② 没有提供详细统计资料。

且，由于“犯罪每年产生的数量都相同，每年都有同样比例的犯罪被处以同样的刑罚”，我们能够事先算出一年将会有多少杀人犯、投毒犯和伪造犯。其实，真正的犯罪饱和法则是指一定的自然和社会环境与犯罪数量之间成比例，犯罪的数量随着环境的变化而变化，犯罪统计决不会一年又一年地保持一个标准。这里存在的是一种动态而不是静态的规律性。因此可以得出一个结论，那就是犯罪现象并不是宿命的或人类命中注定的不可改变的命运，而只不过是由其原因所决定的，通过改变其原因的活动可以改变原因的结果本身。[①]

菲利的三要素犯罪原因理论首次以多因素论来解释犯罪的成因，“标志着犯罪学多因素理论的建立。与单因素论相比，多因素论不仅仅反映了犯罪现象本身的复杂性，而且也反映了犯罪学研究水平的又一提高。这无疑是犯罪学发展史上的一大进步。”[②]而且，他还详细分析了三要素之间的辩证关系、三要素起作用的方式、三要素对不同犯罪的影响以及根据三要素理论推导出的犯罪饱和法则。通过对大量罪犯、精神病人和士兵样本的临床个案研究以及对法国近50年犯罪状况与社会发展状况之间关系的分析而得出的上述许多结论，无论是从结论本身看，还是从获得结论的方法上看，对目前的犯罪成因研究都具有非常重要的示范作用。我国学者前一个时期热衷的犯罪原因结构说、系统说、体系说等，不但在苏联学者的著作中可以找到踪迹，而且在菲利的三要素理

① 参见〔意〕恩里科·菲利：《犯罪社会学》，郭建安译，中国人民公安大学出版社2004年版，第166页。

② 储槐植、许章润主编：《犯罪学》，法律出版社1998年版，第26页。

论中也可以得到启示。特别是在研究方法上,我们所得出结论的方法还没有达到百年前菲利所使用的方法的水平。

(四)科学地实施犯罪预防

尽管菲利通过对犯罪原因的分析推导出了上述“犯罪饱和论”,但是他主张实证主义者不对此进行任何宿命论的解释,犯罪绝不是我们不可改变的命运。“事实上,犯罪的差额是由物质条件和社会条件决定的。通过改变最易改变的社会环境,立法者可以改变自然环境及人的生理和心理状况的影响,控制很大一部分犯罪,并减少相当一部分犯罪。我们深信,一个真正文明的立法者,可以不过多地依赖刑法典,而通过社会生活和立法中潜在的救治措施来减少犯罪的祸患。最先进的国家依靠在有效的社会改良基础上的刑事立法的有益的、预防性的影响来减少犯罪的经验,都肯定了这一点。”①

1.科学地制定预防目标

菲利反复强调,预防犯罪的目标必须科学,不能不切实际,脱离犯罪饱和法则。

“如果我们通过减少犯罪的社会因素可以影响犯罪,尤其是偶犯生成的说法是正确的,那么不幸的是,在每一种社会环境中,由于其他生物学因素和自然因素的影响,都总是在最低程度上存在导致无法避免的犯罪产生的因素的说法也是正确的。否则,我们很容易陷入我们完全能够防止所有犯罪这样一种相反并且近乎谬

① 〔意〕恩里科·菲利:《实证派犯罪学》,郭建安译,中国人民公安大学出版社2004年版,第184页。

论的幻想中去。”

“而且，尤其必须牢记，因为社会不可能没有法律而存在，所以法律也不可能没有违法而存在。生存竞争可以通过诚实的或经济的活动进行，也可以通过不诚实的犯罪活动进行。问题就在于把不同程度的犯罪波动减小到最低限度。”

“刑罚替代措施的目标不是使所有重罪和轻罪都不可能产生，而是在任何特定的自然和社会环境下都力争将它们减少到最小的数量。”①

菲利的这些论述具有很大的唯物主义的成分，对于我们今天制定预防犯罪的目标依然具有很大的指导意义。

2. 针对犯罪原因采取预防对策

菲利认为，“在社会生活中，刑罚与犯罪的关系和医学与疾病的关系一样。在有机体生病以后，我们求助于医生。但是，医生除了对某个病人的治疗取得效果以外，不能做其他的事。然而，如果个人和集体都遵守预防性卫生规则，则有 90% 以上的疾病可以避免，只有在创伤或生理状态不符合健康规则的特殊情况下才会出现疾病。”

“医治犯罪疾患的手段应当适应导致犯罪产生的实际因素。而且，由于导致犯罪产生的社会因素最容易消除和改善，因此我们同意普林斯的观点：‘对于社会弊病，我们要寻求社会的治疗方法。’”“实验逻辑使我确信，除非事先消除或者至少减少犯罪的社

① 参见〔意〕恩里科·菲利：《犯罪社会学》，郭建安译，中国人民公安大学出版社 2004 年版，第 211—212 页。

会因素，刑罚不是预防犯罪的有效措施。”“社会对犯罪现象所能采取的最有效、最有力的防卫措施是双重性的，而且应当同时采用和实施两种措施：一是改善社会环境，对犯罪进行自然的预防，并以此来代替刑罚；二是永久性或临时性地消除罪犯，依据行为人的生物学状况在犯罪形成过程中的影响几乎是绝对的，或者在一定程度上是大的，或者在一定程度上是可以治愈的来定。”①

3. 谴责对刑罚的盲目崇尚

菲利认为，古典派自由意志论导致社会在寻求犯罪的救治措施时过分依赖刑罚，甚至达到对刑罚盲目崇尚的程度。他对此予以谴责：“立法者常常忽视社会卫生规则，当某种犯罪猛增时才大吃一惊，但除了加重刑法典中规定的刑罚之外，别无他计可施。如果1年监禁不够，就加重为10年。如果仅凭加重处罚还不够，那就通过一个特别法。这是我们在每一个现代国家里都能看到的状况，而造成这一状况的原因主要在于盲目崇尚刑罚。”②

对于盲目崇尚刑罚的含义，菲利解释道：“盲目崇尚刑罚是指刑罚成为公共意识中的唯一措施，但由于它不能保护诚实者的社会，只能打击而不能医治那些陷入犯罪深渊的牺牲者，因此总是造成有损于道德及物质福利的情形。”③

“天生犯罪人和偶犯构成了各种杀人和盗窃中的大多数。监狱

---

① 参见〔意〕恩里科·菲利：《犯罪社会学》，郭建安译，中国人民公安大学出版社2004年版，第181页、第150页；〔意〕恩里科·菲利：《实证派犯罪学》，郭建安译，中国人民公安大学出版社2004年版，第188页。

② 〔意〕恩里科·菲利：《实证派犯罪学》，郭建安译，中国人民公安大学出版社2004年版，第191页。

③ 同上书，第191页。

长们称之为‘惯犯’。先从警察局到法院，从法院到监狱，然后再从监狱到警察局，从警察局到法院。他们这样有条不紊地转来转去，仍然未能动摇立法者对作为犯罪救治措施的惩罚效果的信念。”[①]

他还举伪造货币的例子来证明刑罚威慑的无效。“犯这种罪的伪造者，必须聚精会神地逐字模仿纸币上的文字，其中包含有威吓性的一段话：‘法律处罚伪造……’等。诸位可以想象伪造者在版上刻下这句话时的心理。”他伪造货币的欲念不会因为他意识到如果被发现将会受到处罚而打消，因为他本身想的不是犯罪被发现之后将要受到的处罚多么严厉，而是想在犯罪之后如何逃脱惩罚，刑罚再严厉也是不能抑制其犯罪意念的。[②]

菲利主张，刑罚的威慑对社会上善良的诚实者用不着，对人们观念中的恶人又不起作用，而只对在善恶之间徘徊的很少一部分人有效。

运用中学校长将中学生分成勤奋学生，无知和懒惰学生以及既不完全勤奋又不完全懒惰的学生的方法，菲利“根据犯罪社会学的观点，将社会分成三个类似的阶层”。

“第一个阶层是最高阶层。他们基本上是诚实的，由于受道德、宗教感和公众舆论及遗传的道德习惯的约束而不犯任何罪行。对于这个阶层来说，任何刑法典都是不必要的，只可惜这部分人的数量太少。而且，如果除了法律上的和明显的犯罪之外，我们再考

① 参见〔意〕恩里科·菲利：《犯罪社会学》，郭建安译，中国人民公安大学出版社2004年版，第122页。

② 〔意〕恩里科·菲利：《实证派犯罪学》，郭建安译，中国人民公安大学出版社2004年版，第157页。

虑到许多人针对刑法典而言没有犯罪,但从道德观点来看是不诚实的,除去这部分人,那种最高阶层的人数就更少。”

“第二个阶层是最低阶层,由那些抵制各种诚实情感的人组成。由于未受过教育,他们不断被物质和精神上的双重贫乏拖回到生存竞争的原始状态中去。他们从其父母那里继承了变态的生理结构,再加上退化和隔代遗传的疾病又一并传给他们的子女。这就成了天生犯罪人的滋生地。对于这种天生犯罪人来说,作为法律威慑的刑罚没有任何意义,因为他们不具备能够区分刑罚与其他从事各种日常的诚实工作时所产生的危险的道德感。”

“最后是第三个阶层。这个阶层的人并不是天生注定要犯罪,但也不一定诚实,在善与恶之间徘徊。他们的道德感、所受的教育和训练不完善。刑罚对他们可以真正起到心理威慑的作用。正是在这一阶层中产生了大批偶犯。对于这些偶犯来说,如果在执行刑罚过程中能够遵循科学的心理学规律,而且尤其再附之以减少犯罪机会的社会预防措施的话,就会产生效果。”①

菲利坚决反对死刑,声称人们只是根据自己对死刑的印象来主张其威慑作用。“当我们不是根据我们自己作为一般人对死刑的印象平静地从理论上研究它,而是运用作为这种刑罚的唯一真实的观察结论的犯罪心理学资料来研究它时,其预防和威慑效果就很值得怀疑了。每一个犯罪的人,不是在犯罪时没有想到其他任何事情而只为突然的情感所左右,就是冷静地有预谋地实施其犯罪行为,而且他决定实施其犯罪行为完全不是根据死刑与终身

① 参见〔意〕恩里科·菲利:《犯罪社会学》,郭建安译,中国人民公安大学出版社2004年版,第179—180页。

监禁之间的含糊区别，而是只根据一种不受惩罚的愿望。这种情况在那些缺乏预见和缺乏道德感是其主要心理特征的天生犯罪人中尤其多见。”

“死刑是一种简单的万灵药，远远不能解决像严重犯罪这样复杂的问题。”“统计资料实际上已经表明，严重罪行的周期性变化与判决和执行死刑的数量无关，因为它是由完全不同的原因决定的。在托斯卡纳地区，已有一个世纪没有适用过死刑，但它仍然是严重犯罪数量最少的地区之一；在法国，尽管一般犯罪和罪犯数量增加了，但有关谋杀、投毒、弑亲和杀人的控告却从 1826 年的 560 起下降到 1888 年的 430 起，而执行死刑的数量在同期也从 197 次下降到 9 次。”

菲利认为，如上所述，死刑实际上没有我们常人想象的那种威慑效果，而只有一些极端刑法学家和犯罪学家所主张的对那些以犯罪形式表现出来的完全不适应社会和对社会有危险的人进行“人为淘汰”的效果，然而要使死刑发挥这种“人为淘汰”的效果，就必须像中世纪那样，大规模地适用和实际执行死刑。

否则，“死刑就会被当作仅仅印在法典中的一种无益并且被忽视的威慑手段”，就像“那些庄稼人摆在田里的稻草人。那些摆稻草人的庄稼人愚蠢地想像鸟会因为害怕而不敢接近谷物。乍一看，鸟可能有点害怕。但是，过不多久，鸟看那些稻草人不动，也不可能伤害它们，便不再害怕，甚至于在那些稻草人的头顶上落脚。因此，当犯人看到死刑永远不适用或者几乎不适用时，就会像鸟对待稻草人一样。罪犯不是通过法典中的规定，而是通过法律的实际运用来判断法律”。

菲利声称，他“无疑没有勇气恢复中世纪消除罪犯的方式，因此仍然是一个诚服的死刑废除论者。”①

菲利发现，对刑罚效果的错觉如此普遍，有其历史的和心理学方面的原因。在历史上，私人决斗是“最早期刑法的精神和形态，而且在现代社会中仍然在一定程度上无意识地残存着原始复仇的基本原则”。中世纪的酷刑传统的遗留影响至今还在很大程度上影响着人们。

在心理学上，人们盲目崇尚刑罚是因为他们忘记了不同社会阶层的人在观念、习惯和情感方面都有很大不同。“诚实而有教养的阶层将他们自己的刑法观念对他们造成的印象与大多数罪犯产生于其中的社会阶层对刑法的观念和印象混为一谈。掌握立法和司法权的中产阶级总是以他们自己对刑罚的印象来对产生于更低社会阶层的罪犯规定和适用刑罚。在中产阶级中，即使没有对不履行债务者处以监禁的法律规定，债务合同照样履行。而在低社会阶层中，即使有这样的规定，合同照样不能履行。菲利自己在监狱中曾经就刑罚为什么不能阻止被监禁的罪犯犯罪而进行过调查。调查的结果是，在一般情况下都得不到回答，因为罪犯根本就没有想过这一点。不然，得到的回答就是：‘如果你担心工作会伤了自己，那就干脆别去工作了。’对于低阶层的人来说，诚实的情感和思想产生得太晚了。”②

“罪犯自然要根据自己的经验判断刑罚，也就是说根据实际运

① 参见〔意〕恩里科·菲利：《犯罪社会学》，郭建安译，中国人民公安大学出版社2004年版，第298—302页。

② 同上书，第183—184页。

用的刑罚而不是立法者在一定程度上直言相告的威胁来判断刑罚。”“只要刑罚是含混和不确定的，他们就不会感到恐惧，而总是屈服于一时的意念，屈服于犯罪的冲动。”①

为了阐明刑罚的效果，菲利还对刑罚的自然属性和社会属性进行了区分。“我们必须区分作为自然惩罚的刑罚和作为社会惩罚的刑罚，以领会自然刑罚所具有的确实很大的效力是如何几乎完全消失在社会刑罚之中的。”“对每一违法行为的沉默但无情的自然抵制和违法人难以逃脱的痛苦结果构成了一种最有效的镇压。在这方面，每一个人，尤其是在早期生活年代，都接受了日常绝不能忘记的教训。这是自然结果的惩罚，是真正的教育方法。”“在这种自然的、本能的方式中，刑罚从其结果的不可避免性中产生全部威力。在刑罚中，尤其是在死刑中，刑罚的确定性比严厉性更有效……”而且，“即使很小的不确定性也会大大削减我们所担心的痛苦的抵御力量，即使很大的不确定性也不会打消我们所希望的快乐的吸引。”

“在这一点上，我们觉得法律惩罚效果不大的一个重要原因就是行为人想象有许多逃脱的机会。首先，存在着不被发觉的机会，这是预谋犯罪产生的最强大的原动力；其次，在被发觉之后，存在着证据不足、法官仁慈或者受骗、在错综复杂的审判过程中不被判刑以及由于宽大而撤销或减轻判决、课刑的机会。”

“还有另外一种既削弱自然惩罚的效力又几乎完全抵消了社会惩罚的效力的心理状况，那就是没有预见。实际上，我们知道，

① 参见〔意〕恩里科·菲利：《犯罪社会学》，郭建安译，中国人民公安大学出版社2004年版，第185—186页。

缺乏预见的人即使对最确定的自然后果也满不在乎，因此这种后果在保证他们不从事违反自然的危险行为上也失去了大部分效力。关于法律惩罚，即使撇开感情冲动，大家知道，罪犯——偶犯和其他罪犯——也与野蛮人和小孩一样，特别没有预见。这一弱点在缺乏教育的较低阶层中特别明显，而在罪犯中则完全是一种心理疾病的症状。”①

菲利主张，社会对犯罪的反应不能过于直接、简单，特别不能以暴制暴，而应当间接地通过心理力量系统来实现惩罚和防止犯罪的目的。“如果我们要使自己适应心理学和社会学规律，我们的防范措施必须向避免使社会对犯罪的反应过于直接这一方向发展。”“社会与罪犯之间的不停斗争也不是一种直接对抗个人身体力量的自然的和社会的力量，而应当是一种间接的心理力量系统。”“用暴力来矫正暴力总不是一种好办法。在中世纪，刑罚很严酷，但犯罪也同样残忍。社会在与罪犯的残暴之间的斗争中失去效力时便会恶性循环。”

“总之，我们关于刑罚效力的理论，就像某些论据不充分的批评家坚持的那样，不在于绝对否认，而特别在于反对认为刑罚是最好和最有效的犯罪预防手段的传统偏见。”②

4. 利用“刑罚的替代措施”预防犯罪

菲利进一步阐述了预防与镇压的关系，进而提出了我们在一个世纪之后才归纳出的预防为主的观点。“进一步说，这种预防一

① 参见〔意〕恩里科·菲利：《犯罪社会学》，郭建安译，中国人民公安大学出版社2004年版，第187—188页。

② 同上书，第189—190页。

直被认为是镇压的辅助物，而我们却得出了下述相反的实证结论：预防并非仅仅是第二位的辅助手段，今后应当在社会防卫中起主要作用，因为镇压对犯罪现象所起的作用很小。”①

“如果刑罚的抵御难免要与犯罪行为相对立，用其他间接的更有效的手段防止和减少这种行为对社会秩序更有益。”“经济领域的研究已经发现，当某种日常用品缺乏的时候，为了满足人们的自然需要，必须求助于比较低价的替代品。因此，在犯罪领域，因为经验使我们确信刑罚几乎完全失去了威慑作用，所以为了社会防卫的目的，我们必须求助于最有效的替代手段。”“我称这些间接的防卫手段为刑罚的替代措施。但是，食品的替代物一般只是临时食用的次要物品，而刑罚的替代措施则应当成为社会防卫机能的主要手段，因此刑罚尽管是永久的，但却要成为次要的手段。”②

(1)经济领域的替代措施

菲利认为，经济领域有许多措施可以起到预防犯罪的作用。例如，自由贸易、移民、税收、基础设施工程、货币改革、住房建设、发展救济和慈善团体等。

自由贸易可以防止饥荒和食品价格过高，起到防止犯罪，尤其是防止侵犯财产罪的作用。

“无限制的移民出境是一个安全阀”，欧洲国家通过“输出许多因不幸或能力不均等而容易犯罪的人”，可以起到预防犯罪的作用。意大利由于移民出境人数的大量增加，1880 年以来的犯罪有

① 参见〔意〕恩里科·菲利：《犯罪社会学》，郭建安译，中国人民公安大学出版社 2004 年版，第 214 页。

② 同上书，第 193 页。

所下降。爱尔兰由于向境外输出了46%的刑满释放人员，这个国家的累犯数量特别少。

“几个世纪以来，走私一直不畏惧砍手、甚至死刑等酷刑，现在仍然不畏惧监禁和缉私官员的武器，但通过降低进口税可以得到控制”，税收制度还可以减少“任何刑罚都不能有效防止的故意诈骗罪，也将消除一直是叛乱和暴行产生原因的专断和过高的财政惯例。”通过对含有酒精的饮料进行税收调节，可以大大减少暴力犯罪和自杀行为。菲利通过分析发现，在法国，“杀人、殴打和故意伤害罪的增减总是与不同程度的葡萄丰收之间存在着明显的对应关系，尤其是在犯罪变化显著的年度里更是如此。在葡萄减产的年份，犯罪（殴打和伤害）总是明显减少；在葡萄丰收的年份，犯罪也总是明显增加。”

基础设施工程通过增加就业岗位，“能够遏制侵犯财产罪、侵犯人身罪和妨害公共秩序罪的增长。”在法国，“1853—1855年的大饥荒年代中盗窃罪没有像1847年的大饥荒中增加得那么厉害，就是因为政府在冬季的几个月里设置了许多救济失业者的工程。”此外，“高速公路、铁路和有轨电车的不断建成征服了乡村的掠夺团伙，就像带有公共照明设备的街道和通风良好并且宽阔的住宅的建成以及贫民窟的拆除有效地防止了暴力抢劫、隐匿赃物和猥亵奸污一样”。

“使工人住宅的价格便宜、在城市及农村地区的房屋内采取综合的卫生措施以及注意避免贫穷的家庭过分拥挤等都有助于身体健康，也有助于防止许多不道德行为的产生。”

“在已婚妇女的监督下检查童工工作的车间以及缩短童工的

劳动时间，可以防止刑罚所不能防止的猥亵奸污童工罪。”

“合作互助团体、节约团体、老年保险、病弱工人救济、雇主对工伤事故负有责任、大众储蓄银行、慈善团体等能够比刑法典更有效地预防很大一部分侵犯财产罪和侵犯人身罪。”①

(2)政治领域的替代措施

对于预防暗杀、叛乱、谋反和内乱等政治犯罪，警察专断的镇压和预防是无效的。要预防这类犯罪，除了协调政府和民族的愿望之外没有其他任何办法。意大利在外国人的统制之下政治暴乱不断，无论是断头台还是军舰都不能阻止；而意大利一独立，这些暴力就消失了。

对于所谓的言论犯罪，除了言论自由之外没有任何办法能够减少对某种政治制度的攻击和触犯。“统治阶层和当权者通过不断尊重个人和团体的权利而树立起全民族对法律的尊重比通过任何运用警察和监狱来树立这种尊重要好得多。”

对于选举过程中的犯罪，改革选举制度使其适应本国的情况是唯一的预防措施。

对于社会犯罪和政治犯罪，通过政治和议会改革在一个国家与其合法代表之间建立起更实际的协调，通过消除一些有害于政治的技术问题，赋予人民一种更直接的管理公共事务，包括公民投票在内的权利，使议会摆脱一些导致其滥用权力的机会和形式，也会比刑法典能够更有效地预防这两类犯罪。

① 参见〔意〕恩里科·菲利：《犯罪社会学》，郭建安译，中国人民公安大学出版社2004年版，第195—202页。

最后，如果我们打消政治均衡和官僚集中这样一些愚蠢的念头，使法律适应各地的不同特点，那么大量由于不能满足的需求和对一个国家各个地区在气候、种族、传统、语言、习惯和利益等方面都存在差异的忽视而引起的犯罪，多数都将会消失。①

(3)科学领域的替代措施

“科学曾经产生了武器、印刷术、照相术、平版印刷术、新毒药、炸药、电、催眠术等新的犯罪工具，科学的发展迟早也会提供比刑罚镇压更有效的解决办法。”印刷、囚犯人身测量照相、电报、铁路等都是对抗犯罪的有效辅助手段；解剖学和毒物学的发展减少了投毒案件的数量；文件检验技术的发展有助于减少伪造犯罪；女医生的出现减少了医生进行有伤风化的犯罪的机会；现代航海技术的发展和铁路及公路的发展基本上消灭了靠死刑和军队一直没有铲除的海盗和土匪；马尔萨斯人口论的传播起到了防止堕胎和杀婴罪的作用；清楚简便的记账方法防止了在旧的复杂记账方法下产生的诈骗和贪污；通过避免货币的经常流动，支票比刑罚对预防盗窃所起的作用还要大；某些银行发给职员的信任卡能够防止篡改账单；保险箱、门窗锁和警铃对预防盗窃有很大作用。②

(4)立法和行政领域的替代措施

明智的遗嘱立法可以防止因亲属急于继承财产而产生的谋杀；婚姻法改革和非婚生子女立法是防止非法同居、杀婴、堕胎、弃婴、猥亵奸污和被诱奸后又被抛弃的妇女所犯谋杀罪的最好措施；

① 参见〔意〕恩里科·菲利：《犯罪社会学》，郭建安译，中国人民公安大学出版社2004年版，第203—204页。

② 同上书，第204—205页。

轻缓简单的法律本身就是预防妨碍公共秩序、侵害人身罪和侵犯财产罪的一项措施。法律的简便易懂还会防止大量的诈骗和违法行为，我们那些浩瀚如林的法典、法律、法令和规则无疑会导致无尽无休的误解和错误，并因此产生违法和犯罪；通过规定董事的民事责任、破产程序、股东注册、破产者清偿债务和工业汇票及其他汇票，商法能够比劳役更有效地防止欺诈性破产；依法成立荣誉法院能够不求助于任何重刑就可以防止决斗；建立科学的人口登记制度能够有效地防止重婚罪；制定好的转让制度能够起到防止伪造和诈骗罪的作用；建立弃儿和孤儿院能够防止用严刑所不能防止的杀婴和堕胎罪；建立囚犯援助协会可以起到降低累犯的作用。[①]

(5)教育领域的替代措施

书本教育能够提高个人的预见程度，起到减少偶犯的作用，还可以起到传播法律知识的作用；根据每一个学生的生理和心理状况，运用生理、心理学规律来教授儿童的实验方法，通过向学生传授更多在实际生活中有用的知识，能够使青少年更好地适应竞争，减少失业人口，起到预防犯罪的作用；通过限制各种媒体出版发行描写暴力和色情的作品，消除粗俗和黄色的娱乐，建立健康的娱乐和运动场所等，能够消除一大类刺激犯罪产生的因素。另外，对进入治安法庭和巡回法庭的权利也应当限制，防止妇女像看马戏似的，也防止青少年在其中接受犯罪艺术课。[②]

---

① 参见〔意〕恩里科·菲利：《犯罪社会学》，郭建安译，中国人民公安大学出版社2004年版，第206—207页。

② 同上书，第207—209页。

他此前曾指出，“分析一下意大利每年判处的30万名罪犯，其中18万人犯的是轻微罪行，12万人犯的是严重罪行。你很容易就能看出他们之中大部分人主要是由于社会环境造成的，而为这种社会环境觅一补救措施应当并不困难。就自然和人类学因素而言，立法者的工作可能缓慢、艰难，不能达到完善的地步；但就影响犯罪的社会因素而言，立法者的工作可以是迅速的、及时的和有效的。”[①]在《实证派犯罪学》的结尾，菲利提出，“保护社会免受犯罪侵害的措施必须是多层面的、复杂的和不断变化的；必须是立法者和公民在系统的集体经济的坚实基础之上进行长期不懈的系统工作的成果。”[②]

5. 改革监狱管理

此外，菲利还谴责现行监狱制度，认为“现代社会制裁犯罪的措施抹杀了罪犯的人格，使其成为一个号码，或者在杂居中完全被腐蚀，或者在独居中变成一个呆子或残暴的野兽。”他提出改革监狱管理，主张对监狱的管理应当是科学的，对罪犯的矫正也必须是科学的。[③]

（1）坚持监狱官员专业化

菲利认为，“就像好的法官执行一部不完善的法典比愚蠢的法官执行一部‘不朽的’法典要好一样，一种有独创性而且协调的监

① 〔意〕恩里科·菲利：《实证派犯罪学》，郭建安译，中国人民公安大学出版社2004年版，第169—170页。

② 同上书，第206—207页。

③ 同上书，第196页。

狱制度如果没有相应的管理人员来执行也没有价值。”[①]

菲利主张,监狱机构的主管应当是心理学家、医生。任命拿抚恤金的退伍军人或顽固的官僚做刑罚机构的长官是荒谬的。他还举了因脑受损而伤害他人被投进监狱的罪犯和不称职的监狱医生如何草率对待罪犯心理问题的例子来说明对罪犯进行科学治疗的重要性。[②]

(2)以分类管理制度代替个别化

尽管菲利等实证派学者主张刑罚个别化,但是他本人还是认为应当从实际出发,不能一味不切实际地坚持刑罚个别化,“因为主要由于财政原因引起的管理人员的问题一直很严重,我认为我们应当用同样有效而且更容易实行的分类制度来代替不切实际的刑罚个别化观念。”[③]

(3)隔离要体现剥夺功能[④]

菲利认为,对罪犯的隔离是社会防卫的需要,是为了消除犯罪人对社会的威胁,因此不能像古典派强调的那样,从各个方面保证罪犯的个人权利,使监狱失去剥夺效果,起不到监禁的作用。他强调,“首先,必须注意隔离不是或者不仍然是(因为现在很常见)懒惰的犯罪人群体的避难所,而是一种剥夺。”“已决犯监狱——古典

① 参见〔意〕恩里科·菲利:《犯罪社会学》,郭建安译,中国人民公安大学出版社2004年版,第286页。

② 〔意〕恩里科·菲利:《实证派犯罪学》,郭建安译,中国人民公安大学出版社2004年版,第196—198页。

③ 同上书,第196—198页。

④ 参见〔意〕恩里科·菲利:《犯罪社会学》,郭建安译,中国人民公安大学出版社2004年版,第287页。

派监狱学家对未决犯囚房和已决犯囚房不加区别——不应当很舒适，以至于引起诚实的人和住在农舍中耕种的贫苦农民或住在阁楼中的憔悴的工人的忌妒。”①

(4)对罪犯实行强制劳动

菲利从唯物史观出发，强调劳动对罪犯的治疗作用，主张对所有罪犯都实行强制劳动。他坚持，“对所有监禁的罪犯(生病者除外)都应当实行强制劳动。”“我很想将下述在全世界都适用的格言刻在监狱大门上：‘不劳动者不得食。’”

他认为，“对囚犯来说，户外劳动是唯一有益的监狱体制的基础。尤其是在南部地区和对绝大多数农民罪犯，空气、阳光、运动和田间劳动是并未彻底堕落的罪犯所能够获取的唯一的身体和道德消毒剂，或者至少能够通过使其从事有益健康的、报酬更多的劳动防止不可改造的罪犯完全野蛮化。”②

(5)罪犯劳动获得报酬并承担监禁中的生活费用

菲利认为，当时的监狱管理模式应当改革，纳税人不能永远全部承担罪犯在监禁期间的所有费用。“囚犯不仅应当像现在这样，向国家付其所用的烟酒钱，而且还应当付衣食住的费用，其余劳动所得应当用以赔偿被害者。”“被迫采取剥夺自由作为刑事镇压和报复的基本手段的国家，承担了不仅向其惩罚的犯人提供物质生活费用而且还满足其知识和道德需要的全部义务。因此，国家抚养懒惰者占多数的被说成‘被判处艰苦劳役’的人，犯罪在满足了

① 参见〔意〕恩里科·菲利：《犯罪社会学》，郭建安译，中国人民公安大学出版社2004年版，第287页。

② 同上书，第287页、第288页、第317页。

罪犯的需要之后，又进一步保证了其免费食宿，将负担转移给诚实的公民。”“无论是从道德上还是从法律上讲，我都不同意犯罪可以免除罪犯在犯罪之前曾一直承担而且所有诚实的人也为此受许多苦的日常生活用品的负担。”

他觉得，“一个人尽管贫穷和不幸，但只要他保持诚实，国家就努力保证其以劳动谋生的手段”。“但是，任何人，只要一犯罪，国家就认为它有义务给他最好的照顾，保证他住宿舒服，食品丰盛，劳动轻微（如果不允许他懒惰的话）！而且，所有这一切都是在永恒的因果报应的名义之下进行的。”这对诚实的纳税人，特别是贫苦的诚实纳税人来说，是不公正的。

当然，基于通过劳动治疗罪犯的基本理念，菲利认为应当对参加劳动的罪犯付酬。“如果罪犯向国家付食宿衣物费，其余报酬赔偿被害者的话，那么国家应当付给罪犯与自由劳动者同样的工资。”[①]

（6）监狱劳动不应当与自由劳动竞争

菲利认为，监狱劳动与自由劳动之间存在着竞争，但是这种竞争是不公正的，政府应当避免。“因为犯人只能继续懒惰或者去工作，所以监狱显然必须使他们工作。但是，他们必须在与自由劳动竞争不太激烈的行业上工作。”

他提出：“独居制由于对国家以税收的形式收集而来的资金耗费太大，还由于与自由和诚实劳动者的劳动竞争，使诚实阶层的人

① 参见〔意〕恩里科·菲利：《犯罪社会学》，郭建安译，中国人民公安大学出版社2004年版，第287页、第288页。

很难堪。首先,竞争是精神上的,因为罪犯的日常工作和食宿总是有保证,而诚实的工人却没有这种保证。其次,尽管罪犯的收益总额与自由工人相比数量不大,但是经济竞争在某些地方和某种行业仍然很激烈,而监狱劳动永远也不能补偿国家的开支,因为在单独隔离的情况下显然不能组织重要的赢利性的工业。就是制鞋、木器加工等这样一些小工业也挤垮了监狱周围的同种自由行业,因为自由行业不能与低工资的犯人进行这种不平等的竞争。”①

(7)反对单独监禁

基于监狱应当对罪犯实施科学治疗而不只是简单关押的理念,菲利反对当时在欧美方兴未艾的独居制。他认为“独居制这种无益的、愚蠢的、不人道的、耗费很大的‘活人坟墓’,即使意大利新刑法将其缩小到最低期限时,也必须废除它。”

首先,“单独监禁是不人道的,因为它在罪犯退化程度最小的案件中抹煞或削弱了那种本来就已经很微弱的社会意识,还因为它不可避免地(由于手淫及运动和空气不足等)会导致癫狂或肺结核。因此,它迫使监狱当局为了避免这些疾病而不公平地为谋杀犯建造非常舒适的单身牢房,而不幸的诚实者却不公正地住在农舍或穷人的阁楼中。”

其次,“在定期或不定期中,单独监禁对于改造犯人起不到任何作用,这主要是因为,如果不改善社会环境,犯人一离开监狱就又回到导致其犯罪的同一环境之中去,我们再关注犯人也没用。”

① 参见〔意〕恩里科·菲利:《犯罪社会学》,郭建安译,中国人民公安大学出版社2004年版,第288页、第317页。

“监狱学家犯的一个主要错误就是将其注意力完全集中在单身牢房上面和单身牢房里面,忘记了犯罪产生的外因。因此,经过一种人们很熟悉的心理过程,单身牢房对监狱学家来说,就像钱对贪婪者一样,不再是一种手段,而是成了目的。”

而且,“独居制在适用上是不平等的,因为种族的不同对它具有很大影响,而且它实际上是一种令在自由空气和阳光下更独立的南方种族讨厌的北方民族的专制做法。除此之外,在同一民族的人中,由于罪犯,尤其是偶犯的职业不同,隔离的效果也大不一样。”

另外,“将独居制作为唯一一种监禁方式采用会耗费很大。”“由于建造许许多多的监狱耗资很大,因此说谋杀犯和纵火犯在单身牢房中所享受的舒适与诚实的穷人在收养院、贫民院、城市阁楼、乡村茅舍和一些临时陋室中所遭受的痛苦形成了令人痛心的有害的对比……”①

(8)反对少年监禁

基于对刑罚替代措施的信念和对惯犯形成原因的认识,菲利反对少年监禁。他认为,“从把对流浪儿的生理和心理治疗作为最有效的刑罚替代措施着手,到推进对未成年犯的具有改造作用的限制性刑事判决,已经有了一套呼唤全面改革的完整制度。依照这种制度,永远不能对未成年人实行监禁。所以,我们必须废除所谓的教养所。如果不考虑由于乞讨、流浪和其他罪行而被送进教

① 参见〔意〕恩里科·菲利:《犯罪社会学》,郭建安译,中国人民公安大学出版社2004年版,第314—316页。

养院的少年对温情的矫正所产生的可笑的和危险的骚乱，那么，教养所不能产生任何有益的作用，因为在成群地挤在一起的这类少年中会比在青年犯中更容易产生骚乱和腐蚀。”

至于如何处理未成年犯，菲利提出：“对这些少年犯来说，可以分别将其寄养在诚实的农民家庭，要不然就将其放在与成年犯纪律不同但仍然是根据夜间独居、白天在户外劳动并尽可能不拥挤的原则建立的农业流放地。”①

（五）将犯罪人分为五类

菲利认为，“由于犯罪的原因不同，对各种人格的罪犯需要采取不同的治疗方案。由于人类学因素而导致犯罪与由于社会环境而导致犯罪的行为人根本不同”，菲利把犯罪人划分为五类：天生犯罪人、精神病犯罪人、习惯性罪犯、偶犯和情感犯。

1. 天生犯罪人

天生犯罪人是“犯罪型精神病（科学尚未解决这一问题）的牺牲品。这种精神病与癫痫病非常相似，但其本身不足以使患者成为罪犯。”“说一个人是天生犯罪人，是指他具有某种天生的退化现象，使其倾向于犯罪。如果他有幸生活在一个没有任何促使其犯罪的诱因的良好环境中，他可能活到 80 岁也不犯罪。”菲利认为，精神病的情形与犯罪的情形相似。一个人“生活在恶劣的环境之中，未受过任何教育，又居住于不健康的自然环境如矿山、田野或潮湿的沼泽之中，那么他就会成为精神病患者。但如果其生活环

---

① 参见〔意〕恩里科·菲利：《犯罪社会学》，郭建安译，中国人民公安大学出版社 2004 年版，第 320 页。

境并不足以使其患精神病，无需为日常生活而抗争，生活富裕，他可能表现得古怪一些，但不至于跨入精神病院的大门。犯罪的情形也是如此。一个人或许有天生的犯罪倾向，但他如果处在良好的环境之中，就有可能到死也不违反任何刑法条文及道德信条。”①

“天生或本能的犯罪人最容易表现出犯罪人类学所确定的气质和心理特征。这些人既残忍蛮横又狡猾懒惰，他们分不清杀人、抢劫或其他犯罪与诚实勤劳之间的区别。”“他们是罪犯就像别人是好工人一样。”“因为他们把监禁看作是从事其职业所必须承担的风险，就像泥瓦匠对待屋顶掉下来或矿工对待沼气一样，所以实际的惩罚比惩罚的恐吓对他们的影响要小得多，甚或对他们一点影响也没有。”“他们在监狱里并不感到痛苦，就像一个在画室里构思其下一幅杰作的画家一样。”

菲利还引用龙勃罗梭的统计资料证实了天生犯罪人的存在。“士兵中颅骨正常者是罪犯的 3 倍；具有多处(3—4 处)异常的罪犯是士兵的 3 倍；在具有特多(5 处以上)异常的人中没有 1 个士兵。”罪犯中“大约 1/3 的人有多处异常，颅骨完全正常的只占 1/10。”“犯罪人类学为我们提供了一个大概的数字，罪犯中带有足以引起犯罪行为产生的生物学特征的人占总数的 40%—50%。”②

2.精神病犯罪人

精神病犯罪人是指“患有某种精神病的临床形态，甚至连我们

① 〔意〕恩里科·菲利：《实证派犯罪学》，郭建安译，中国人民公安大学出版社 2004 年版，第 179—180 页。

② 参见〔意〕恩里科·菲利：《犯罪社会学》，郭建安译，中国人民公安大学出版社 2004 年版，第 107—122 页。

的现行刑法也予以承认的人。"[①]不过,精神病犯与天生犯罪人有时很难区分。菲利称,精神病犯"就是那些具有某种遗传性精神错乱的罪犯"。但是,精神病犯一直为许多刑法学家所批评。他们认为这一术语就是自相矛盾的,因为精神病人不负道义责任,所以不能成为罪犯。菲利坚持,"社会责任是唯一适用于所有罪犯的责任,也适用于精神不健全的罪犯。"菲利主张,国家应当建立犯罪精神病院来监禁和治疗精神病犯。[②]

3. 习惯性犯罪人

习惯性犯罪人是指"主要由于社会对犯罪的预防和镇压措施无效而染上犯罪习惯的人。"菲利认为,街头流浪儿是习惯性犯罪人的主要群体。他进一步解释道:"街头流浪儿是现代工业中心所具有的普遍现象。为了维持家庭生活,他们不得不自幼沿街乞讨,整天在街头的污秽环境之中生活,无从得到培养良好道德观念的机会。他们在初次犯罪之后受到法律惩罚,被投进监狱或教养院,在其中难免更加堕落。出狱之后,身上带有盗贼或伪造犯的污名,常为警察所注意。他们即使有幸在某一商店谋得一项职业,也会有人间接奉劝店主解雇他们,他们便不可避免地又回到犯罪道路上去。因此,一个人在社会预防和镇压犯罪的措施无效的情况下,便会获得其腐败产品——犯罪习惯。"[③]"他们的犯罪主要由于污

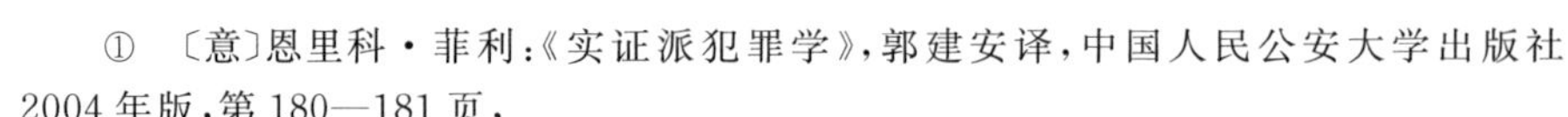

① 〔意〕恩里科·菲利:《实证派犯罪学》,郭建安译,中国人民公安大学出版社2004年版,第180—181页,

② 参见〔意〕恩里科·菲利:《犯罪社会学》,郭建安译,中国人民公安大学出版社2004年版,第120页。

③ 〔意〕恩里科·菲利:《实证派犯罪学》,郭建安译,中国人民公安大学出版社2004年版,第181页。

浊的环境引起的道德感淡薄而不是先天性的主动倾向所致。""第一次犯罪未受惩罚虽然是其染上犯罪习惯的原因之一,但决定性的原因还是由于与监狱打交道使其身体衰弱、道德败坏;单独监禁使其退化;酒精中毒使其变得痴呆,易受刺激。所以他们又不断地回到犯罪的老路上去,最后成为惯犯。"

在《犯罪社会学》中,菲利引用意大利、法国、普鲁士、奥地利、匈牙利、英格兰、苏格兰、爱尔兰、荷兰、比利时、瑞典、瑞士、丹麦等许多欧洲国家的统计资料进行分析比较,确定惯犯开始犯罪的年龄及其在犯罪人总数中所占的比例。根据菲利的分析,惯犯所从事的犯罪行为集中在盗窃、撒谎癖和流浪三种行为上。而且,惯犯很难改造过来。他甚至称:"如果你能将一个老盗窃犯改造成一个诚实的工人,你就可以将一只老狐狸变成一条家犬了。"[①]

4.偶发性犯罪人

偶发性犯罪人是指"一个人犯了一种轻罪,与其说他是被退化人格的进攻性所驱使,倒不如说是被其生活环境导入歧途。这种罪犯如不因监狱生活变得更加败坏,则有可能重新回到正常的社会生活中去。"[②]他们"没有任何先天固有的和后天获得的犯罪倾向,他们由于经受不住其个人状况以及自然和社会环境的诱惑,在青少年时期犯了罪。如果没有这些诱因,他们就不会犯罪或不会继续犯罪。"

① 参见〔意〕恩里科・菲利:《犯罪社会学》,郭建安译,中国人民公安大学出版社2004年版,第122—129页。

② 〔意〕恩里科・菲利:《实证派犯罪学》,郭建安译,中国人民公安大学出版社2004年版,第181页。

“他们所犯的通常都是那些并非惯常性的罪，或者犯其他一些侵犯人身或财产的罪，但在其个人状况及社会环境综合作用下所犯的这些罪行不同于天生犯罪人和惯犯所犯的罪行。”

“天生犯罪人与偶犯之间的确切区别在于：对前者来说，外部原因比其内部倾向性所起的作用要小，因为这种犯罪倾向性拥有一种驱使行为人犯罪的离心力；而对偶犯来说，犯罪行为只不过是行为人无力抵御外部原因的结果，大多数犯罪都是外因引起的。”“如果需要引证犯罪心理学的详细论述，我们可以说，在无道德感和缺乏预见这两种犯罪的心理状态中，偶犯主要是由于后者而犯罪，天生犯罪人和惯犯主要是因为前者而犯罪。对于天生犯罪人来说，主要是因为无道德感或道德感薄弱而不能抵御犯罪。对于偶犯来说，道德感几乎是正常的，但由于不能事先认识到其行为的结果而导致其屈服于外部影响。”①

5. 情感犯

情感犯是指受情感支配而犯罪的人。“情感犯能够抵御导致偶犯犯罪的非意外力量的一般诱惑，但不能抵御有时难以抗拒的心理风暴。”

菲利同意古典派学者卡拉拉对支配犯罪的激情的分类：盲目的、可原谅的激情和理智的、不可原谅的激情。盲目的、可原谅的激情包括恐惧、荣誉和爱；理智的、不可原谅的激情包括怨恨和复仇。菲利认为，“不应仅从强度和数量方面考虑激情，而必须从激

① 参见〔意〕恩里科·菲利：《犯罪社会学》，郭建安译，中国人民公安大学出版社2004年版，第134—135页。

情的性质方面进行考虑。我们必须区别社会激情和反社会激情，前者有利于人类及人类集体的生活状态，后者不利于人类集体的发展。第一种情况有爱、受到损害的自尊心等，通常有利于社会。这种情况下的失常，按照案件情况，或多或少都有宽大的余地。另一方面，也有不可原谅的激情，因为他们的心理倾向是反对社会发展的。他们是反社会的，是不能宽宥的，憎恨和复仇即属此类。”①

在阐述了其对罪犯分类的五分法之后，菲利分析了各类罪犯分别占的比例。精神病犯和情感犯的数量最少，只占罪犯总数的5%—10%；天生犯罪人和惯犯大约占总数的40%—50%；偶犯约占罪犯总数的40%—50%。②

这五分法一直为菲利所坚持，而且他认为得到了绝大多数学者的赞同。直到晚年，菲利在修订《犯罪社会学》第5版（1929—1930年期间出版）时才加上了第六类犯罪人，即过失犯。他把过失犯解释为“由于缺乏预见、轻率或者不遵守规章而不是由于恶意而造成损害和危险的拟制罪犯，他们代表着不同的危险程度。”他们当中的一些人道德敏感性弱，另外一些人缺乏技术知识，还有一些人疏忽大意，最后一部分人疲惫不堪。但是，菲利在修订这一版时没有把他的六分法整合到全书中去，而只是在犯罪人分类部分这么提了，在其他部分述及这一问题时仍然沿用五分法。③

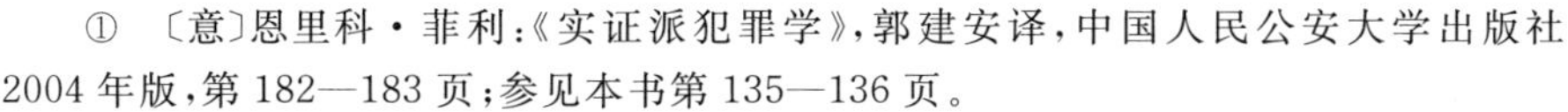

① 〔意〕恩里科·菲利：《实证派犯罪学》，郭建安译，中国人民公安大学出版社2004年版，第182—183页；参见本书第135—136页。

② 参见〔意〕恩里科·菲利：《犯罪社会学》，郭建安译，中国人民公安大学出版社2004年版，第138—139页。

③ 参见“恩里科·菲利”一文。

菲利对犯罪人的五分法或后期的六分法完全是根据犯罪人的特征这一个标准划分的，划分的目的是根据不同类型犯罪人的特征施以不同的矫治措施。在常见的犯罪学著作，特别是我国的一些犯罪学著作中，对犯罪人的分类往往为对犯罪的分类所代替，对犯罪的分类又常常不是根据一个标准，而是根据多个标准，如犯罪侵害的客体、犯罪主体，甚至还包括犯罪的主观方面等，将犯罪划分为暴力犯罪、财产犯罪、青少年犯罪、女性犯罪和过失犯罪等。从划分标准一元论的角度看，菲利对犯罪人的分类至今对我们还有很大的启示。

(六)主张对不同犯罪人施以不同的对策

根据对犯罪人的上述分类，菲利进一步提出，对不同类型的犯罪人应当施以不同的矫治对策。

首先，针对古典派刑事科学以刑罚来实现对犯罪报应的刑罚目的并因此把刑罚作为对各类犯罪人唯一选择的理论基础，菲利提出："刑罚不应当是对犯罪的报应，而应当是社会用以防卫罪犯威胁的手段"；[①]"合法判决的目的不是确定犯人的不可确定的道义责任，也不是将刑法典中的条文非个别化地适用于该罪犯，而是将最适合于犯罪人的法律按照犯罪人所表现出来的或多或少的生理和心理的反社会性加以适用。"[②]刑罚的这种社会防卫功能是通过对犯罪人实施剥夺和矫治而避免社会再受犯罪侵害来实现的。

---

① 参见〔意〕恩里科·菲利：《犯罪社会学》，郭建安译，中国人民公安大学出版社2004年版，第272页。

② 同上书，第221页。

由于刑罚的目的不是报应而是社会防卫，因而刑罚的对象是罪犯而不是犯罪。“如果从社会镇压职能中排除刑罚是犯罪的报应这一道德观念，如果我们认为社会的这一镇压职能仅仅是一种通过法律而实施的防卫权力，那么刑事司法便不再符合对罪犯道义责任和可罚性的精密计算。除了首先证明被告人是犯罪人，然后证明他属于哪一种罪犯，最后证明他通过其生理和心理特征所表现出的反社会的堕落程度及其对社会的再适应程度之外，刑事司法再不能产生其他任何结果。”“犯罪总是刑法的对象，即使在实证刑事诉讼程序下也是如此。但是，它不是法官的全部注意力的所在之处，而仅仅是诉讼程序的基础和表明罪犯的堕落和重新适应性等特征的一种症状，罪犯本身才是刑事审判的真正的、活的对象。”[①]

其次，根据社会防卫的需要，菲利进而主张对不同罪犯施以不同的对策。菲利认为，现行刑法制度是根据定期刑原则制定的。监禁被古典派犯罪学家和根据其理论建立起来的刑事司法誉以罪犯的万灵药。他把这种理论主张和刑事司法比喻成一个只会给病人开大黄药处方的医生。“医生坐在医院门前，告诉每一个病人：‘无论什么病，我只给你开一种药——大黄——进行治疗。你有心脏病吗？没关系，问题只是我给你开多少大黄去服而已。’”[②]菲利宣称，这种制度是失败的。根据对欧洲，特别是意大利和法国累犯

① 参见〔意〕恩里科·菲利：《犯罪社会学》，郭建安译，中国人民公安大学出版社2004年版，第234—235页。

② 〔意〕恩里科·菲利：《实证派犯罪学》，郭建安译，中国人民公安大学出版社2004年版，第176页。

详细数据的分析，他得出了如下的结论："这意味着现行刑事司法是一部庞大的机器，吞食并吐出大量的人。这些人轮番失去生命、荣誉、道德感和健康，因而留下不能消除的创伤，流入到不断增加的职业犯罪和累犯的队伍中去，一般没有希望复原。"

关于这一制度失败的原因，菲利认为在于刑法制度存在着一些根本性的缺陷。"根据古典派刑法理论和古典派监狱规则建立起来的刑法制度具有以下缺陷：确定荒谬的道义责任标准；完全无视或忽视罪犯的生理、心理学类型；一方面裁决与判决之间有空隙，另一方面判决与执行之间又有空隙，结果便会滥用宽赦；监狱中犯人退化和相互交往造成的实际后果严重；造成数以百万计的人被处以愚蠢和荒谬的短期监禁；造成累犯难以抑制地增加。"[①]

至此，菲利宣称："毋庸置疑，用一个与犯罪的主要原因相适应的，对社会防卫更有效的，同时减轻对被处理的人所造成的无端损害的刑罚制度来代替现行刑罚制度是十分紧迫的。"[②]

"对于任何一起犯罪，刑罚问题都不应当仅仅配给罪犯与其道德责任相应剂量的药，而应当被限定为根据实际情况（违法及其造成的损害）和罪犯的个人情况（罪犯的人类学类型），视其是否被认为可以回归社会，确定是否有必要将罪犯永久、长期或短期地隔离，或者是否强制他严格赔偿他所造成的损失就足够了。"

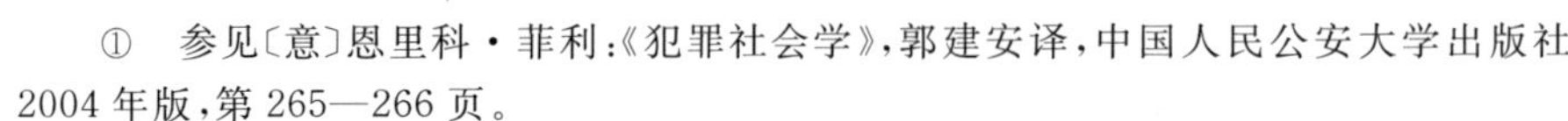

① 参见〔意〕恩里科·菲利：《犯罪社会学》，郭建安译，中国人民公安大学出版社2004年版，第265—266页。

② 同上书，第267页。

在分析了加罗法洛和李斯特提出的针对不同犯罪人的不同措施[①]之后，菲利提出了三类措施："(1)不确定罪犯隔离时间；(2)具

① 加罗法洛提出的措施如下：1.谋杀犯。将犯下列罪的人送进犯罪精神病院或处死刑：(1)因贪婪或其他个人欲望而谋杀；(2)非因被害者触犯而谋杀；(3)因残忍而谋杀。2.犯暴力或冲动性罪的人。将犯下列两种罪的成年犯从被害者或其家庭居住的街道迁走：(1)因被某种残酷的伤害行为触犯而突发的暴力伤害；(2)正当防卫杀人。将因雪耻而杀人(孤立的或地方性的)的成年犯流放至某一海岛、殖民地或农村监督管制(期限从5年到10年不定)。对犯下列罪的成年犯适用赔偿损失和罚金。对能负担得起的要重一些，并且可以用工资或强制劳动作为替代措施。如果拒绝则处以监禁：(1)在争吵时伤害身体；(2)轻微的和暂时的共谋；(3)殴打、威胁、诽谤和侮辱。将犯下列罪的成年犯送犯罪精神病院(对癔病或癫痫病患者适用)或监督流放5—10年：(1)故意伤害、毁容、伤人肢体；(2)强奸和暴力强奸；(3)限制他人人身自由。将犯不可饶恕的暴力罪和强奸罪的青少年犯送进犯罪精神病院(对那些具有先天性遗传倾向的人适用)、对再犯流放至拘禁殖民地或非拘禁性地流放。3.不诚实的罪犯。将犯下列罪的成年犯送犯罪精神病院(如果精神异常或有癫痫病)或流放：(1)习惯性盗窃或诈骗；(2)习惯性纵火；(3)习惯性伪造或敲诈勒索。对犯下列罪的成年犯实行集体劳动(期限不定)或限制从事某一职业直至赔偿全部损失为止：(1)偶发性盗窃或诈骗；(2)偶发性伪造或敲诈勒索；(3)偶发性纵火。对犯下列罪的成年犯处以革除公职、停止行使公民权、罚金或责令赔偿：(1)挪用公款、贪污；(2)出卖职权；(3)滥用权力。对未造成人身伤害的纵火、报复性毁坏财产的成年犯责令其赔偿损失(也可选择监禁)、送犯罪精神病院(对精神变态者)、流放(对累犯)。对由于渎职而导致破产的成年犯，责令其赔偿、禁止经商或革除公职。对使用伪币、伪造股票和证券以及假冒他人姓名和作伪证的成年犯，适用监禁(不定期)、罚金、革除公职和赔偿损失。对重婚、贿赂或隐瞒婴儿出生的成年犯适用流放(不定期)。将犯盗窃和诈骗等罪的青少年犯流放到农业殖民地(不定期)。4.对犯暴动、反对当局或不服从当局等罪的人适用监禁(不定期)。

菲利把加罗法洛的措施总结为：绝对消除罪犯：死刑；相对消除罪犯：犯罪精神病院、不剥夺自由的流放、永久性流放、有期限的流放、流放至农业殖民地、从某一街道迁出；赔偿损失、罚金、赔偿被害者：付钱、从工资中扣除、在不监禁的情况下强制劳动；对某些罪行(伪造、暴动)适用定期监禁或者作为赔偿或强制劳动的替代措施禁止从事某些职业和革除公职。

李斯特的刑罚方案为：罚金刑(与罪犯的财产相适应——不能用监禁代替，但允许用非监禁性的强制劳动来折抵)：适用于轻微犯罪(可以用监禁代替)和违法行为(非监禁性的)；附条件判决(对被判处监禁的初犯，担保或无担保3年)：适用于应被判处监禁

有公共和社会性质的强制赔偿；(3)对各种罪犯都适用防卫措施。”①

1.对天生犯罪人、精神病犯罪人和习惯性犯罪人实行不定期隔离。

对于遗传的或先天的犯罪人或者由于习惯或精神病而倾向于犯罪的人犯下的重大罪行，菲利主张保留不定期隔离的方式，“因为在犯了重大罪行的危险退化者的案件中，事先规定出期限是不合理的。”“对于天生的或由于疾病引起犯罪的罪犯，不能随便把他们关上一个时期，而应当关到他们能适应正常的社会生活为止。”“对那些犯了最严重罪行的天生犯罪人，只有两种方式可供选择，那就是终身流放和不定期隔离。”②

对于根据古典派犯罪学建立起来的现行刑法的核心——定期监禁制，菲利依然用上述医生的比喻来驳斥。“‘你有心脏病吗？吃1夸脱大黄，住院12天。’另一个病人说：‘我伤了腿。’医生又说：‘吃1夸脱大黄，住院17天。’第三个病人患了肺炎，医生的处方是吃3夸脱大黄并住院3个月。病人问：‘如果我的肺炎提前好了呢？’医生答道：‘无论如何必须住院3个月。’‘但是，如果3个月

的轻微犯罪；监禁(不定期，规定最长和最短期限)；单独监禁(6周—2年)；拘留所(单独拘禁1年，然后逐渐放松)2—15年(警察对被判释放的犯人进行监督和帮助)或者终身；作为其他刑罚辅助措施的赔偿(总是一种民事责任)。

① 参见〔意〕恩里科·菲利：《犯罪社会学》，郭建安译，中国人民公安大学出版社2004年版，第271页。

② 〔意〕恩里科·菲利：《实证派犯罪学》，郭建安译，中国人民公安大学出版社2004年版，第194—195页；参见本书第302页。

之后我的肺炎好不了呢?'医生说:'无论如何你也必须出院。'"①

菲利认为,不定期隔离符合法律的基本原则。"法律的基本原则是根据社会存在的需要作出限制。因此,根据社会存在的需要所进行的不定期隔离与终身隔离一样,显然绝对不与这一法律原则抵触。""进一步说,如果法学家同意当罪犯具有改过的迹象时允许他在服完判决规定的监禁期限之前附条件地享有自由,那么其纯抽象逻辑的自然结果便是对那些并不改过反而仍然具有很大危险的罪犯延长监禁期限。"②

同时,菲利提出,如果适用不定期隔离这样一种措施,就应建立与此相应的附条件释放制度。"如果在不定期隔离的实证制度下实行附条件释放,那将只有在对罪犯进行生理、心理学的检查之后才能批准,而不能像现在这样只是对有关文件作些官方审查之后就批准。对它的否决,也将不会像现在这样,几乎完全是根据犯罪的严重性,而是根据罪犯的重新适应社会性来决定。"因此,菲利主张,对犯了重罪的精神病犯和天生犯罪人不适用附条件释放制度。

此外,菲利认为,要实行附条件释放制度,应当在程序上设立对被隔离人的监护机构,如定期改变判决的永久性委员会,如行刑监督委员会。由这类委员会在对罪犯及其经历进行调查之后决定刑罚的实际期限,以便它们能够随时释放和宣告延长刑罚,尤其是

① 〔意〕恩里科·菲利:《实证派犯罪学》,郭建安译,中国人民公安大学出版社2004年版,第177—178页。参见本书第274页。

② 参见〔意〕恩里科·菲利:《犯罪社会学》,郭建安译,中国人民公安大学出版社2004年版,第272页。

对惯犯。这类委员会由监狱长、检察官、审理本案的法官和政府任命的两个专门成员组成,其中应当有犯罪人类学家参加并在其中发挥作用。[①]

菲利主张,对附条件释放罪犯的监督也应当进行改革。当时由警察监督执行的方式不适当,对狡猾的罪犯无效,而且"这一责任迫使警察注意数百名附条件释放的罪犯却忽视数千名尚未查明的罪犯,因而分散警察的注意力。"[②]

2.对轻微罪犯施以赔偿损失代替短期监禁

菲利主张对偶犯中的轻微罪犯不能进行监禁,而应当施以赔偿损失。在谈到这类罪犯时,菲利称:"在这类案件中,对个人和社会造成危害不是蓄意的,行为人也不是危险的,因此,监禁对他来说更不恰当、不公正,甚至可能会造成危险的结果。"他认为,"如果对一个犯了轻罪的罪犯判处5—6天的监禁,实属荒唐。"如果司法机关使公众鄙视这类罪犯,警察监视他们,然后将他们送进监狱,其恶性在出狱时会比入狱时更大。

"对这种行为的实施者来说,严格的赔偿比荒唐地判处他几天或几个星期的监禁是一项更有效,同时能够减轻行为人退化和危险程度的法律惩罚。"[③]

"根据对罪犯个人和诚实的社会的保障应当同等重视的同一

---

① 〔意〕恩里科·菲利:《实证派犯罪学》,郭建安译,中国人民公安大学出版社2004年版,第194—195页;参见本书第277—278页。

② 参见〔意〕恩里科·菲利:《犯罪社会学》,郭建安译,中国人民公安大学出版社2004年版,第278页。

③ 同上书,第233页;〔意〕恩里科·菲利:《实证派犯罪学》,郭建安译,中国人民公安大学出版社2004年版,第195页。

原则，我们推导出必须更加严格地赔偿犯罪被害者的结论。但对于那些被附加于各种判决中但几乎总是无效的精神损害赔偿来说，我们认为应当代之以一种更严格的责任。实施这种措施应当由政府监督，就像对待被称之为刑罚的犯罪后果一样。”①

“我们提出的改革，并非仅仅旨在理论上，因为实际上可以说在大多数案件中已经确认了这一赔偿责任。但是，我们不应当将民事措施与刑事措施截然分开，而应当共同适用这种措施，甚至需要有专门的法规强制刑事法官确定损失数额，以避免由民事法官重新审理而造成的拖延和不幸。”

“而且，即使当被害人由于不知道或害怕而没有提起诉讼时，也应当强制检察官正式要求判处罪犯赔偿他所造成的损失。”

“我们还将发现，对严格赔偿损失的担心对犯了过失罪的富人会起到刺激其勤勉努力的作用，而对穷人我们可以用使其为被害者劳动来代替赔偿损失。”

加罗法洛写道：“根据我们这一学派的观点，对许多轻微罪行，尤其是轻微侵犯人身罪，用赔偿被害人损失的有效手段来代替处以几天监禁的方法很有益。当赔偿损失不是像现在这样作为一种法律后果，一种可以根据民事诉讼规则主张的权利，而成为被告人的一种不能逃脱的责任时，它便可以成为一种真正的刑罚替代措施。”②

“古典派认为赔偿不法行为造成的损失仅仅是罪犯的一种民

① 参见〔意〕恩里科・菲利：《犯罪社会学》，郭建安译，中国人民公安大学出版社2004年版，第225页。

② 同上书，第279—280页。

事的和私人的责任(就像由于违反合同而产生的责任一样),因此便与公共赔偿的刑事判决具有本质的区别。古典派对赔偿损失的这一原则在日常司法实践中就难免会使赔偿被完全忘却。犯罪被害者知道要想取得赔偿就不得不诉诸法庭,又担心为此要付民事诉讼费,便被迫放弃索赔的希望,因此,便会与罪犯做某些大度让步的妥协,或者进行私人报复,并且不再信赖社会司法的补偿作用。"①

"即使被害人从未提起诉讼,检察官也应当代表官方要求并强制执行赔偿;法官在每一份刑事判决中都要确定损失;及时扣押和索取罪犯的财物以避免他假装没有赔偿能力;从有偿付能力的被告的薪金或工资中扣除全部或部分金额;对无力支付者实行强迫劳动;从罪犯在监狱中劳动所得的报酬中提出一定比例来赔偿被害者;将是否已经赔偿全部或大部分损失作为赦免和附条件释放的一个必要条件;建立罚金国库以便预付赔偿金给被害人家庭;确定罪犯继承人具有赔偿责任等。"②

"我只想强调原则问题,也就是我们赋予作为一种社会职能的赔偿的公共性质。在我们看来,将罪犯对其犯罪所造成损失的赔偿责任与违反合同而产生的赔偿责任相提并论完全是不道德的。"③

"犯罪,就像它意味着社会将会以不定期隔离罪犯的方式做出

① 参见〔意〕恩里科·菲利:《犯罪社会学》,郭建安译,中国人民公安大学出版社2004年版,第281页。

② 同上书,第281—282页。

③ 同上书,第282页。

反应一样，当行为严重而且行为人危险时，也应当意味着社会可以用要求罪犯赔偿（必要时可以附加于隔离之上，或者当行为不太严重并且行为人也不太危险时单独适用）的方式做出反应。对于偶犯所犯的轻微罪行，严格的赔偿一方面可以避免适用短期监禁的缺陷，另一方面将比在保证提供食物和住所的国家监狱中待上几天或几周更有效、更合理。

“还可以加上一点，国家应当对被害人的权利负责，并且使被害人的权利及时得到满足……”①

“刑罚的发展明显地证明了这一点。起初，对犯罪的制裁完全是私人的事；然后，它表现为金钱赔偿这一更加软弱的形式；后来，便将赔偿的一部分交给国家，而只从赔偿中提取一部分作为付给被害人的可怜的抚恤金。因此，将赔偿由刑事司法初级阶段的赔偿个人损失改为犯罪的法律和社会后果的一种公共职能，与这一刑罚的发展过程最一致不过了。”“犯罪的民事责任并不仅仅是私人的事情，而应当成为像刑事责任一样的社会责任。”②

“罪犯每犯一件罪行都会引出一场可笑的喜剧。对不能防止犯罪和更好地保护公民应当负责的国家逮捕罪犯。然后，当被告被提交给国家时，国家只关心永恒正义的崇高利益，而不考虑犯罪被害者，把索取赔偿看成是他们的一般私人利益，留待另外的司法活动来解决。再后，国家为了永恒的正义，逼着罪犯以向国库交付罚金的形式对国家防卫制度进行赔偿，而这一防卫制度却连侵犯

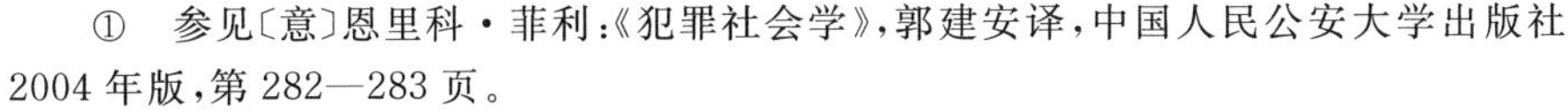

① 参见〔意〕恩里科·菲利：《犯罪社会学》，郭建安译，中国人民公安大学出版社2004年版，第282—283页。

② 同上书，第206页、第283页。

私人财产这样一些犯罪都不能防止。”“此外，国家在10年里判处150万名罪犯监禁，为此我们又要同一部分公民负担犯人的食宿费用，而这部分公民既得不到国家的保护，又得不到因犯罪对其所造成的损失的赔偿！”

“这种‘司法’方式必须彻底改革。国家必须赔偿个人因国家不能预防的犯罪给其造成的损失（就像在公害中所承认的那样），然后再从罪犯那儿把这笔钱追回来。”①

“我们认为，如果个人应当永远对其所犯的罪行负责，那么当他是犯罪的受害者时，他也应当永远得到犯罪给他造成的损失的赔偿。”②

3.对精神病犯设立专门犯罪精神病院隔离

根据他所倡导的“对各种罪犯都适用防卫措施”的原则，菲利主张设立专门的犯罪精神病院隔离精神病犯。

古典派认为，道义责任是刑事责任的基础，没有道义责任的人就不应承担刑事责任。精神病人因为在实施危害社会行为时“不知道自己在干什么”而没有道义责任，从而也不负刑事责任，他的行为也不构成犯罪，他自身也不是罪犯。按照古典派的理论，一个实施危害社会行为的人要么是一个罪犯，要么是一个精神病人。如果行为人是罪犯，就应当进监狱；如果行为人是不负刑事责任的精神病人，就应当进精神病院。

菲利认为，在古典派这个二难推理中存在着一个谬误，就是

① 参见〔意〕恩里科·菲利：《犯罪社会学》，郭建安译，中国人民公安大学出版社2004年版，第283—284页。

② 同上书，第284页。

“有些人同时是有精神病的和犯罪的。”在这种中间情况下，“其逻辑结果也不能排除特别精神病院，那么具有犯罪倾向的犯罪精神病人就应当进入专门为他们这类精神病人准备的特别精神病院。”“如果一个精神病人由于实施了杀人、放火、暴行等犯罪行为的事实使他区别于其他非犯罪精神病人，显然不能‘只’对他适用对无害精神病人适用的那一种治疗措施。”因为“我们不断看到按照同样的规则隔离普通精神病人和犯罪精神病人的管理机构难免在后者犯罪之后不久，其心理失调甚至对犯罪行为的回忆还未消失时就将其释放。结果，这些犯罪精神病人在刚刚暴露了病态倾向，离开精神病院不久就又实施了其他暴力行为。”“经验已经表明”，在普通精神病院为精神病犯设立的专门病房“效果不好，因为用同一些管理人员来满足普通精神病人和犯罪精神病人的不同治疗和训练的需要是很困难的”。

至于对精神病犯在专门的犯罪精神病院隔离的期限，菲利认为应当是不定期的，因为如上所述，实证派主张对各种需要隔离的罪犯都实行不定期隔离，直到他能够适应社会而不再对社会构成威胁为止。

对于隔离的具体对象，菲利认为应当包括下列 4 种：(1)由于精神病而被宣告无罪的人或在初审中判处一定期限隔离的罪犯；(2)在服刑期间患精神病的罪犯；(3)在普通精神病院犯了罪的人；(4)经过审判因怀疑有精神病而被置于专门的监房中进行弱智观察的人。

此外，菲利还提出，应当根据纪律程度把犯罪精神病院分为两类：一类收容那些犯了杀人、放火、强奸等严重和危险罪行的精神病犯;另一类收容那些犯了简单盗窃、暴力威胁和有伤风化等轻罪的精神病犯。对第二类精神病犯隔离的期限应当比对第一类短。[①]

(七)反对机械适用无罪推定,主张恢复"案情不清"或"证据不足"裁决

事实不清或证据不足可能是不同司法管辖区都普遍存在的一个问题,我国也同样如此。对于如何解决这一问题,菲利提出了不同于以往而且迄今依然具有重要启示的观点。

菲利认为,根据"遇有疑义时应有利于被告人"这样一个普遍规则建立的无罪推定原则,在大多数情况下是应当遵守的,因为"与诚实的人相比,未被察觉的罪犯很少",所以在证明被告有罪之前必须认为他是无罪的。

但是,"当证明被告人有罪的证据确凿时,例如:在现行犯罪案件中或在被审判中有其他因素证实的自首案件中,鉴于有绝对事实存在,无罪推定原则似乎应当停止适用。而且,尤其是在我们处理惯犯时更应如此。"

菲利以自己的亲身调查经历说明,对这一原则的机械适用甚至受到了惯犯的讥讽。他自己问过的一个被根据间接证据定罪的惯犯说:"他们知道我可能犯了罪,但又没有任何证据。其实,他们是正确的。如果你从未盗窃过,那么你绝不会被定罪。如果我们碰巧有一次是无辜的,那么我们据此就可以否认其他未被发现的

① 参见〔意〕恩里科·菲利:《犯罪社会学》,郭建安译,中国人民公安大学出版社2004年版,第290—292页。

数次犯罪。”

此外，菲利主张，在上诉审中也不应当适用无罪推定原则。在初审中适用无罪推定原则是正确的，但是当在一审中“事实已经推翻这一推定，初审已经定罪之后再坚持这一推定则是不可理解的。”

当时，在意大利法学界争论的一个问题是，在陪审团赞成定罪和否定定罪表决票数相同的情况下是否定罪，一种观点认为也适用无罪推定原则。

菲利指出，“对遇有疑义时应当有利于被告人这一假设的夸张”和对无罪推定原则的机械适用，是由于一种法律准则的僵化和衰退造成的。由于某些法律准则的僵化和衰退，根据对当时情况的观察和总结所做的提议，在当时那些情况改变或消失之后，仍然有效并被机械地适用。

菲利觉得，对无罪推定原则的机械适用有违社会公正原则。“公正的定罪和公正的宣告无罪共同构成了判决的公正。如果个人有权主张他不应当因为法官的错误或愚昧无知而被定罪，那么社会也有权要求那些同样因为法官的错误或愚昧无知而被宣告无罪的人不能享有自由。”

为了纠正“对遇有疑义时应当有利于被告这一假设的夸张”和对无罪推定原则的机械适用，菲利提出恢复在罗马时代适用的以“案情不清”形式所承认的“证据不足”的裁决作为“无罪”和“有罪”裁决的中间形式。他认为，“每一个受审的人，如果其无罪已被证实，都有权要求宣告无罪。不过，如果证据不足，他唯一的权利是不被定罪，因为他的有罪尚未被证明。但是，当嫌疑还存在的时候，社会并没有义务宣告他绝对无罪。在这种情况下，一个‘证据不足’的裁决是唯一合乎逻辑的公正裁决。这样一个裁决将消除对被宣告无罪的人的怀疑。另一方面，由于在证明无罪和证据不足的案件中的裁决效力相同，还将避免法官和陪审团在证据不足时不宣告无罪而宣告有罪但处以轻刑的折衷倾向。”

在此，菲利还批评了上诉不加刑原则。“如果为了纠正初审法官可能出现的错误起见允许上诉，那么为什么我们只允许在纠正时减轻而不能加重刑罚呢？因为上诉常常只是一个拖拉的借口，二审似乎只是为了鼓励被告人滥用他的权利的目的而赋予他。”这样，即使行为人“获益于伪证、伪造文件、法官的威胁或舞弊或者其他任何罪行，被无罪开释的人也会平静地享受自吹之乐，而且甚至会自夸自己参与了其事，丝毫也不担心会再被审判。”

对此，菲利主张以“公诉人要求再审的权力与其对抗，但公诉人要求再审只能是：为了法律，并且对被宣告无罪的人不带任何偏见。”实证派寻求的是“个人和社会权利的均衡”。[①]

（八）呼吁废除陪审团制度

从社会分工专业化的角度出发，菲利坚决主张应当废除陪审团制度。针对陪审团制度设立的依据，他一一进行了驳斥。

首先，从政治方面看，陪审团体现了人民主权理念，因为它承认法律权不仅来源于人民，而且还应当由人民直接行使。但是，各国立法对陪审团名单和职能的限制实际上将所谓人民通过陪审团

① 参见〔意〕恩里科·菲利：《犯罪社会学》，郭建安译，中国人民公安大学出版社2004年版，第222—225页。

对法律权的行使压缩到了最低限度。“我们很难明白，人们随便选举的 12 个陪审官为什么就能够真正代表实际上常常反对他们的裁决的民众的意识。”

其次，陪审团制度是防止公民的政治自由权利遭受政府滥用权力之侵害的保证。如果没有陪审团，当少数法官在一定程度上为政府所控制时，很容易出现政府滥用权力的情况。但是，历史的经验表明，当人民的自由权在国家政治体制中获得有效保障的时候，陪审团就是一种形式，没有任何实际意义；而当政府专制，人民的自由没有保障，法官胆小怕事时，陪审团也无济于事。专制政府甚至根本就不设立或者取消陪审团。在历史上，意大利北部被拿破仑占领时，在 1815 年取消了陪审团；波旁王朝于 1820 年在那不勒斯取消过陪审团；奥地利占领伦巴第时，也于 1849 年取消了陪审团。在当时的沙皇俄国，只允许陪审团参加对一般犯罪的审理，而不允许它参与对政治犯罪的审理。总之，陪审团作为一种政治和保证自由的制度，“只要当它有用时就被莫名其妙地取消，但当它被承认时却又没用”。

此外，“即使陪审团有时能够防止政府滥用权力，但它自身却常常不能摆脱自己的情感或几乎所有陪审官都属于其中一员的社会阶层（当代的中产阶级）的影响。众所周知，陪审团对因侵犯财产罪而被起诉的被告人显然比对因侵犯人身罪，尤其是因憎恨、复仇等动机而犯罪的被告人更严厉，因为每个陪审官都认为自己也有可能成为盗窃或图财害命的对象，相反却不会担心自己成为仇杀、伤害和贪污公共财产罪的被害者。”而且，这样一个能够抵制政府压力的陪审团又常常不能抵制来自公民的压力，无论是直接的还是间接的。

再次，陪审团制度是一种肯定公民平等意识的方式，因为每一个公民明天都可能成为与他地位相同者的法官。但是，这只是一种理论上的可能，因为陪审团的原则中还有各种各样的限制。

最后，陪审团制度可以成为一种用实际的法律知识进行教育的手段。但是，由于陪审官了解犯罪的细节，而且知晓法庭定罪方面的弱点，陪审官也可能受到犯罪的传染。

除了上述依据之外，菲利主张取消陪审团制度的主要理由，是陪审团制度破坏了最基本的"劳动分工的自然规律"和"社会职能的差异规律"。菲利提出，"社会职能应当尽可能选择最有才智的人来行使"是"集体和个人生活的共同准则"。"在日常生活中，我们要求每一个劳动者都从事他能够更好地完成的工作。例如，没有人会梦想让一个鞋匠来修理他的表。但是，我们却要求我们偶然碰到的任何人，无论是杂货商还是一个终生都未见过刑事审判的画家或领取抚恤金的人来从事刑事审判工作。""如果刑事审判只是简单地宣告某一行为是好是坏，那么个人的道德观念就足够了。"但是，"即使撇开我们认为有必要对每一个被告人都进行生理心理学试验的技术方面的观念不论，社会正义也显然不能通过一个漫不经心的陪审官一瞬间的未经思考的印象来实现。""因为刑事审判是一个确定证据和检验客观和主观事实的过程，所以单凭道德观念还不够，每一次的审判还都必须运用才智。"

菲利还指出了陪审团容易感情用事以及过分同情被告人等弱点。总之，菲利主张取消陪审团制度。但是，考虑到"建立一个新的社会机构比撤销一个旧的社会机构更容易，因此有必要先对陪审团进行主要的、最紧迫的改革。”“保留陪审团参与审理政治犯罪以及那些与出版和社会有关的犯罪”。待“采取改革措施保证法官的权力和独立之后，应当取消陪审团对一般犯罪的审理”。[①]

① 参见〔意〕恩里科·菲利：《犯罪社会学》，郭建安译，中国人民公安大学出版社2004年版，第249—264页。

译 后 记

《犯罪社会学》一书首次出版于 1990 年。翻译的起因是，我 1987 年翻译的《实证派犯罪学》很受欢迎，但感觉这仅是一个由 3 篇演讲集在一起的小册子，自己看了都不过瘾，便想着将作者的《犯罪社会学》翻译过来，这才真正算得上作者的著作。翻译出来之后，有幸被时任中国人民公安大学出版社副总编辑张智辉教授相中，列入“汉译世界法学名著”丛书，很顺利地出版了。出版之前，我经人引荐恭请中国社会科学院法学研究所的陈中天老师做了校订。2004 年，该社编辑孙静女士找到我说想把该书和《实证派犯罪学》一并再版，我同意了，并对两本书都再次进行了校订，后这两本书都被放在“刑事法学译丛”中再版了。过了几年，因为供不应求又重印了一次。去年，商务印书馆的马冬梅编辑突然打电话给我，说她们出版社对这两本书都很感兴趣，而且注意到公安大学出版社的 10 年版权期限已到。如果我同意，商务印书馆想出这两本书，并把《犯罪社会学》列入“汉译世界学术名著丛书”。中国人民公安大学出版社自第 2 次印刷之后就一直没有再与我联系过，想必对再版或加印都不再感兴趣，我便接受了商务印书馆的再约。我自己也上网查了几大知名网上书店，均显示这本书已缺货很久，连中国人民公安大学出版社自己也是如此，确有再版必要。

收到这两本书的清样之后，我又从头到尾仔细精读了一遍。像每次校订的结果一样，又发现了不少笔误和自己感觉不满意的句子，对着中文版和英文版都做了修正和润色，相信读者读起来会比前两版感觉更好一些。

感谢原书作者为后人留下了这部不朽的著作，老先生早在100多年前讨论并给出答案的许多问题今天依然引得吾辈学人激烈争论，使本书成为当代学者讨论许多刑事法学专题的始发点。我之所以在圈里很早就有点知名度，在很大程度上有赖于对这本书的翻译。我自己出版的几本书和发表的几篇文章，如果不借助于老先生著作翻译者的身份，可能没有多少人会看的。这次商务印书馆还要将这本书列入“汉译世界学术名著丛书”，我是沾足了老先生的光了。当然，还要感谢马冬梅女士慧眼识金，重新认准这本书的学术价值，使其得以在商务印书馆这个百年老店再版，抬高了身价。最后，对于本书的内容和作者的学术思想，在“认识菲利”一文中已做详细评述，“后记”就此打住，不再啰嗦。

郭建安

2015年5月23日

图书在版编目(CIP)数据

犯罪社会学/(意)恩里科·菲利著;郭建安译.—北京:商务印书馆,2017
(汉译世界学术名著丛书:120年纪念版:珍藏本)
ISBN 978-7-100-14488-9

Ⅰ.①犯… Ⅱ.①恩… ②郭… Ⅲ.①犯罪社会学
Ⅳ.①D917.3

中国版本图书馆CIP数据核字(2017)第154002号

汉译世界学术名著丛书
(120年纪念版·珍藏本)
犯罪社会学
〔意〕恩里科·菲利 著
郭建安 译

商 务 印 书 馆 出 版
(北京王府井大街36号 邮政编码100710)
商 务 印 书 馆 发 行
北京新华印刷有限公司印刷
ISBN 978-7-100-14488-9

2017年12月第1版 开本710×1000 1/16
2017年12月北京第1次印刷 印张19½
定价:98.00元